Karl von Holtei

Eine Sammlung vermischter Aufsätze von Karl von Holtei

Karl von Holtei

Eine Sammlung vermischter Aufsätze von Karl von Holtei

ISBN/EAN: 9783743459489

Hergestellt in Europa, USA, Kanada, Australien, Japan

Cover: Foto ©ninafisch / pixelio.de

Manufactured and distributed by brebook publishing software (www.brebook.com)

Karl von Holtei

Eine Sammlung vermischter Aufsätze von Karl von Holtei

Charpie.

Eine Sammlung vermischter Aufsätze

von

Karl von Holtei.

Erster Band.

Charpie.

Eine Sammlung vermischter Aufsätze

von

Karl von Holtei.

Erster Band.

Zum Besten des Schlesischen Central-Frauen-Vereines
für verwundete Krieger.

Breslau,
Verlag von Eduard Trewendt.
1866.

Seiner Majestät

meinem allergnädigsten Könige und Herrn

in

ehrfurchtsvoller Liebe und Treue!

H.

Vorwort.

Der „Gesammtausgabe" meiner „erzählenden Schriften" noch eine Sammlung hier und da zerstreuter, kleinerer Aufsätze anzuhängen, bin ich längst Willens gewesen; hab' es jedoch aufgeschoben, weil immer neue Arbeit dazwischen kam.

Jetzt gerade wollt' ich Ernst machen. Geht es doch mit raschen Schritten dem Grabe zu; ist es doch hohe Zeit vorher vollends aufzuräumen; und ließ doch die liebe Eitelkeit hoffen, jener Gesammtausgabe gütige Besitzer würden nicht abgeneigt sein, durch des alten Plauderers Nachlaß dieselbe zu vervollständigen! —

Und da ich nun rings umher mit vollen Händen für den edelsten aller Zwecke spenden sah, meine eigenen Hände aber leer waren . . . was natürlicher, als der Wunsch: wenigstens etwas darbieten zu können? Sei's mit leeren Händen, doch aus vollem Herzen?

So entstanden aus „Vermischten Aufsätzen" zwei Bändchen Charpie.

Dieser Titel scheint mir passend gewählt.

Denn woraus wird, was man Charpie nennt?

Sie soll von schon getragenem Leinenzeug gezupft, selbiges soll aber zuvor möglichst sauber gewaschen und gereiniget sein.

Nachstehende Aufsätze sind zum größeren Theile auch bereits „getragen"; das heißt, sie erschienen gedruckt in verschiedentlichen Zeitblättern, Wochenschriften, Monatsheften, Almanachen und Sammelwerken. Auch sie wurden neuerdings, bevor ich sie zur „Charpie" verwendete, gereiniget, — überarbeitet — erweitert — verkürzt. Mehrere davon sind durch öffentliche Vorträge lebendig geworden, haben Anklang gefunden, und hoffen, als alte Bekannte, auf herzliche Begrüßung.

Sie stellen sich durchaus nicht in chronologischer Reihefolge ihres Entstehens ein. Es ist nicht zierlich gepflückte „Sieb-Charpie"; keine sorgsamlich mit geglätteten Fäden in Bündel geflochtene!

Nein, um beim Gleichniß zu bleiben: ganz gewöhnliche, ungebundene, durcheinander - geworfene; wie der Wundarzt sie rasch herausgreift, nach Bedürfniß des Momentes.

Leere Stunden können auch Wunden schlagen. Wolle der Leser auf manche solche leere Stunde eine Hand voll meiner Charpie legen!

Und gebe Gott, daß dieses Buches Ertrag, nach Abzug der Papier- und Druckkosten, hinreiche, wenigstens Einigen unserer verstümmelten Helden Freude und Unterstützung zu bringen.

H.

Subscribenten‐Verzeichniß.

―――――

a

Dony, Amtsrichter in Helmstedt . . . .

F. Eysholdt, Stadtkämmerer in Gandersheim . . .

H. C. Gerbracht in Braunschweig . . . .

Häberlin, Landes-Oekonomie-Conducteur in Helmstedt

Wilh. Hampe, Kaufm. in Helmstedt . . . .

Hassel, Kreisrichter in Helmstedt . . . .

v. Heinemann, Oberlehrer in Helmstedt . . . . . .

Dr. Heß, Professor in Helmstedt . . . .

Carl Höpner, Fabrikant in Helmstedt . . . .

Ed. Kirchhoff, Kfm. in Helmstedt . . . .

Fr. Kramer, Amtmann in Helmstedt . . . .

Wilh. Kunze, Gymnasiast in Helmstedt . . . . . .

C. Langerfeldt, Auditor in Holzminden . . . . . .

Lichtenstein, Apotheker in Helmstedt . . . .

Gebrüder Lindenberg, Kaufleute in Helmstedt . . .

H. Müller, Kaufm. in Helmstedt . . . .

v. Praun, Revierförster in Helmstedt . . . .

A. Prötzel, Gymnasiast in Helmstedt . . . .

Sallentin, Kreisrichter in Helmstedt. . . . .

Carl Salomon, Fabrikant in Helmstedt . . . . . .

L. Sander, Amtsrath in Helmstedt . . . .

B. Scheffler, verw. Fr. Pastor in Helmstedt . . . .

Dr. med. Scholz, Kreisphysikus in Helmstedt . . . .

Schottelius, Advocat-Anwalt in Helmstedt . . . . .

R. Schrader in Braunschweig . . . .

C. Steinhoff, Gymnasiallehrer in Helmstedt . . . .

Wilh. Suder, Kaufmann in Helmstedt . . . . . .

Caroline Volckmar in Braunschweig . . . .

Wachowski, Consul in Braunschweig . . . .

C. Brünslow, Buchhändler in Neubrandenburg . . . .

Buddenbrock, Baronin v. Kl. Tschirnau bei Brieg

Fr. Oberst v. Bültzingslöwen in Wesel . . . . . .

Benny Burchardt, Stadtrath in Landsberg a.|W. . . .

Carl Burow, Buchhändler in Querfurt . . . .

Fr. Baumeister Anna Büttner in Falkenberg O.|S. . . .

Fr. H. Carstädt in Mittelwalde . . . .

Casper, Kgl. Kreis-Secretair in Trebnitz . . . .

Expl.

XI

Expl.

Expl.

Expl.

Crpl.

Er ist in seine Büchse gefallen.

In Berlin giebt es sehr lange Gassen. Die längste dürfte die große Friedrichsstraße sein, welche sich vom Halle'schen bis zum Oranienburger Thore schnurgerade hinzieht, und der an einem kleinen Postmeilchen nicht gar so viel fehlen wird. Als ich zum ersten Male nach Berlin kam und daselbst „Landjunker in der Residenz" spielte, geschah es mir, daß ich nothwendig zu machende Besuche mit geographischer Genauigkeit vorher anordnete und eintheilte, wobei ich deren zwei, beide in derselben Gasse gelegen und den Nummern nach sich ganz nahe, für den Schluß meines Irrlaufs versparte, aber zu spät entdeckte, wie jene „nachbarlich hausenden Familien" die eine an diesem, die andere an jenem Ende wohnten, wodurch meine jungen Beine — die rettende Droschke war noch nicht erfunden! — unglaublich litten; denn auch das Trottoir steckte noch im Ei, und der sogenannte Bürgersteig bot mit seinen kleinen, scharfspitzigen Pflaster-steinen mehr Dornen als Rosen dar. Späterhin, wie ich ein Berliner geworden, häufig contemplativen Wanderungen obliegend, die große Stadt nach allen Richtungen hin durchzog, halb Spaziergänger, halb Entdeckungsreisender, machte es mir viel Vergnügen, bei kühlem Wetter diese Riesengasse langsam auszumessen und ihre wechselnden Physiognomieen zu studiren. Nicht weit vom Halle'schen Thore wohnte mein Gönner, unser allverehrter Eduard Hitzig, „Vater Ede" von seinen nächsten Freunden genannt. Einige derselben, Wilhelm Neumann und Adalbert von Chamisso, hatten ihr Lager in derselben Gegend aufgeschlagen. Wilibald Alexis theilte auch noch die fast ländliche Ruhe und Abgeschiedenheit jener Gefilde, in denen Gras vor den Hausthoren wuchs. War man bei der Kochstraße (die ihn barg) vorüber, dann nahm das Leben schon zu, man begegnete zwei bis drei Menschen auf einmal; und gelangte man erst in die Gegend der sich rascher folgenden Querstraßen, da ließ sich die Nähe der Linden schon spüren. Ueber diese hinaus hörte das Treiben nicht mehr auf: die Spree von Torfkähnen bedeckt, die Ufer von Arbeitern und Handlangern eingenommen; dann große Kasernen, ein Laufen, Drängen von Soldaten, Spaziergängern bis an's Thor; und zu diesem hinaus gewöhnlich mehr oder minder große Leichenzüge. Denn dort führt der Weg dahin, wo wir Alle folgen müssen, wir mögen wollen oder nicht.

Ich suche gern Begräbnißplätze heim; auch solche, wo Todte liegen, die mir fremd gewesen; lese gern die Inschriften auf Denkmälern, Grabsteinen und hölzernen Kreuzen; sehe gern die frischen Kränze, die dankbare

Liebe, treue Erinnerung ihren Verstorbenen bringen, sobald die ersten Blumen wieder blühen. Ich bin oft jenen Weg gewandelt. In einem der letzten Häuser kurz vor dem Thore fiel mir ein alter Mann auf, welchen ich jedesmal, zu jedweder Stunde des Tages, wo ich vorüberging, am Fenster einer ziemlich erhöhten Par- terre-Wohnung sitzen sah, und der auf seinem Antlitz den unverkennbaren Ausdruck einer mit Geduld und Stand- haftigkeit genossenen Langweile trug. Ich sage absicht- lich: „genossenen", denn diese Züge kündeten deut- lich, daß er nicht dabei litt, daß er den Mangel an Be- schäftigung oder Vergnügen durchaus nicht empfand; daß er, im bequemen Sessel sitzend, die heiteren, hellen Augen auf die Straße gerichtet, in seinem Gotte ver- gnügt und keineswegs lüstern war, sich als Fahrender, Reitender, Gehender in die Schaaren zu mischen, die an ihm vorüber wandelten; daß er dieselben vielmehr wie um seinetwillen auf den Beinen, und sich hoch über sie erhaben betrachtete. Ja noch mehr: mich wollte bedün- ken, der freundliche, alte Herr sitze gar nicht so müssig da, wie es schien; im Gegentheil: er habe einen bestimmten Zweck vor sich, den pünktlich und eifrig zu erfüllen die Hauptaufgabe seines Daseins bilde. Nur wer einen Beruf hat und diesem ganz lebt, kann so mit sich abge- schlossen, so innig froh in die Welt blicken! — Aber worin bestand des Mannes Beruf? Was galt ihm für die schöne Aufgabe seines behaglichen Daseins? Wer mir das sagen, wer mir dies Räthsel lösen hätte können, der wäre mir ein Magnus Apollo gewesen! Vor ihm,

1*

auf einem kleinen Tischchen — das war leicht zu entdecken, denn er weilte im Sommer am offnen Fenster, —
stand eine große Blechbüchse, der Form nach eine Spar-
büchse, wie Kinder haben, nur für solche viel zu groß.
Höchstens Rothschild'sche Sprößlinge bedürften so gewal-
tiger Maschinen für ihre Goldpfennige. Ein Tabaksbe-
hälter war es auch nicht; dem widersprach die oben auf
dem Deckel angebrachte Oeffnung, die aber nicht jene bei
Sparbüchsen übliche Spalte, sondern mehr eine trichter-
förmige Rundung zeigte.

Meine Neugier stieg auf's Höchste. Hausmeister
und dergleichen Auskunft gebende Vermittler besitzt selten
ein Berliner Haus. An wen sollt' ich mich halten? Ich
konnte doch nicht in der ersten Etage anklopfen und die
Frage stellen: Was ist's mit dem alten Herrn, der unter
Ihnen wohnt? — Ich nahm den Wohnungsanzeiger,
jenes erst kürzlich durch eine glückliche Speculation des
Buchhändlers Boike in's Leben getretene Institut, zur
Hand, suchte mir die Hausnummer und fand unter den
Miethern genannt „Herrn v. P., Hauptmann a. D.“
Das war Er! Nun hatte ich einen Anhaltspunkt; ich
begann zu forschen. Wilhelm Neumann als Militair-
Intendantur-Rath kannte viele ältere Offiziere, zum
Theil aus früheren Zeiten, die bereits den Abschied
genommen. Diesem armen Freunde wurde keine Ruhe
gelassen; auch Chamisso, durch mich angeregt, drängte
ihn; er mußte fragen, sich erkundigen, hinhorchen nach
allen Seiten; lange vergeblich. Niemand kannte Hauptmann v. P. als nur dem Namen nach; keine Seele

verkehrte mit ihm. Er hatte keinen Umgang, er frequen-
tirte kein Gasthaus, keinen Kaffeegarten, keine Condi-
torei. Er lebte nur sich und seinem geheimnißvollen
Berufe.

Endlich einmal — o ich sehe noch Chamisso, wie er,
seine grauen Locken schüttelnd, mir entgegen rief: „Heu-
reka!" Ein Zufall hatte sich in's Mittel geschlagen.
Derselbe Bursch, der mehrere Jahre hindurch beim my-
steriösen Hauptmann gedient, hatte sich bei einem Collegen Neumann's als Kutscher offerirt, seine Zeugnisse
vorgewiesen, war über das Thun seines vorigen Herrn
befragt worden — und der Schleier schwand.

Hauptmann von P. nahm regelmäßig bei Tagesan-
bruch seinen Platz am Fenster ein, verließ ihn nur bei
unabweislichen Nothwendigkeiten auf kürzeste Frist, wo
dann der Diener ihn vertreten — streng genommen ver-
sitzen mußte. Neben der Büchse, die ich so oft mit
Staunen betrachtet, stand ein Teller, den ich natürlich
nie entdeckt, weil er nicht wie jene emporragte. Dieser
Teller war — (versteht sich: ein sogenannter tiefer, ein
Suppenteller!) — mit einer Unzahl kleiner, bunter
Kugeln angefüllt, welche der Berliner Gassen- auch resp.
Schul-Junge „Murmeln" zu nennen beliebt, und welche
Murmeln er (der Gassenjunge) zu einem allgemein
beliebten, auf allen öffentlichen Plätzen und in allen
heimlichen Winkeln getriebenen, bisher noch nicht unter-
sagten Spiele benützt und kühn dabei hazardirt.

Um aber mit Murmeln zu spielen, besaß unser
Hauptmann sie nicht; wenigstens wenn es ein Spiel

heißen soll, war es ein gewaltig ernstes, und er durfte
mit Thekla's Geisterstimme ausrufen: „Hoher Sinn liegt
oft in kind'schem Spiel!“ Er saß und harrte bis — sich
ein Leichenzug die Gasse entlang bewegte, und jedesmal,
sobald der Sarg vor seinem Fenster sichtbar wurde, warf
er eine kleine Kugel in die große Blechbüchse! Gleichviel
ob es der mit silbernen Beschlägen prunkende Sarg eines
Reichen, ob es die von Kienruß geschwärzte Bretterhülle
eines Armen, ob es das unter'm Arme des Todtengrä-
bers kaum wahrnehmbare Grabschächtelchen eines neu-
geborenen Kindes war, — ihm schienen alle Leichen gleich
wichtig, er widmete jedweder seine Murmel. Am
Abende des Letzten im Monate öffnete er das Schloß
vor der großen Büchse, überzählte die Kugeln, trug die
Summe in den Kalender ein; und am Sylvesterabende
summirte er sämmtliche Summen, schloß sein Leichenjahr
richtig ab wie ein pünktlicher Geschäftsmann, rieb sich
die Hände und sagte kreuzfidel: „Jetzt bin ich begierig
auf den nächsten Jahrgang!“

Das war sein großer Lebenszweck! Das hielt ihn
rüstig, frisch, guter Laune, gab ihm vollauf zu denken,
zu thun, befriedigte ihn vollkommen.

Man muß aber auch gesehen haben, welche Wichtig-
keit der brave Begräbniß-Controleur auf sein Ehrenamt
legte; wie feierlich er die Kugel zwischen die Fingerspitzen
faßte; wie andächtig er sie dem dunklen Munde über-
lieferte; wie tief er Athem holte, wenn es vollbracht war.

Im Jahre acht- oder neunundzwanzig kam ich einmal mit Eichendorff und Streckfuß, der da herum

wohnte, des Weges, und wir begegneten Hitzig, Fouqué, Chamisso und Neumann, welche ein wenig lustwandelten. Wir schlossen uns ihnen an. Ich unterließ nicht, das Gespräch auf meinen Hauptmann zu lenken, und machte die Herren schon aufmerksam auf den Anblick, der uns jetzt gleich erwarte, wo wir dem bewußten Hause uns näherten. — „Augen rechts!" ward kommandirt. Welch ein Schreck! Kein Hauptmann zu sehen! Das Fenster war leer.

Wir warteten ein Weilchen. Nichts da! Zuletzt erschien gar ein Frauenzimmerkopf hinter dem langen Vorhange; ebenfalls etwas Fremdartiges an diesem Fenster.

Um Gotteswillen, fragte ich, was ist aus meinem Hauptmann geworden?

„Er wird in seine Büchse gefallen sein!" antwortete Chamisso mit dem wehmüthigen Lächeln, welches seinen Scherzen so wohl stand.

Und so war es. Der alte Begräbnißzähler war selbst begraben, und diesmal hatte er keine Kugel in den dunklen Mund gesenkt; oder vielmehr, er war seine eigene Kugel gewesen.

„Er ist in seine Büchse gefallen!" sagten wir lange nachher, wenn ein Bekannter starb.

Chamisso, Neumann, Hitzig, Fouqué, Streckfuß, Eichendorff — Alle sind sie in die Büchse gefallen, und der alte Erzähler dieser einfachen Geschichte zählt alljährlich seine Kugeln. — Wie lange noch?

Shakespeare

als Vorbild für moderne Theaterdichter.

Um sich mit ganzer Seele in die Schönheiten der
Poesie zu vertiefen, soll der Leser die passende Stimmung
mitbringen, heißt es. Darin aber unterscheidet sich
Shakespeare von allen mir bekannten, meinem Verständniß zugänglichen Dichtern, daß man, um von ihm
ergriffen zu werden, nicht erst nöthig hat, auf eigene
Stimmungen und innere Seelenzustände zu warten. Er
ist immer gewaltig genug, sich Wirkung zu erzwingen.
Ich habe oft darüber nachgegrübelt, worin dies liegen
könne? Zuletzt vermeinte ich diese Lösung gefunden zu
zu haben: Er bleibt, indem er der objectivste, lebens-
treueste aller Poeten ist, wundersamer Weise zugleich
der subjectivste, eigenthümlichste, unvergleichbarste. Seine
Figuren athmen eine so entschiedene Selbstständigkeit,
daß sie uns gleich lebendigen Menschen entgegen treten
und uns durch ihre ausgesprochene Persönlichkeit jene
Anerkennung abnöthigen, die wir wohl oder übel jedwe-
dem bestimmten Charakter zollen. Auf diese Weise führen sie uns aus dem Gebiete der Phantasie, in welchem
der Leser sonst nicht selten dem Dichter fern oder fremd
bleibt, in die Realität, der wir uns unterzuordnen
gewöhnt sind. Haben sie uns jedoch diesen Respect ab-
gedrungen, halten sie uns einmal fest, dann macht sich
der Dichter in und aus ihnen geltend, läßt uns nicht
mehr los, und wir müssen ihm folgen, den wir bereits

ganz vergessen hatten über seinen Schöpfungen. Aus
dieser seiner höchsten, so zu sagen welthistorischen Vollkommenheit als schaffender Poet im Allgemeinen entspringt häufig seine dramatische Unvollkommenheit im
Besonderen. Denn weil er eben nur Menschen giebt,
mögen sie nun im zerrissenen Kittel, mögen sie im gold-
durchwirkten Purpur einherwandeln; und weil Menschen sammt ihren Thaten und Schicksalen, je wahrer sie
geschildert werden, darum nicht unbedingt dramatisch sein
müssen; und weil ihm, der, die Bühne der Welt im
Sinne, keinen Unterschied machen will zwischen Poesie
und Geschichte, die Bühne der Bretter mit ihren
Rücksichten und Bedingungen bisweilen Nebensache
wird; darum ist Shakespeare nicht selten zwar ein
Welt=, aber kein Theater-Dichter. Diese meine Ansicht,
mit der ich wahrscheinlich isolirt dastehe, hab' ich mir
gewonnen und ausgebildet im mehr als dreißigjährigen
Kriege mit dem sogenannten „Publikum,“ vor welchem
ich sein Evangelium predigte; und finde mich angeregt,
einige kühn hingeworfene Aussprüche zu thun, die freilich von Allem, was gelehrte Forscher, Entwickeler, Er-
läuterer und Bewunderer interpretirend drucken ließen
und lassen, weit abweichen. Warum soll ich auf meine
alten Tage nicht reden, wie mir um's Herz ist? Zu verlieren hab' ich Nichts dabei; ich kann nur gewinnen,
sei's Nichts als das stille Lächeln eines Unbefangenen,
welcher vor sich hin murmelt: „Der spricht aus, was ich
längst gedacht hatte!“

Wahrheit an und für sich, positive Wahrheit darf

kein Sterblicher versprechen, eben weil er ein Sterb=
licher ist. Wahrheit in Beziehung auf seine Erkenntniß
und Meinung, ehrliche, furchtlose Darlegung dessen, was
er denkt und fühlt, kann Jeder geben und soll sie geben,
sonst ist er ein Heuchler. Ach, und um Shakespeare's
Willen, wie viele Heuchler! Wie viele, die von der töbt=
lichsten Langweil bei seiner Lectüre, seinem Vortrage,
seiner Darstellung gequält; von den verworrensten An=
sichten über seine Bedeutung bestürmt; von den inner=
sten Schaudern über seine „Monstruosität" durchrieselt,
all' Dies in sich verschlucken zu müssen wähnen, weil sie
sich schämen, ihres Herzens Zustand zu enthüllen! Sie
haben gehört: Shakespeare ist der größeste Theaterdich=
ter! Sie haben es gelesen, dargethan durch gelehrte
Dramaturgen! sie nehmen es für abgemacht an. Und
folglich wagen sie nicht, so gern sie's möchten, sich dage=
gen aufzulehnen. Sie haben gehört und gelesen, daß in
seinen Dramen Alles planmäßig erdacht, meisterhaft
geformt, weise gelenkt, besonnen durchgeführt ist; daß in
der gänzlichen Nichtachtung von Einheit des Ortes und
der Zeit die eigentliche, lebenswahre Frische dramatischer
Handlung bestehe; daß auch Manches, was ihnen (im
Vertrauen gesagt) wie nüchterner, oft plumper Spaß
erschienen war, unbedingt zur vollendeten Größe des
Werkes gehöre; daß nicht ein Wort weggelassen werden
dürfe, ohne den erhabenen Bau in seinen Grundfesten
zu erschüttern! . . . und nun drücken sie die Augen zu,
als ob es gelte, eine bittere, heilsame Arzenei zu nehmen;
schlingen — schütteln sich und stöhnen: „Das war schön,

dienlich, gut; nun gehören auch wir zu den Shakespeare=
Kennern!" Im Innersten jedoch sehnt sich ihre Zunge
nach dem Honig eines Schiller; nach den süßen, sanft=
gleitenden Versen einer Thekla, Beatrice, Valois; nach
den tugendreichen Idealen, die zur irdischen Gemeinheit
niemals sich herablassend, in wohltönenden, philoso=
phirenden Sentenzen um so lockender sprechen, je leichter
es ist, bei solcher Musik von Poesie zu träumen.

Und woher entspringt diese Heuchelei? Aus der
Furcht sich zu „blamiren." Aus der Furcht, seinen ästhe=
tischen Geschmack bezweifelt zu sehen, wenn man so frech
sein wollte, Shakespeare nicht als Muster, als Vorbild
anzuerkennen. Aber, daß er als solches aufgestellt
wurde, daraus ist viel Unheil entstanden.

Muster kann im Gebiete dramatischer Poesie nur
dasjenige sein, was ruhig, verständig gemacht worden ist;
was, indem es ehrenvolles Zeugniß ablegt von der geisti=
gen Kraft seines Erzeugers, doch auch dem forschenden
Blicke des Lernbegierigen Einsicht gestattet, wie es
gemacht worden; wie Talent, Beruf, Geschick, Fleiß
und Ausdauer im Vereine zur Ehre menschlicher Fähig=
keit sich vereiniget, gewirkt. So mag Lessing ein Muster
sein und bleiben. Doch der Dichter, der vom Genius
beseelt, ohne Regeln, — weil er keine weder vorfand
noch kannte — über allen Regeln, — weil er ihrer
gespottet hätte — als Mensch, im höchsten Sinne, der
schaffenden Gottheit so nahe stand, daß er Vermittler
zwischen ihr und der Erde wurde; ..... der Dichter,
der, ohne Gelehrter zu sein, die Geschichte in ihren tiefsten

Beziehungen zur Natur begriff, und dem deshalb Natur und Geschichte für Eines galten; . . . . . Dieser Dichter konnte sich nicht in die Schranken irgend einer dramatischen oder gar theatralischen Form fügen. Hätt' er eine solche, von seinen Zeitgenossen allgemein anerkannt, vorgefunden . . . vielleicht wär' er gar nicht dahin gelangt, die Bretter seiner Zeit zu beherrschen? Die ewige Macht wußte wohl, weshalb sie einen Shakespeare geboren werden ließ in einem Jahrhundert, in einem Lande, für eine Bühne, die weder künstlerische Meister der Decorations-Malerei, noch strahlende „Beleuchtungs-Requisiten," weder Coulissenwechsel noch Scenenpracht, weder Garderobe-Inspectoren noch Kostüm-Treue, weder Zeitungs-Feuilletons noch kritische Journale kannten; in einer Epoche, als Alles, was wir jetzt Theaterwesen nennen, in der Wiege ungeberdiger Kindheit lag. Für eine theatralische Form, sei es jene der antiken Tragöden, sei es jene französischer Convenienz, ja sei es unsere heutige, mag letztere sich's auch noch so bequem machen . . . für jede war Shakespeare zu groß, zu breit, zu reich, zu voll. In seiner Anschauungsweise blieb das Epos zu mächtig. Er konnte sich nicht herablassen, die Wahrheit im weitesten Sinne aufzuopfern für den beengenden Zuschnitt nach scenisch-theatralischer Vorschrift. Herr Heinrich Heine äußert einmal, zwar in der ihm eigenthümlichen hyperbolischen Manier, von der man oftmals nicht recht weiß, ob sie ernstlich gemeint sei, dennoch treffend genug:

„Nicht allein jene Einheit" (des Interesses für Haupt-

personen),,,sondern auch die Einheiten von Zeit und Ort
mangeln keinesweges unserem großen Dichter. Nur
sind bei ihm die Begriffe etwas ausgedehnter als
bei uns: der Schauplatz seiner Dramen ist — dieser
Erdball, und das ist seine Einheit des Ortes. Die
Ewigkeit ist die Periode, in der seine Stücke spielen, und
das ist seine Einheit der Zeit. Und beiden gemäß ist
der Held seiner Dramen, der dort als Mittelpunkt strahlt
und die Einheit des Interesses repräsentirt . . . . . .
die Menschheit ist jener Held!" —

Wie gesagt, man fühlt sich nicht recht sicher, ob der
geistreichste aller Spaßmacher nicht einige Ironie mit
untermengen wollte; gleichwohl klingt es toller, als
es eigentlich ist, und in moderirtem Sinne trifft es zu. . . .
wie sich von selbst versteht, zunächst auf die historischen
Dramen angewendet. Daß in letzteren auch die Posse
mitspielt, kann gewiß nur ein ästhetischer Philister miß-
billigen, und Sir John Falstaff bleibt der König alles
höchsten humoristischen Witzes, . . . so lange sich der dicke
Mann im unbegrenzten Raume bewegen darf; denn auch
für ihn braucht Meister William völlige poetische Freiheit. Sobald der anrüchige Liebling in den engen Rahmen eines Intriguen-Lustspiels gebannt bleiben soll, sind
ihm die Flügel beschnitten, die Federn gehen ihm aus,
Falstaff und sein Humor befinden sich in der Mauser.
Wer mir aufdisputiren will, „die lustigen Weiber von
Windsor" trügen Shakespeare's ächtes Malerzeichen
„William Rex," den halte ich für unfähig, meinen Falstaff aus Heinrich IV. gebührend zu würdigen.

Genanntes Stück war (irr' ich nicht, im Jahre 1826) auf dem Berliner Hoftheater in einer von Willibald Alexis eingerichteten Bearbeitung mit jenem Beifall gegeben worden, den theils ein berühmter Schauspieler wie Ludwig Devrient (Falstaff), theils die stillschweigende Uebereinkunft gebildeter Leute laut werden läßt; was der Franzose „succès d'estime" nennt. Mir konnte dieser Erfolg keine andere Ansicht abgewinnen, und ich blieb verstockt. Da geschah es, daß ich auf der Rückreise aus Frankreich (1827) bei Immermann in Düsseldorf einsprach, und daß Dieser einen Ausflug nach Cöln und weiter, mich begleitend, unternahm. Auf der Fähre, welche uns in unserm Wagen bei einer Lustfahrt über den Rhein trug, fragte Immermann, wie mir die Darstellung der „lustigen Weiber" gefallen habe? und ich, ohne daran zu denken, neben was für einem tiefen Kenner und Ver= ehrer Shakespeare'scher Muse ich sitze, machte meinem Herzen Luft über das Lustspiel und gestand unumwun= den, daß es mir nach der glücklich gelungenen Auffüh= 'rung noch gerade so zuwider sei wie vorher. Immer= mann erhob beide Arme ... ich wähnte, er wolle mich in des Strom schleudern? ... Doch nein, er umarmte mich und rief laut und fröhlich aus: „Gott sei Dank, daß endlich einmal Einer den Muth hat, aufrichtig zu sein! Es geht mir eben so; mir ist das Stück auch zuwider!"

Doch das war eine Abschweifung; ich fahre fort.

Ein ganzes Leben, ein ganzes Weltgeschick mußte Shakespeare vorüber führen dürfen, beginnend, abschlie= ßend, erschöpfend. Ihm konnte nicht genügen die Kata=

strophe, die des Drama's Centrum bildet, und in deren
Handlung wir gelegentlich aus der darstellenden Personen Munde vernehmen, was wir von ihrer Vergangenheit erfahren sollen. In diesen vier Pfählen mocht'
er nicht heimisch werden. Was unsern größten Dichtern
fünf reichliche Akte gab, hätte bei ihm in den fünften
und letzten hinein gemußt; vier andere wären vorange-
gangen. Maria Stuart, von ihm gedichtet, hätte vor
unseren Blicken jegliche Schuld auf sich laden müssen,
von der das Beil des Henkers sie entsühnte. Ein
Shakespeare'scher Egmont würde Heldenthaten, die der
wackere Buyk mit schlichten Soldatenworten erzählt,
die uns sein Clärchen naiv und lieblich in's Gedächtniß
ruft, sichtbarlich vor uns vollführt haben. Iphigenia
hätte nicht in Tauris enden können, ohne mindestens in
Aulis vor den Opferaltar geschleppt und durch Apollo's
Schwester befreit zu werden.

Und wenn nun sein allgewaltig um sich greifendes
Wollen; wenn dieses kühne Zusammenfassen weit auseinander liegender Zeiten und Ereignisse; wenn dieses
epische Lebendigmachen den edelsten, weitschauendsten
Geist; wenn die Ausführung seiner kolossalen Ent-
würfe den bewunderungswürdigsten Dichter aller Länder und Bildungsepochen in ihm bezeichnet; wenn wir
mit einer zur Anbetung sich steigernden Ehrfurcht an
ihm hangen! — sollen wir deshalb unseren klaren Blick
blenden, unser Urtheil in Fesseln schlagen, unsere Begeisterung durch feige Heuchelei verdächtigen, indem wir
vor Andern verheimlichen, was wir uns selbst zugestehen?

Ich mag's nicht; ich will mich lieber den bittersten Vor-
würfen Preis geben.

Wohl darf ich ohne Anmaßung behaupten, daß ich
diesen Dichter, daß ich seine geistige Gewalt in ihrer
Wirkung nach außen ein Wenig kenne. Lange hab' ich
ihn und Alle, die über ihn sprachen, studirt. Dreißig
Jahre hindurch hab' ich ihn mit entschiedenem Erfolge
vor gebildeten Hörerkreisen in's Leben gerufen. Ja, ich
bin Veranlassung gewesen, daß verschiedene seiner in
Deutschland noch nie gegebenen Werke auf großen Bühnen versucht — gewissermaßen gewagt wurden, nachdem
ich ihnen durch wiederholten Vortrag im Saale ein
größeres Publikum geworben, ihrer Fremdartigkeit Bahn
gebrochen hatte. Ich verdanke diesen Bestrebungen die
größte Wonne, die es für empfängliche Gemüther überhaupt geben kann: sich an einem großen Dichter zu entzücken, während man andern Menschen das Verständniß
seiner Tiefe reproducirend erschließt. Doch je länger ich
an ihm lernte; je tiefer ich mich in mehrere seiner grandiosesten Werke hineingelebt; je feuriger und ausdauern-
der ich mich bemüht habe, mein Amt würdig zu verwal-
ten; desto klarer lernt' ich auch einsehen, daß er als dramatischer Dichter niemals zum Vorbilde werden kann
und darf.

Ohne durch so weltlichen Vergleich fromme Seelen
beleidigen, und wahrlich weit entfernt, unziemliche Nichtachtung dessen an den Tag legen zu wollen, was Gläubigen heilig ist, fühl' ich mich versucht, hier auf ein mil-
lionenfach verbreitetes Buch hinzudeuten, welches von

der Nachfolge eines göttlichen Vorbildes handelt. Dieser Titel hat mich stets befremdet. Wie soll und kann der Mensch sich einen Gott zum Vorbilde nehmen wollen? Er vermag ja nicht mehr zu sein, als er ist: — Mensch! Wie soll und kann der moderne Theaterdichter Shakespeare, den vor allen Anderen Gottbegabten Dichter zum Vorbilde nehmen wollen? Er müßte Shakespeare sein, um es zu dürfen.

Deshalb ist zu beklagen, daß Gustav Freytag in seinem Buche: „Technik des Drama's" sich bei Wahl der von ihm angezogenen Muster und Beispiele auf die Alten, — auf Shakespeare, — auf Göthe, Schiller, Lessing beschränkt, sonst alle Uebrigen, sogar die Spanier, ausgeschlossen hat. Nicht allein von Calderon und Lope (die denn doch wahrhaftig große Poeten bleiben), auch von den Franzosen — älteren wie neueren — wäre, was dramatisch-begrenzte Form betrifft, durch anatomische Zergliederung für den fleißigen Anfänger ungleich mehr zu erlernen gewesen, als von obigen größeren und größten Dichtern. Sogar geringere deutsche Bühnen-schriftsteller, welche ohne Anspruch auf Nachruhm nur das „tägliche Brod" liefern wollen, und welche wir gewöhnt sind, von exclusiver Kritik vornehm kurz abgefertigt zu sehen, hätten erwünschte Gelegenheit dargeboten, Jüngeren zu zeigen, worin die reale „Aufführbarkeit," die „facture" eines Drama's besteht. Und der Dichter so geistreicher, wirksamer Stücke wie „Waldemar," „Valentine," „Journalisten" war vorzugsweise berufen, lehrreich auseinanderzusetzen, was er durch die That bewiesen:

daß Bühnengeschick auch mit wirklich poetischem Talent
vereinigt wirken kann, ohne letzterem Eintrag zu thun.

Bei Shakespeare steht es nicht so. Wo der Stoff
ihn festhielt, wo von diesem geleitet er die erzählte Begebenheit schier theatralisch zugeschnitten überkam (z. B. in
„Romeo und Julia," „Othello," „Lear," „Macbeth" 2c.),
da befriediget uns eine gewisse dramatische Concentration,
sobald wir abrechnen, was seinen Bühnenzuständen eigen
ist. Wo jedoch, was ihm Chronik, Novelle, älteres
Drama oder gar Historie zuführten, solche bereits vorliegende Haltung und Einheit entbehrte; wo er unge-
bunden und rücksichtslos der Geschichte oder Sage nach-
ging; wo das Epos vorherrschend bleibt, da erkennen
wir deutlich, daß er, die Charaktere vor Augen, gar nicht
Zeit hatte daran zu denken, ob sie sich in dem gemein-
schaftlichen Mittelpunkte eines dramatischen Planes finden und binden würden. Erkennen, daß er, voll von
den Geistern der Wahrheit, Weisheit, Schönheit und
Heiterkeit, diese überströmen ließ in ewigen Rhythmen,
unbesorgt um die Oeconomie der Scene, um das Maß
der Zeit, um den ihm angewiesenen Raum, um die Fähigkeit der Hörer, welche Neugier, oft Müssigang versam-
melt hatten. Von seinen umfassendsten Werken, den
historischen, gilt das besonders; von manchen der übrigen aber auch; und von mehreren in so weiter Ausdehnung,
daß sie bisweilen eine Reihe willkürlich aneinander-, dennoch kaum zusammen-hängender Gespräche scheinen, die
man stellenweise vor- und zurückschieben könnte, ohne der
Handlung wehe zu thun. Und von dieser Erlaubniß

Gebrauch zu machen, ist die Regie nirgend blöde. Man betrachte den auf dem ersten deutschen, dem Wiener Burg-Theater in jüngster Zeit oft mit großem Glück aufgeführten „Heinrich IV.," wo zehn Akte zu fünfen eingeschmolzen sind, und kein Mensch, weder Oben noch Unten, nach chronologischer Ordnung fragt. Freund Falstaff sucht die Friedensrichter heim, bevor noch Prinz Heinz seine Lüge, Percy's Besiegung betreffend, mit „schönen Worten vergoldete" und ihm dadurch Beförderung verschaffte. Wer merkt's? Kein Enthusiast für Shakespeare's Größe; nicht einmal die hochweise Zeitungskritik.

Manche der historischen Dramen, während einzelne Auftritte durch ihren Zauber hinreißen, durch ihre Pracht begeistern, bleiben im Total-Eindruck so fern von dramatischer Wirkung, daß man sich bisweilen staunend fragt: will das etwas Anderes sein, als dialogisirte Historie? Macht es wirklich Ansprüche auf dramatische Form? —

Es war in Paris (1827), wo Alexander v. Humboldt, nach einer Vorlesung bei Benjamin Constant mir die Ehre seines auf diesen Gegenstand eingehenden Gespräches gönnend, u. a. äußerte: „ob denn der Theaterdichter, der ja doch die Aufgabe hätte, seine Personen in den Konflikt ihrer Individualität und ihrer Thaten mit Welt und Schicksal zu führen und sie demgemäß untergehen oder siegen zu lassen? ob dieser Dichter denn das Leben und Ende einer geschichtlichen Person deshalb für ein dramatisches halten dürfe, blos eben weil es ge-

schichtlich? ob dieser Dichter den Ausgang einer welthistorischen Bewegung deshalb für die Bühne zu benützen
berechtiget sei, weil dieser Hügel, jener Fluß, dem Schicksal auf dem Schlachtfelde diese oder jene Wendung gegeben habe?" In wie fern diese Aeußerung speciell auf
Shakespeare Bezug haben sollte, das mag Baron Humboldt verantworten; jedenfalls bleibt sie zupassend für
viele unserer modernen Erzeugnisse dieser Gattung, von
denen die meisten verfaßt scheinen, um ihrer Autoren
historische Studien zu documentiren. Daß aber auch
in unserem Weltdichter des Stoffes Widerspenstigkeit
nicht selten jede dramatische Entfaltung im Keime erstickt,
wer um Gotteswillen, der mit dem Theater einigermaßen
vertraut ward, kann das wegleugnen?

Und was ist's denn weiter? Was giebt es denn für
ein Unglück? Sind wir Menschen denn um der Bühne
Willen auf Erden? Würde Shakespeare nicht Shakespeare sein, wenn er, ohne mit dem realen Theater in so
unmittelbare Berührung zu gerathen, seine Schöpfer-
kraft entschieden dem Epos zugewendet hätte? Kann
er, wie er jetzt ist, nicht der größte Dichter bleiben, obschon unter seinen Dramen sich viele befinden, die zwar
scenenweise gewaltig drastisch, die in ihrem ganzen Bau
aber nicht dramatisch sind? Warum denn nicht? Wenn
ich nun diese dialogisirten Historien, diese epischen Vorgänge, diese erhabensten aller Lehrgedichte auf
meinem Zimmer lesen und mich daran erheben will, wie
am Homer, am Ariost, am Cervantes? Wird mich der
theatralische Zuschnitt im Genusse stören? Höchstens

dann, wenn ich ein Theaterregiſſeur bin. Und alle Menſchen brauchen ja Gott ſei Dank nicht Theater- regiſſeure, oder s. v. Zuſchneider für die Darſtellung zu ſein! Der dramatiſch-theatraliſchen Form zu genügen, iſt ein ſubordinirtes, beſchränkt-verſtändiges Talent hin- reichend, welches oft dem höchſten Genius abgeht oder ihm doch weniger zu Gebote ſteht, als manchem Dichter zweiten, dritten Ranges. Ein Geſchick, welches z. B. Göthe in viel, viel geringerem Grade beſaß, als Kotzebue. Was iſt denn dabei? Warum ſollten wir's uns nicht eingeſtehen, daß Kleiſt's Pentheſilea, ſeine Hermann- ſchlacht, ja ſelbſt ſein Käthchen (im Originale!) ungleich weniger geeignet ſind, den billigen Anſprüchen eines in jeglicher Art gemiſchten (und andere giebt es nirgend!) Hörerkreiſes vor den Brettern zu genügen, als etwa (in ihrer Gattung) „Die Jäger" — „Iſidor und Olga" — „Ein Glas Waſſer" — „Die Marquiſe von Villette" ꝛc.? Und wäre deshalb Heinrich von Kleiſt weniger Poet, als Iffland, Raupach, Scribe und Charlotte Birch-Pfeiffer? Iſt vielleicht, um ein anderes Beiſpiel in anderer Sphäre anzuführen, Jean Paul kein Dichter, weil er unfähig geweſen, auch nur den kleinſten Vers zu machen? Weil die tönende Macht des Rhyth- mus, des Metrums (denn ſobald er die leichteſte Strophe aus dem Gedächtniß citirt, thut er es fehlerhaft) ihm gänzlich verſchloſſen blieb? Die natürliche Gabe dafür ging ihm ab. Es iſt ein Mangel, doch in dieſem war er ſo reich, daß von ſeinen Abfällen tauſend Verfertiger wohlklingender, zierlich-regelrechter Gedichte ſich noch be-

reichern könnten. Ludwig Tieck, der Dichter einer
„Genovefa." der das lange Leben an's Studium dramatischer Dichter aller Jahrhunderte und Nationen gesetzt;
der die weisesten Lehren über Schauspielkunst gegeben;
die Pracht verklungener Darstellungen prachtvoll geschildert; der das dramatische Vorlesen (im ausgebildet-künst-
lerischen Umfang) erfunden hat; — Ludwig Tieck
entbehrte so sehr den Sinn für dramatische Form, daß er
nicht zu begreifen schien, weßhalb Iffland jenen damals
von ihm gedichteten, dem Hoftheater zur Komposition
eingereichten Operntert — eine theatralische Unmöglich-
keit — unbenützt zurückgelegt? Daß er es recht übel
aufnahm, als ich in einem Briefwechsel aus Breslau
ihm die Nothwendigkeit andeutete, seinen „Blaubart"
für die projektirte Darstellung ändern und kürzen zu
müssen. Er schrieb unumwunden: „Ich begreife gar
nicht, was da zu ändern wäre?" Er schien überhaupt,
wo er für eine Dichtung eingenommen war, nicht zu
ahnen, daß es Auftritte geben kann, die trotz ihrer Länge
den geistreichen Leser fesseln, durch dieselbe aber, auf
der Bühne gesprochen, alle Handlung zerstören und sogar den feingebildeten Zuhörer in Verzweiflung stürzen
können; — wobei dann gewöhnlich alle Schuld auf die
Darsteller geschoben wird. Ihm fehlte nun einmal der
Sinn dafür. Und thut das seiner sonstigen Bedeutung
Eintrag? Ich dächte nicht.

Es ist grundfalsch, wenn blindseinwollende Shake-
spearomanen alle Einwürfe bescheidener Zweifler darauf beschränken möchten, Shakespeare sei nur deßhalb

nicht immer theatralisch-dramatisch nach unsern Begriffen, weil seine Bühne unsere Begrenzungen nicht gekannt, weil sie in ihrem willkürlich-regellosen Zustande nicht von ihm begehrt habe, daß er sich dem füge, was man jetzt conventionell „Theater" heiße. Als wenn Er der Mann gewesen wäre, sich zu fügen! Lächerlich!

Was er von ihr verlangte, dem mußte sie sich fügen, diese Bühne, die unter dem Heldentritte des Giganten stöhnte und seufzte, als solle sie aus ihren Fugen weichen. Er aber hatte Recht und wird Recht behalten, „aller Nachwelt unverloren, wo Sprache blüht, und wo sich Menschen freun," wie er selbst in einem Sonette sagt, weil das, was er der Erde zu verkünden hatte, und die Art, wie er es verkündete, den aus und in Gott gebo-renen, den Poeten von Gottes Gnaden bezeichnet, welcher das Siegel der Auserwählten auf seiner Stirn trägt. Ein solcher braucht sich an keine Form zu binden; er steht über ihr, denn er steht über Allem!

Aber welche Frechheit zu vermeinen, Andere dürften dies auf ihre Gefahr hin ihm nachmachen wollen? Um es zu dürfen, müßten sie Shakespeare sein. Sind sie das aber nicht, dann haben sie sich und ihrer Stoffe un-geordnete Ueberfülle einer bindenden Form anzuschmie-gen, die, noch so häufig angefochten, ihr altes Recht stets wieder geltend macht, wo es die Bühne gilt; jener Form, welche durch Gesetzgeber im Gebiete des Schönen, durch die ewig-jugendlichen Alten aufgestellt ward; deshalb so streng aufgestellt, weil ein Volk, welchem das Epos in vollster Glorie vertraut war, auch am schärfsten zu son-

dern verstand, wodurch sich das Drama von jenem unter=
scheidet. Daraus mußte konsequent die Regel von den
drei Einheiten sich bilden, die gewiß, — suche man sie in
freieren Regungen romantischer Dichtung äußerlich zu
erweitern, — in ihren innersten tiefsten Gesetzen unerläß=
liche Bedingung des Drama's bleibt, soll dieses nicht
aus Rand und Band weichen und in geschmacklose Will=
kür sich verlieren, die freilich, Gott erbarme sich, bis=
weilen als Genialität angepriesen wird.

Wer von allen Dichtern unseres Jahrhunderts hätte
wohl so verführerische Anregungen gehabt, sich in solch'
zügellose dramatische Willkür zu verrennen, als Shake=
speare's Landsmann, jener Feuergeist, dessen Erdenbahn
auch in poetischer Beziehung eine kometische genannt
werden darf; er, den Frömmler und prüde, scheinheilige
Engländerinnen perhorresciren mögen, dem wir jedoch
gönnen, daß Göthe ihm einen immergrünen Kranz
auf's Grab gelegt? Wer hätte leichter die leicht irre zu
führende Masse verblenden und mit wilden Sprüngen
und kecken Kontrasten bei seinen dramatischen Versuchen
weidlich „shakespeartisiren" können? Aber was that
Byron? Man betrachte seinen „Kain," seinen „Sar=
danapal," seinen „Marino Falieri!" Er wählte die
bindendste Form; er bauete dem edlen Erz, von heißer
Phantasie geschmolzen und in glühenden Fluß gebracht,
einen festen Damm und goß keine vielgegliederten Zerr=
bilder, sondern reine Glocken. Auch that er dies keines=
weges nur in der Hoffnung oder Absicht, seine Werke
bühnengerecht zu machen. Bei der seltsamen Wahl der

Stoffe, bei der philosophisch-rhetorischen Breite ihrer
Ausführung scheint er weniger an die Bretter gedacht
zu haben. Nein, er that es in höchster Achtung vor dem
Wesen des Drama's, wie er dessen Bedeutung und Ge-
setze erkannt und gewürdiget hatte, und fand sich nicht
Genie genug, daran rütteln zu dürfen.

Und woran, um im Kontraste zu fragen, woran ist
unser Immermann, dieser vortreffliche, achtungswür-
dige Dichter, in theatralischer Beziehung gescheitert?
Woran lag es, daß er sein klares Auge im Tode schließen
sollte, ohne erfüllt gesehn zu haben, wonach er sich mit
so innigem Wunsche sehnte, und wozu er die vollen,
schönen Mittel besaß: unsere Bühne als poetischer Ge-
bieter zu beherrschen? Doch lediglich daran, daß er jung
und beginnend in die blendende Formlosigkeit Shakespeare'scher Freiheiten gerieth und dann später, als er
jenen Irrthum einsah und sogar selbst warnende Worte
gegen ähnliche Nachfolge erhob, bereits die jugendliche
Schmiegsamkeit verloren hatte, die unerläßlich scheint,
um zu erlernen, was an der Schauspiel-Kunst und
-Form, schaffender oder darstellender, dichtender oder re-
producirender, nothwendig erlernt werden muß!

Was ist Grabbe, der gewiß weit mehr sein könnte,
hätt' es ihm beliebt weniger zu scheinen, und hätt' er
nicht vorgezogen, hinter'm Schenktische den kleinen
Shakespeare zu spielen, — was ist der uns geworden?
Doch, ehrlich geredet, nichts Anderes, als ein kurioses
Exemplar, welches man, wofern es anatomische Präpa-
raten-Sammlungen für poetische Mißgeburten gäbe,

eben so sorgsam in Spiritus konserviren würde, als man eine kolossale Leber konservirt. Dieser selbige Grabbe nennt zwar Shakespeare's Werke „poetisch verzierte Dramen, wo aller Mittelpunkt fehle; wo man nicht wisse, wer Hauptperson, wer Nebenperson, und wo, wenn man auch auf Einheit der Zeit und des Ortes verzichte, doch nicht einmal Einheit des Interesses zu finden sei!" ec. Ei, ei! Hatte der von seinen damaligen Lobrednern so überschwänglich bewunderte Mann dafür scharfe Blicke, wie konnt' es ihm geschehen, daß er für die total untheatralische, undramatische Conception seiner eigenen ausschweifenden Geistesgeburten blind blieb? Von unzähligen Anderen, worunter hochbegabte Talente, die im „shakespearisiren" verschwommen sind, gern zu schweigen!

Sobald ein William wieder geboren werden wird (wozu ich unserm Jahrhundert die Facultät abspreche), sei es diesem erlaubt zu schreiben, was und wie er will. Alle Uebrigen dürften klüger thun, sich in strenge Formen zu begeben; keinen dramatischen Stoff zu wählen, keine Arbeit zu beginnen, bevor sie Stoff und Plan nicht hinreichend verschmolzen und ihren Weg bis zum Ziele hin so genau berechnet haben, daß sie uns nicht in einem Akte durch drei Provinzen, fünf Gemächer und sieben Schlachtfelder zu zerren brauchen. Alle Uebrigen dürften klüger thun, ein Beispiel zu nehmen an einem gewissen Deutschen, Göthe mit Namen, welcher Deutschlands Stolz bleiben wird, ob auch von jenen Kränzen, so Deutschlands hohes Parlament in Frankfurt zu winden beliebte (1848), nicht einer auf seine Statue gereicht hat, weil Herr Börne sämmtlichen Blumenflor in Anspruch nahm; Herr Börne, der sich begnügte, aus Paris herüber die Deutschen Schafsköpfe zu nennen, während Göthe zwei Menschenalter daran setzte, die Deutschen zu er- heben, zu veredeln, vor den Blicken des gebildeten Europa geistig zu verklären. Dieser unbekränzte Frankfurter hat sich's nicht verdrüßen lassen, nachdem er einen „Götz von Berlichingen" in die Welt gesandt — — (und sollte denn einmal shakespeare'sche Weise, um nicht zu sagen „Manier," auf deutschen Grund und Boden verpflanzt werden, bleibt solcher Anlauf jedenfalls der siegreichste!) — nachdem er Götz mit der eisernen Faust in die Welt gesandt, dem „Clavigo," dem „Tasso," der „Iphigenia," derlei ganz erträglichen Personen, reine weiße Hand- schuhe anzulegen. Gerade besagter Göthe hat, wie er gewöhnlich das Beste aussprach, auch über Shakespeare zuerst, und ehe noch andere Klugredner ihre Stimmen erhoben, das Belehrendste ausgesprochen. Seine im „Wilhelm Meister" gewissermaßen in die Handlung des Romans übergehende Würdigung des „Hamlet" hat späteren Entwickelungen, Auseinandersetzungen, Er- klärungen wahrhaft erst Bahn gebrochen. Wenn ein Mensch, ein Gelehrter, ein Dichter Shakespeare'n ganz und auf seiner höchsten Höhe erkannte, so war es Göthe, der den Wahlspruch: „Shakespeare und kein Ende!" diktirte; der es gerade heraussagt, daß er William für den größten aller Poeten hält, welchen Polyphem sich aufbewahrt, um ihn zuletzt zu verspeisen.

Aber so wie Göthe dies ausspricht, darlegt und beweiset; wie er sich selbst in erhabener Demuth dem ewigen Briten subordinirt, so scheut er sich doch auch nicht zu erklären, daß er ihn für keinen Theaterdichter hält. Bei Gelegenheit einer (zweifelhaften) Jugendarbeit Shakespeare's schreibt er: „Es ist der ganze, reintreue Ernst des Auffassens und Wiedergebens, ohne Spur von Rücksicht auf den Effekt. Vollkommen dramatisch, ganz untheatralisch." Und was meint unser Immermann Anderes, wenn er in seinen Bekenntnissen als Theaterdirektor wehmüthig ausruft: „Sei daher Shakespeare auch fernerhin der Liebling der Besten; aber man gebe endlich den Gedanken auf, ihn im eigentlichsten Sinne des Wortes bei uns auf den Brettern einheimisch zu machen, oder gar eine, der seinigen verwandte Herrlichkeit in unseren Tagen dichtend hervorzurufen!" Das durfte der edle Immermann rücksichtslos drucken lassen, nachdem er solch mißlungenem Bestreben die schönsten Blüthen eigener schaffenden Jugendkraft geopfert.

Gewiß, eben so wenig wie Shakespeare unsern strebenden Theaterdichtern als Vorbild gelten darf, eben so wenig dürfen wir die wahre Lust, die höhere Freude an ihm auf unserer Bühne suchen. Dort werden uns (mit einigen Ausnahmen) seine Werke nicht gelten, was sie werth sind. Auf den Brettern der Jetztzeit am Wenigsten .... es müßte denn auf den modischen Sommertheatern sein, bei bairischen Bierkannen und Käsestollen im Tabaksqualm. Pfui, der Schmach! —

Was verlangt unser tonangebendes Theaterpublikum?
Hand in Hand mit den Tagesschriftstellern fragt es nicht
mehr nach menschlich-dramatischer Wahrheit, nicht mehr
nach redlicher Gesinnung, nicht mehr nach poetischer
Charakteristik, ja kaum noch nach oberflächlichster theatralischer Wirkung. Es fragt nur nach Anspielungen
auf Ereignisse der Zeit, nach politischen Witzen und
Stichen, und beklatscht auch diese nur lebhaft, wenn sie
dem nichtigsten haltlosesten Uebermuthe kriechend ent-
gegenkommen. Hab' ich doch am Publikum des Wiener
Hof-Burgtheaters, des sonst taktvollsten, theilnehmend-
sten, sinnigsten in ganz Deutschland, erleben müssen, daß
es (wenigstens ein großer Theil desselben) in der Scene
des vierten Aktes von Julius Cäsar zwischen Brutus
und Cassius einige Stellen als „auf lokale socialistische
Verhältnisse bezüglich" mit pöbelhaftem Geschrei begleitete. So weit sind wir gerathen im Fortschritt! — Was
bleibt dem Freunde der Poesie übrig, als zu flüchten aus
diesem Gewühle kleinlicher selbstischer Anregungen, diesem
knatternden Feuerwerk hergebrachter, abgenützter, immer
wieder angejauchzter Schlagwörter, ... zu flüchten in
die hohen Hallen des unentweihbaren Tempels, dessen
Oberpriester wir in Ihm verehren.

Jene Anderen, weil sie einer ausgesprochenen Kunst-
form, einer konventionellen Regel, einer nothwendigen
Beschränkung unterworfen, mit planmäßiger Besonnenheit sich und ihre Dramen beherrschten; weil sie gewandte Meister ihrer Sprachen und ihrer Zeiten, in
künstlerischem Walten, in dramatischer Abrundung und

Einheit über Shakespeare stehen, ... mögen sie nun
Racine, Corneille, Calderon, Voltaire, ja mögen sie
Lope, Alfieri, sogar Molière heißen! mehr oder weniger
rückten sie uns bereits fern und veralten unserer Liebe.
Er rückt uns täglich näher, je tiefer wir uns in's
Menschliche hineinleben. An seiner Hand treten wir
in's Allerheiligste. Diesen Tempel werden die Vor-
schreier des Marktes nicht unterwühlen, auf seinen Trümmern sollen sie nicht wandeln. Und mögen sie blöd-
sinnig-frech eingestehen, daß ihnen die Poesie eine feile
Dirne sei, welche nur politischen Tendenzen dienen müsse
... das darf uns nicht muthlos machen. Ab- und Zu-
neigungen der Menschen, Ansichten, Geschmack, Mode,
sind wandelbar. Meinungen, die gestern für unfehlbar
angepriesen wurden, hört man heute wüthend bekämpfen.
Männer, die heute in Volksgunst schwelgen, werden
morgen mit Koth beworfen. Was herrschte, strahlte,
glänzte, sinkt in Schutt und Staub, aus Ruinen erhebt
sich neuer Glanz, neues Elend, neue Herrschaft, neue
Sklaverei. Hier quälen Tyrannen, dort tyrannisirt die
Masse, wir haben Alles gehabt, es wird Alles wieder-
kehren, Alles wechselt, schwankt, sinkt ... nur Zweierlei
bleibt: der blaue Himmel, der sich um uns wölbt, in
dessen Aether emporsteigend die Lerche das Lob des
Schöpfers kündet; und das Reich der Dichtung, welche
Wahrheit ist; das Reich ewiger Wahrheit durch Poesie
verherrlicht. Natur und Kunst, ungetrübt von den klein-
lichen Plackereien der Menschheit.

Darum bleibt uns auch Shakespeare, der Gesandte

Gottes, der Poet der Wahrheit in Natur und Geschichte.

Deshalb aber sollen auch wir wahr und offen sein,
wo immer von ihm die Rede ist. Sollen nicht verzagt
hinter'm Berge halten, nicht aus falscher Scham ver-
schweigen, was uns vielleicht für Mangel an Einsicht
oder an Ehrfurcht ausgelegt werden könnte. Und deshalb sang ich bei Seinem Jubelfeste laut und frei:

Zum 23. April 1864.

Ja, zieht sie auf, die heil'ge Fahne,
    Und laßt sie hoch in Lüften wehn,
Daß wir andächtig nach dem Schwane
    Vom Avon heut gen Himmel sehn!

Wer reden kann, soll froh verkünden,
    Was er von Ihm zu sagen weiß,
Gesang soll sich dem Wort verbünden,
    Und wer's vermag, erring' den Preis!

Es dürfen Alle sich versammeln
    Um diese Fahne, treu der Pflicht,
Auch wir, die eben schüchtern stammeln;
    Auch wir — jedoch die Heuchler nicht.

Die Heuchler, die bis zu den Quellen
    Urew'ger Dichtung nie gelangt,
Und die sich blos begeistert stellen,
    Weil es die Mode so verlangt.

Niemals ergriff sie holder Zauber,
    Der unbewußt uns tief erregt;
Nur was die Wort- und Silben-Klauber
    Auslegerisch hinein gelegt,

Das haben sie in ihm gefunden.
    Ihr Lob erklingt wie Angstgestöhn;
Sie seufzen, kritisch überwunden:
    „Was Shak'spear' schrieb, ist Alles schön!

„Du darfst nicht zweifeln, darfst nicht fragen,
    „Anbeten mußt Du, stumm und dumm,
„Und Keiner darf zu mäkeln wagen
    „An solchem Evangelium.‟

O Heuchelei! Bestochne Richter,
    Ihr leugnet frech (obgleich ihr's wißt),
Daß auch der größte aller Dichter
    Zuletzt ein Mensch gewesen ist?

Daß dichtend Er ein Mensch geblieben,
    Geringes neben Höchstem geht,
Daß menschlich Ihn nur der kann lieben,
    Der dies in Demuth eingesteht?

Nein, wer behaupten will: es gleiche
    Sich Alles an Vollkommenheit
In jenem großen Wunderreiche
    Nie da gewes'ner Herrlichkeit;

Wer mich des Rechtes will berauben,
　　Zu sondern, was so scharf getrennt,
Dem werd' ich nie und nimmer glauben,
　　Daß er im Geiste Ihn erkennt.

Wir wollen frei vom Herzen sprechen
　　Und aus dem Kranze um Sein Haupt
Die wilden Reiser muthig brechen.
　　Der Kranz ist ja so dicht belaubt

Und blüht so voll seit alten Tagen
　　Für alle Zeit und Ewigkeit,
Wie Keiner trug und je wird tragen,
　　Denn Gottes Hauch hat ihn geweiht.

Drum laßt sie wehn, die heil'ge Fahne,
　　Die drei Jahrhunderte durchflog,
Und schaut andächtig nach dem Schwane,
　　Der singend auf gen Himmel zog.

Und seid gewiß, daß Ihm, dem Einen,
　　Wir Ehrliche, die weder blind,
Noch heuchlerisch vor ihm erscheinen,
　　Willkommenste Verehrer sind.

―――――――

Herr Victor Hugo,
wie er den Shakespeare ansieht.
Aus dem Französischen so wortgetreu als möglich übertragen.

I.

Shakespeare tiefsinnend, — von Versailles fern,
Dem prächt'gen, mit geschniegeltem Taxus,
Verschnitt'nem Buchs, wo man die weinerliche,
Weitschweifige Tragödie stöhnen hört, —
Betrachtet festen Blicks der Welt Gewühl,
Und vor ihm schaudert bang der weite Wald.
Da schreitet er mit bleichem Angesicht,
In seinem Innern durch sich selbst verblendet,
Dem wilden Thiere gleich; auf seinem Haupte
'nen Streifen Licht wie eine Mähne schüttelnd.
Durchsichtig ist sein Schädel, angefüllt
Mit Seelen — Leibern — Träumen, die heraus
Man leuchten sieht.   Es rinnet durch sein Sieb
Die ganze Welt; er hält das ganze Leben
In seiner furchtbar'n Faust.   Er preßt dem Menschen
Ein übermenschlich Schluchzen aus. Und unser Geist,
In solch' befremdlichem Genie bisweilen
(Wie auf der See) den Weg verlierend, leidet
      Schiffbruch.
Wir fühlen zitternd, wie in seinem düstern
Theater uns der Hauch von seinem Munde
Anweht; wie seine Finger uns die Seite
Aufreißen und durchwühlen.   Niemals zagt Er.

Er ist ein Riese und er bändiget
Richard den Dritten, jenen Leoparden,
So wie das plumpe Urthier Caliban.
Das Ideal nur ist der Wein, den dieser
Bachus kredenzt.   Die ungeheuren Stoffe,
Die er ergriffen und bewältigt hat,
Röcheln um ihn herum, schön oder häßlich.
Er knebelt Lear, Brutus und Hamlet, Wesen
Gewalt'ger Gattung; so die Capulets,
Montague's, Cäsar! oder Hexen hier
In Wäldern, dort Gespenster auf dem Thurm.
Sogar nach Aeschylus vermag Er noch
Melpomenen in Furcht zu setzen, Er,
Der Finst're, seine Hände voll von Fetzen
Menschlicher Seelen, von Othello's Fleisch,
Von Macbeth's Ueberresten.   Ruhe findet
In seinem Werk, dem Schauder-Alphabet
Des Drama's, Er.   So wie der schwarze Löwe
In einer unermess'nen Höhle einschläft,
Die Krallen blutbefleckt. —

II.

Wie der deutsche Ueberseßer Herrn Victor Hugo ansieht.

Ein wahrer Dichter wurdest Du geboren,
Und Deine Jugendsänge drangen weit;
Nur allzu früh hast Du Dich selbst verloren
In Deiner unbegrenzten Eitelkeit.
Sie riß Dich fort zu toll-blind-wüth'gem Walten,
Du wolltest Kunst wie Leben umgestalten,

3*

Ganz ohne Maß, Besonnenheit und Plan,
Verliefst Du immer tiefer Dich in Wahn.
Du wähntest, den Franzosen Das zu werden,
Was Gottes Macht nur einem Einz'gen gab;
Für zwei Shakespeare ist nicht Raum auf Erden.

So trat'st Du frevelnd auf sein heilig Grab
Und äfftest nach in traurigem Verkennen,
Was blut'ge Schauder Du an ihm genannt;
Du wagtest wild und grausam ihn zu nennen,
Den Sanftesten, den je die Welt gekannt,
Den mildesten Beherrscher alles Schönen,
Den frömmsten Mann, der göttlich-rein gesinnt,
Des Daseins Zwiespalt wußte zu versöhnen,
Voll Weisheit und — voll Einfalt, wie ein Kind.

Dir ist's ein Raubthier, das die blut'gen Krallen
In Menschenherzen tückisch-grausam schlägt?
Mir ist's ein Cherub, der zum Wohlgefallen
Des Himmels uns empor gen Himmel trägt. —

Man täuscht auf Jahre, — täuscht nicht sein Jahrhundert,
Und als Tragöde hast Du nur gegleißt;
Drum fragten Viele oft und still-verwundert:
Wie kommt's, daß dieser reichbegabte Geist
Vom Shakespeare spricht mit tönender Emphase
Und es am Ende zu nichts Höh'rem bringt,
Als zur Gestaltung einer hohlen Phrase,
Die ohne inn'res Leben schallt und klingt?

Jetzt sehn wir klar. Du sprachest unumwunden
Durch Deine Verse über Dich den Bann.
Nun weiß man doch, was Du in i h m gefunden,
Was man von D i r erwarten darf und kann.

Brot für die Schwalben.

Von einer etwas überschwänglichen und nicht sehr
lebhaften Erzählung Lamartine's — „Rafael" denk' ich
war sie betitelt — ist mir nicht Viel in der Erinnerung
geblieben, außer einem jungen Schwärmer, der auf ein-
samem Thurme oder dergleichen die Schwalben fütterte.
Die Schwalben? Darüber mußte ich lachen und zer-
brach mir nicht weiter den Kopf. Konnt' es nicht ein
Schreibfehler sein? Der Poet hatte vielleicht moineau
hinsetzen wollen? Oder, was dasselbe bedeutet: pierot?
(Sperling.) Oder pinson? (Fink.) Und während er
schrieb, flog eine Schwalbe an seinem Haupte vorbei;
denn er saß dichtend im Grünen, am Ufer eines romantischen See's. Und sie streifte mit sanftem Flügelschlage
sein Lockenhaar; und ihm unbewußt floß hirondelle
aus des Autors Feder. Das war ja leicht möglich. Bei
dieser Erklärung habe ich mich beruhiget und die Schwal-
benfütterung vergessen, wie den ganzen Rafael. Später
las ich wieder Etwas von Lamartine und fand . . . .
aber ich habe all' seine Werke gelesen und weiß nicht mehr,
wo ich fand? Doch ich meine, es war in der Fortsetzung
des „Jocelyn;" den Titel dieser Fortsetzung kann ich jetzt

nicht angeben. Gleichviel: das Büchlein ist einer Dienst-
magd zugeeignet, und die Widmung sammt Vorrede
macht ein wunderlich communistisch-socialistisches und
aristokratisch-vornehmes Januskö̈pflein; und was an
diesem Köpfchen hängt, ist darum nicht minder anmuthig,
reizend, poetisch; in jeder Art würdig, obgleich in ungebundener Rede verfaßt, sich jenem berühmten Gedichte
(Jocelyn) anzuschließen. Auch will ich es dem geneigten
Leser, der es etwa noch nicht kennt, hiermit bestens
empfohlen haben! In besagtem Büchlein war es; —
und sollt' es dennoch in einem andern gewesen sein, so
bitt' ich um Entschuldigung für mein schwaches Orts-
und Namens-Gedächtniß; in Lamartine war es nun
ganz gewiß, daß ich abermals eine Stelle fand, wo die
Schwalben mit Brotkrumen gefüttert werden. Das
machte mich stutzig. Das konnte nicht wieder für einen
Schreibfehler gelten; für einen Druckfehler noch weniger.
Das war wirklich so gemeint: Alphons von Lamartine
glaubt alles Ernstes an Schwalben, die Brot fressen.

Die deutsche Sprache hat vielerlei volksthümliche,
sprüchwörtliche Ausdrücke. Einer derselben drängt sich
mir zwischen diese Zeilen. Wenn sie einen Menschen bezeichnen will, der hervorragende Gaben besitzt, außer-
ordentliche Fähigkeiten irgend einer Gattung, so heißt es
von ihm: „Der kann mehr als Brot essen." Ich zweifle
durchaus nicht an der Anwendbarkeit dieser Bezeichnung
auf unsere Schwalben. Wer ihr Geschick für Baulich-
keiten wahrzunehmen sich die Mühe gab, wird mir be-
stimmen: unbedenklich, eine Schwalbe kann mehr als

Brot essen. Aber Brot essen kann sie deswegen immer nicht, und ich mache mich anheischig, dem ersten besten Löwen oder Tiger die erste beste Schüssel voll frischer Faschingskrapfen aufzunöthigen, ehe ich mir aufnöthigen lasse, daß der halb und halb mysteriöse Vogel — nenne man ihn unwissenschaftlichem Sprachgebrauch zufolge: Rauch-, Mauer-, Haus-, Ufer- oder Erdschwalbe — ein Krümchen Brot entgegennimmt, auch nur von dem Umfange des winzigsten Stecknadelknopfes.

Wahrlich, die Schwalbe kann mehr, als Brot essen: Sie kann über Weltmeere ziehen, ohne auszuruhen; sie ist in Cairo heimisch, wie auf dem Kohlmarkte und unter den Linden; sie vermag naturforschende Gesellschaften und Gelehrte mit Forstmännern, Landwirthen und Teichfischern zu entzweien, wegen ihres Winterschlafes, von dessen Beschaffenheit in Schornsteinen, Sandhöhlen und Sümpfen wir bis jetzt ebenso wenig Gewisses wissen, als wir über die Beschaffenheit unseres eigenen dereinstigen Sargschlafes im Voraus zu ergrübeln im Stande sind; sie kann, macht sie auch einzeln noch keinen Sommer, doch als willkomm'ner Frühlingsbote die schöne Jahreszeit anmelden; sie kann . . . o sie kann gar Vieles, was wir nicht können; nur Brot essen kann sie doch nicht.

Ich machte mir wegen Lamartine's naturhistorischem Leichtsinn allerhand Gedanken, die sich mehr oder weniger auch auf seine politischen Leicht- und Tiefsinnigkeiten übertrugen, und nahm mir vor, diesen Gedanken gelegentlich einmal Form zu verleihen. Nun ja, was nimmt

sich ein armer Schriftsteller nicht manchmal vor und
bringt es dann nicht zu Stande! Wie im Herbste die
Schwalben davon zogen, flogen mit ihnen auch meine
Gedanken in den Wind. Verflogen, verschwunden; —
bis gestern Abend kein Gedanke an jene Gedanken!
Gestern Abend wollt' ich eine müssige Abendstunde durch
anregende Lecture tödten und griff, vielleicht weil sie mir
eben zur Hand lag, nach Victor Hugo's „Nôtre-Dame."
Manche schon öfters gelesene Beschreibungen überschla-
gend blätterte ich in dem geistvollen Buche, naschte so zu
sagen an einzelnen wirksamen Stellen. Dabei verging
die halbe Nacht, ohne daß ich Schlaf spürte. So gelangte ich unvermerkt in das vierte Kapitel des neunten
Buches, wo die arme Esmeralda in ihrem Thurmstüb-
chen, durch Quasimodo's schauerliche Fürsorge ernährt,
ihr gefährdetes Dasein fristet. Die Schilderung ist
ergreifend. Man lieset sich tief hinein. Man fühlt mit
der jungen Zigeunerin. Man leidet mit dem einäugigen
Ungethüm, in dessen Mißgestalt denn doch auch ein Men-
schenherz schlägt. Ich sang in meiner Seele düstre Weisen zu seinen wilden, widerspenstigen Liedern und sagte
mir: mit diesem Kapitel mache ich für heute den Schluß,
gehe zu Bette; schöner kommt es nicht mehr. Und so
las ich: „Sie brachte ihre Tage damit hin, Djali (die
Ziege) zu liebkosen, die Thüre des Hauses-Gondelaurier
zu beobachten, leise Selbstgespräche über Phöbus zu
führen und ihr Brot den Schwalben vorzubröckeln."

Hätte mich ein Skorpion gestochen, wäre mir Quasimodo in Person erschienen, oder, was noch schlimmer,

hätte Claudius Frollo über meine Achsel mir in's Buch
gestarrt, ich könnte nicht heftiger aufgefahren sein. Es
ist zu arg, rief ich aus, indem ich den dicken Band zu-
klappte; diese Franzosen sind ja rein des Teufels. Jetzt
geräth Herr Victor Hugo auf Lamartine's Sprünge.
Unglaublich! Entweder die französische Fauna ist überhaupt anders organisirt als die deutsche, oder . . . Ich
hatte gestern Abend schon bedenklich den Kopf schütteln
müssen, wo im letzten Kapitel des achten Buches Quasimodo „mitunter pfeift, sobald eine Amsel an ihm vor-
überflattert." Amseln, die sich wie Dohlen auf Kirch-
thürmen umhertreiben, sind mir eigentlich auch noch
nicht vorgekommen. Indessen ich getröstete mich: wer
weiß? Paris unter Ludwig dem Elften war nicht Paris
unter Napoleon Bonaparte dem Neffen. Da mögen
Moräste und Erlengebüsche so mancher „schwarzen
Amsel" mit und ohne*) Federn zum Aufenthalte gedient,
und warum soll nicht bisweilen solch' ein lüsterner Vogel, irgend ein Insekt verfolgend, sich bis zum glocken-
läutenden Monstrum hinaufgewagt haben? Sei's um
die Amseln! Deshalb braucht sich unser alter Bechstein
noch nicht im Grabe umzudrehen. Aber nun fressen die
Schwalben wieder Brot? Nun dreht sich Bechstein um.
Ja, er dreht sich, der brave Mann und weiland Jäger
vor dem Herrn, dem wir das beste Buch über die Vögel
zu verdanken haben. Es ist kein Erbarmen für ihn, er
dreht sich. Und ich mit ihm. Ich wollte nicht Lärm

---

*) Siehe Heinrich IV. zweiter Theil, Akt III. Scene 2.

schlagen, wenn es etwa Rothkehlchen wären, die Esme-
ralba mit Ueberbleibseln ihrer Asyl-Rationen bewirthet;
Rothkehlchen, Grasmücken, Fliegenschnapper, Stein-
schmätzer, Rothschwänzlein, Bachstelzen, weiße, graue,
gelbe, — meinetwegen. Diese Vögelchen sämmtlich näh-
ren sich zwar auch von lebendigen Geschöpfen, als kleine
Raubthiere, die sie sind; picken daneben doch auch nach
einer Beere, lesen vielleicht ein Körnlein auf, setzen sich
auf Zweige, hüpfen auf dem Boden umher, schlüpfen
durch Hecken, gewöhnen sich an menschliche Kost, dauern
im Zimmer aus, und vielleicht haben Herr von Lamartine und Herr Hugo, uns andern unberühmten Leuten
ähnlich, Kindheitgenossen aus dem genus der Sylvien
besessen, haben derlei leichtgezähmte Sänger hier und da
nach einem Krümchen haschen sehen? Aber wo haben
Sie gesehen, meine Herren Republikaner? Und wo hat
irgend ein Mensch, dem nur ein Fünkchen Beobachtungsgabe einwohnt, wähnen dürfen zu sehen, daß auch nur eine
einzige der unzähligen, unsern Luftkreis durchschneiden-
den Schwalben etwas Aehnliches gethan? Wem kann
es entgehen (er müßte denn sich absichtlich verblenden),
daß die unermüdliche Seglerin keine andere Nahrung
verlangt und sucht, als die sie im Fluge zu erbeuten weiß;
sei es nun, daß sie hoch emporwirbelnden Fliegen, Mücken,
kleinsten Käfern im blauen Aether begegnet; sei es, daß
sie bei gedrückter Atmosphäre unten am Boden umher-
streift an Ufern, über Wasserflächen und dort ergreift,
was sich regt, was lebet, strebet, schwebet, sich erhebet.
Nur einer Schwalbe Schnabel, der im Verhältniß zu

ihrem sonstigen Leibesumfang ein breiter Rachen genannt
werden darf, braucht man zu sehen, um zu lernen, daß
er nicht gebaut sei, aufzuklauben, zu picken, zu zerzupfen,
zu zertheilen wie andere Schnäbel; sondern daß er, zwei
Klappen öffnend, ungetheilt verschlingen will, was der
Hauch des Windes ihm zuführt, was eine gewandte,
energische Richtung der Flügel ihm erringt. Wie gesagt,
es bedarf nur der Anschauungsfähigkeit und Ueberle-
gungskraft eines kleinen Knaben, um zu dem logischen
Schlusse zu gelangen, daß sich Schwalben weder mit
Brot füttern lassen, noch mit irgend welchem Gebäck,
von menschlichen Händen bereitet. Es giebt vielleicht
kein Thier in der Schöpfung, welches dem Menschen so
nahe steht und so fern; Beides zugleich. Einerseits die
Anhänglichkeit an einmal erwählte Mauern, Fluren,
Ställe, die das muntere Thier, so lange es lebt, mit jedem
Sommer durch unermessene Fernen wieder heimsucht;
die dreiste Zutraulichkeit, die sich, um bellende Hunde,
lärmende Kinder unbekümmert, furchtlos ihr altes Plätz-
chen erwählt; die da bauet, liebt, zwitschert, brütet,
Junge aufzieht, zwischen den Bewohnern des Hauses hin
und her schwebend, Fliegen aus der Küche holt, schier
von der Nase der Köchin herab, wie ein rechtes Haus-
thier. — Andrerseits die ungezähmte, naturfreie Selbstständigkeit, die nur im weiten Luftmeere segelnd gedeiht,
sich keinem Zwange fügt, in Gefangenschaft lieber hart-
näckig verschmachtet, als daß sie, wie doch fast alle übrigen Vögel thun, es versuchen möchte mit ihr dargebote-
ner Nahrung. Dies Alles kann und muß Jeder auf

den erstem Blick sehen, der es sehen will. Ich verlange
freilich nicht, daß es Jeder sehen wolle Auch kann es
hohe Geister geben, vorzügliche Männer, die sich für
Schwalben nicht weiter interessiren und sonst keine
Kenntnisse von ihnen haben, als die ihnen etwa aus der
Kinderlehre her über des Tobias Augenkrankheit an den
Wänden des Gedächtnißkämmerleins hangen geblieben.
Das gebe ich zu. Was noch mehr: es kann Einer ein
großer Dichter und zugleich ein schwacher Ornithologe
sein; wie ja Eckermann ganz ehrlich vom Goethe berich-
tet, daß dieser bis in's höchste Greisenalter unermüdliche
Forscher und Natur-Weise bei einer heiteren Morgen-
fahrt die Ammern in den Buchengebüschen um Weimar
für Lerchen gehalten habe. Ich dächte, Lerchen wären
es gewesen, die der Meister in den Buchen suchte? Und
ich kann's nicht leugnen: eine Lerche, wohlverstanden
eine Feldlerche, alauda arvensis, in den grünen Zweigen
zu suchen, das nähert sich schon ein wenig der Schwalben-
Brot-Fütterung. Und Goethe bleibt darum doch Goethe;
bleibt doch der treue Maler der Natur. Denn es liegt,
sollte ich meinen, ein weiter Unterschied zwischen einem
Irrthum, den der Dichter plaudernd und gutmüthig
lächelnd eingesteht, und zwischen einem Ausspruch, den
er wie aus eigenster Anschauung, als schmückendes Bei-
werk, als Bestandtheil einer lebenswahren Erzählung in
seine Schildereien verwebt. Worüber man unsicher ist,
darüber belehrt man sich, bevor es gedruckt wird. Von
sich selbst hat Herr Victor Hugo die antiquarischen Kenntnisse, womit sein celebres Buch ausgestattet ist, ebenso

wenig zu eigen gehabt, als er dieselben ohne äußerliche
Bethülfe aufsammeln konnte. Er hat Rathgeber nach-
gesucht. Er hat Chroniken gelesen, Archive durchstöbert,
was weiß ich. Nur wo er sich seiner Sache sicher meinte,
sprach er aus sich heraus. Aus sich und ihrer Lebens-
ansicht haben er, — Lamartine — (auch Eugen Sue,
der, ohne in die Schwalbengeschichte verflochten zu sein,
dennoch hierher gehört) — und wie sie sonst Alle heißen,
haben sie insgesammt Menschennaturen, die sie uns vor-
führen, entwickelt. Mit ihren Augen haben sie entdeckt,
geprüft, verglichen; mit ihren Ohren gelauscht; mit
ihren Sinnen haben sie Bedürfnisse, Ansprüche, Rechte
des Volkes in sich aufgenommen; was sie zu sehen, zu
hören vermeint, haben sie in sich verarbeitet und uns
sodann auf ihre Weise zugerichtet als unumstößliche
Wahrheit mit unleugbarem Talente dargelegt. Vom
Naturrechte, vom „Rechte, das mit Dir geboren ist,"
sind sie ausgegangen, ohne recht zu wissen, wie weit sie
damit gerathen dürften. Und jetzt begehren sie von uns,
wir sollen, ihrem Scharfblick vertrauend, uns auf sie verlassen. Schön, Ihr Herren. Aber seht Ihr denn wirklich so scharf? Hört Ihr denn wirklich so fein? Nehmt
Ihr die Welt, wie sie ist? Die Menschen, wie sie sind
und sein werden? Dürfen wir Euch trauen?..? Ei
ja, ich möchte schon; wenn nur die Schwalben nicht
wären!

Daß ich's geradehin eingestehe: auf die Gewissen-
haftigkeit des Autors, der, sei es auch im Unwichtigsten,
das Unmögliche für schlichte, einfache Wahrheit verkauft,

halte ich ebenso wenig, als ich auf die Beobachtungsgabe des Menschen halte, der die Schwalben mit Brot füttern läßt. In solchen Dingen giebt es weder Groß, noch Klein; das Größte kann beziehungsweise zum Kleinsten, das Kleinste zum Größten werden. Ob ich Wald-Ameisen betrachte, die aus muthwillig zerstörtem Hügel heraus ihren unentwickelten Nachwuchs nebst abgestorbenen Tannennadeln planlos hin- und herschleppen? Ob ich den empörten Staat betrachte, in welchem es ebenso zweck- und planlos wimmelt, während brüllende Umsturz-Männer durcheinander toben? Für beiderlei Betrachtungen muß ich klares Auge, festen Blick, unbestochenes Urtheil mitbringen, will ich die Wahrheit finden. Und wer mir, den Ameisenhaufen betreffend, leichtgläubig vorerzählt, wie er mit Rührung wahrgenommen, daß liebende Eltern ihre Eier (so nennt man fälschlich die Larven) sorgsam und aufopfernd auf strategisch-geordnetem Rückzuge in Sicherheit gebracht, ... einem solchen Beschreiber werd' ich auch keinen Glauben mehr gönnen, wenn er den Großthaten der Gassendemokratie Lob singt. Lamartine und Victor Hugo streuen für die Schwalben Brot aus, für den Pöbel hochtrabende Phrasen. Für diesen, wie für jene unverdauliche Speise. Die Schwalben sind die klügeren: sie greifen nicht danach. — Ich habe „Pöbel" gesagt. Man wird mich tadeln. Ich hätte „Volk" schreiben sollen. Doch gerade nach Herrn Hugo's Autorität käme Beides auf Eines heraus. Denn dieser Volksfreund läßt in Nôtre-Dame seinen flamändischen Revolutionsmacher Coppenole dem

Könige gegenüber bedeutungsvoll aussprechen: „Wenn
Ihr mit diesem Aufstande fertig werdet, Sire, so ist es
nur, weil die Stunde des Volkes noch nicht geschlagen hat!" Und wer betreibt den Aufstand, von dem
hier die Rede war? Bettler, Gaukler, Betrüger, Taschen-
diebe, Räuber, Mörder! Darf Herr Hugo diese Bande
„Volk" nennen, so bin ich entschuldigt, wenn ich sein
Volk „Pöbel" rannte; was Einem recht, ist dem Andern
billig. Ach, und diesem Volke hat auch Alphons von
Lamartine Brocken und Brosamen seines sanftsentimen-
talen, poetisirenden, idealistischen Gebäckes hingestreut,
wie den Schwalben Brot. Und weder Schwalben, noch
Menschen haben ihm Dank gewußt, dem liebenswürdigen, unpraktischen Dichter, dem unverbesserlichen
Historiographen der Gironde. Kennst Du, erhabener
Sänger der „Meditationen," die Natur jener ewig un-
zufriedenen Herumtreiber, Schreier, Störenfriede, denen
Du so naiv republikanischen Ernst, Entsagung, Aufopferung, Andacht für ein Großes, Ganzes, Allgemeines
zumuthest und zuschreibst? Ich fürchte, Du kennst Jene
nicht besser, als Du die Natur des ewig ruhelosen
Wandervogels erkanntest, da Du ihn durch Deiner
Träume Sohn, Rafael, mit Brotkrumen speisen wolltest.
Brot für die Schwalben! „Kaviar für's Volk!" Für
jenes Volk, welches heute ruft „Hosianna!" und morgen
„kreuziget ihn!" — Und nun erst das Volk des Herrn
Victor Hugo! Ich bitte! .

„Die Masse war von jeher thöricht und schlecht!"
Diesen hartklingenden Ausspruch schleuderte einer der

weichsten, menschenfreundlichsten Menschen, der verstorbene Henrich Steffens, vor mehr als vierzig Jahren zwischen die Breslauer Turnstreitigkeiten und demagogischen
Umtriebe mitten hinein. Es erhob sich darüber ein
furchtbarer Streit, und unter des Natur-Philosophen
heftigsten Gegnern standen sonst ehrenwerthe Männer,
die ihn deshalb mit schweren Schmähungen überhäuften.
Und von diesen selbigen Männern haben Einige noch
in der Paulskirche mitgetagt und sind, weil sie die Worte
ihres abgeschiedenen Gegners, wenn auch mit andern
Worten, wiederholten, mit eben so schweren Schmähungen, mit giftigerem Hohne überhäuft worden. Sie
hatten seitdem ihre Ansichten ändern gelernt. Jung,
reich an Idealen, waren sie den Schwalben einst auch
mit einer Hand voll Brot entgegengetreten; jetzt wußten
sie, woran sich zu halten sei, und sagten freimüthig, dieser
Vogel suche anderes Futter. Darum wurden sie ver-
ketzert, und den ehrwürdigen Arndt ließ man nicht reden,
ohne Spott, — in der nämlichen Stunde, wo Tausende
in Deutschland nach der Melodie seines schönen, miß-
verstandenen Liedes des Deutschen Vaterland suchten. ·
Wunderlich!

Sind denn Jene des Volkes wahre Freunde, die ihm
in kriechender Schmeichelei — kriechender, als je bei
Hofe kroch — zurufen: Du sollst herrschen? Oder sind
es Jene, welche ihm derb eingestehen: Deine Herrschaft
wird unerträglich, und was selbstsüchtige Betrüger Dir
Freiheit nennen, ist schauderhafteste Tyrannei? —

O meine Herren, die Ihr den Mund so voll nehmt,
— und dieses nicht blos im bildlichen Sinne; denn Ihr
versagt Euch Nichts, speiset gut, trinkt noch besser, trotz
Eurer Jeremiaden! — die Ihr, schöne Hunde, theure
Pferde fütternd, eine Gleichheit prediget, welche in der
That Euch sehr beschwerlich werden dürfte; die Ihr über
die Hinrichtung eines grausamen Raubmörders Zeter
schreit, doch es ganz in der Ordnung findet, wenn hundert getreue Soldaten von Kannibalen zerrissen werden;
die Ihr die reinsten Tugenden bei Gesindel sucht, welchem
Ihr doch, um Eure modernen Kleider nicht zu be-
schmutzen, drei Schritte aus dem Wege geht; die Ihr
mit Verheißungen einer glückseligen Zukunft um Euch
werft, wo es keinen Thron mehr giebt, als das Straßen-
pflaster, keinen Purpur mehr, als den blutgetränkten
Kittel des Lumpensammlers oder des „hochherzigen"
Galeerensträflings, ... ist es Euch denn wirklich Ernst
mit all' diesen pomphaften Redensarten? Glaubt Ihr
an die Zukunft? Glaubt Ihr an Euch selbst? Ich
glaube nicht. Ich glaube nicht an Euch, nicht an die
Herrlichkeiten, die Ihr prophezeit. Nein, nicht eher
glaub' ich an eine selbstsuchtlose, ehrfurchtgebietende, freie,
sich selbst beherrschende Menge, die da wissen wird, was
sie will, ... nicht eher, als bis ich die Schwalben Euer
Brot fressen sehe.

———

Martin Opitz von Boberfeld.

(Bunzlau, 4. April 1861.)

„Mein Lob und Name wird erklingen weit und breit." Dieses stolze Wort durfte der Mann aussprechen, den Bunzlau seinen Sohn nennt. Der Mann, der aus deutschem Herzen die ersten deutschen Lieder sang; der durch philologische, philosophische, grammatikalische, archäologische, didaktische, epische, dramatische Werke, fast noch ein Jüngling, europäischen Ruhm erwarb; der „von den Huldigungen einer über ihn in starres Erstaunen versetzten Gelehrtenwelt, von den Ehrenbezeugungen der Höfe weder übermüthig noch faul gemacht wurde; der seinem Volke zwischen Krieg, Religionskämpfen, Sumpf und rauchenden Trümmern eine neue Bahn gebrochen!" Der Mann durfte seinem Namen solche Vorhersagung stellen; der verdient ewigen Dank Deutschlands, zumal Schlesiens. Auf ihn darf seine Vaterstadt zurückschauen wie auf einen Stern, der strahlend über ihr leuchten wird, so lange deutsche Sprache blüht und gedeiht. Darüber müssen auch endlich Diejenigen einig werden, die feindselig gegen ihn aufgetreten sind. An solchen fehlt es nicht, hat es nicht gefehlt. Ein berühmter, wohl der berühmteste unserer Germanisten, stößt das herbe Urtheil aus: „Opitz sei allzu befangen in steifer Nachbildung fremder Formen gewesen, und auch ausgesuchtes Einzelne leide an mißfälligen Härten." Wie ungerecht! Man vergleiche zum Beispiel nur das

volksthümlich gebliebene „Ich empfinde fast ein Grauen"
mit dem französischen Originale Ronsard's, dem es allerdings nachgebildet ist. Dieses letztere erscheint steif, kalt,
ja geistlos im Vergleiche zu der lebensfrischen, glühenden,
blühenden deutschen Regeneration. Wären solche
„Nachbildungen" etwa großen Dichtern unziemlich? —
Göthe's „Erlkönig" mag die Antwort übernehmen. —

Hat man vielfältig dargethan, Opitz habe als Gelehrter zu emsig gestrebt und gewirkt, um ein freier,
selbstständig-schaffender Dichter, ein deutscher National-
dichter im ganzen vollsten Sinne des Wortes zu werden,
so läßt sich das freilich nicht wegleugnen. Aber das lag
nicht an ihm, nicht am Mangel eigenen Talentes; das
lag in seiner Zeit, in seinen Umgebungen. Er mußte,
nachdem von ehemaliger deutscher Volkspoesie die letzte
Spur seit Jahrhunderten versunken war, an's klassische
Alterthum, an diejenigen Nationen sich halten, die schon
eine schöne Literatur besaßen, um nur erst den An-
knüpfungspunkt zu finden für erneuerte edle Bestrebungen. Wo sonst hätte Er den suchen sollen? Ihn dafür
anzuklagen, statt ihn zu preisen, ist ebenso unbillig, als
ihm in die Schuhe zu schieben, daß seine Schüler, Nach-
ahmer, Nachtreter nicht lauter Paul Flemminge gewesen;
daß die Söhne des hohen Vaters deutscher Dichtkunst,
daß die Enkel in Verfall geriethen. Leider ja, was Er
geschaffen, mußte durch unwürdiges Affenthum franzö-
sirender Reimschmiede entdeutscht, befleckt, in Erbärm-
lichkeit ausarten, bis ein neuer Tag neue Männer brachte,
— oder die Männer den Tag; die Männer, welche sich

4*

Deutſchem wieder zuwandten. Hand auf's Herz, ihr
geſtrengen Gegner Meiſter Martin's, war eine ſo glor=
reiche Epoche überhaupt möglich ohne ihn? Verſucht's
doch, wenn ihr könnt: nehmt ihn heraus, löſcht hinweg
was er gethan ... und iſt eure Phantaſie im Stande,
ſich dieſe Lücke zu denken, dann ſeht zu, wie ihr ſie aus=
füllen mögt; ſucht einen Erſatz in ganz Deutſchland für
unſern Opitz! Für unſern, hab' ich geſagt. Der
Schleſier ſpricht aus mir. Schon der ewige Leſſing
ruft's gerade heraus in der Vorrede zum Logau, die
ſchleſiſche Mundart ſei darum vorzüglicher Beachtung
würdig, weil wir aus Schleſien die erſten guten
Dichter empfingen. Wir dürfen eine ſelbſtſtändige
Entwickelung ſchleſiſcher Poeſie, der Mutter aller
übrigen Schulen, anerkennen; und deshalb ſtimmen
wir aus voller Seele dem würdigen Caspar Friedrich
Manſo bei, der „lediglich in Opitzens Kraft und
Würde" die Urſache davon ſieht. Weshalb dürfte des
Schleſiers Bruſt ſich nicht höher heben, läßt ſie dieſen
Namen ertönen? Klar und wahr drückt ſich unſer
Landsmann Auguſt Kahlert aus: Wenn Opitz einer
nachtheilig gewordenen Ausländerei Thür und Thor
geöffnet, ſo iſt der Ehrenmann nicht dafür verantwort=
lich, der ſelbſt am 28. Dezember 1628 ſchrieb: „Die
deutſche Poeterei, ungeachtet der nunmehr langwierigen
Kriege, wittert und reget ſich alſo, daß es ſcheint, wir
werden auch diesfalls mit der Zeit fremden Völkern das
Urtheil ablaufen." Er hat ein deutſches Herz gehabt,
Er iſt ein deutſcher Dichter!

Mehrfach ist angedeutet worden, — und je weiter man sich in sein Leben und Wirken vertieft, desto mehr tritt es hervor, daß eine gewisse Aehnlichkeit zwischen ihm und Göthe waltet. Erstreckt sie sich doch bis auf die Anklagen, die man gegen Beide richtet. Hat man doch, wie Opitzens, auch Göthe's deutsche Gesinnung, hat man doch auch seinen Einfluß als nationalen Dichter, hat man doch auch sein deutsches Herz bezweifeln wollen. Es wäre eines literar-historischen, kritisch-politisirenden Plutarchs würdig, zwischen ihnen, nachdem er ihr Da-sein geschildert, eine lehrreiche Parallele zu ziehen. Dazu gehört ein anderer Mann als ich.

Am 23. Dezember 1597 wurde, hierorts wie bekannt, Martin Opitz geboren. Der Vater, Sebastian Opitz, war in der Stadt geachtet und einer ihrer Rathsherrn. Die Mutter, Martha, geborene Rothmannin, auch eines Rathsherrn Tochter, ist gestorben, da er noch ein Säug-ling gewesen. Der Sohn soll ihr an „Leibesgestalt und Gemüthsgaben" geglichen haben; eine Erscheinung, die häufig beobachtet wurde bei hervorragenden großen Geistern; die unser Opitz ebenfalls mit Göthe theilt. Er zeigte sehr frühzeitig Begabung und Lust zum Lernen, und da sein eigener Oheim, Christian Opitz, damals der Bunzlauer Schule vorstand, so machte sich Alles wie von selbst. Nach des Oheims frühzeitigem Tode trat Valen-tin Sanftleben, der oft genannte, vielgepriesene Schul-mann ein. Wenn es Sokrates, sagt ein späterer Zeit-genosse, für eine große Ehre hielt, daß Plato sein Schüler gewesen, so durfte Sanftleben den Ruhm mit sich in die

Grube nehmen, Opißen zuerst auf die Bahn der Wissenschaften geleitet zu haben. Sie nannten sich Sohn und
Vater. Auf Sanftleben's Tod dichtete Opiß eine Trauer-
klage, worin die rührenden Zeilen vorkommen:

Daß ich etwas Gutes schreibe, liebster Vater, das
machst Du;
Denn Du führtest mich den Musen schon als einen
Knaben zu.
Und daß mich der Ruf bis ißt einen ächten Dichter
heiße,
Stammt von meinem nicht sowohl, als vielmehr
von Deinem Fleiße.

Während der Jahre 1614 bis 16 studirte er in Breslau weiter, wo er das Gymnasium zu Maria Magdalena
besuchte, dessen Rektor Joh. Höckelshofen des Jünglings
seltene Vorzüge sogleich erkannte und ihn den bedeutendsten Persönlichkeiten der Stadt vorstellte. Caspar
Cunrad, ausgezeichneter Arzt, selbst als Dichter geschäßt,
erwählte Opißen zum Lehrer seiner Söhne. Noch günstiger gestaltete sich des lehrenden Schülers Lage, als er
nach Beuthen a./O. (1617) auf das „Schönaichium"
gelangte. Dort hatte der hochherzige, fromme, reichbe-
güterte Georg von Schönaich (des tapferen und biederen
Kriegshelden Fabian von Schönaich dankbarer Pflege-
sohn und Erbe) ein akademisches Gymnasium gegründet.
Rühmlich bekannte Docenten hatten die Lehrstühle bereits eingenommen; Schüler aus ganz Deutschland und
dem benachbarten Auslande zogen herbei. Unter ihnen
der „Urheber der hochdeutschen Dichterei." Dort fand

der junge Dichter liebevolle Gönner. So eingeweiht
und vorbereitet begab er sich 1618 an die hohe Schule zu
Frankfurt a./O., wo er ein Jahr verweilte, um sie dann
mit Heidelberg zu vertauschen. Dahin zog ihn haupt-
sächlich die unschätzbare Bibliothek, „die Feinheit und
Zierde des Hofes," das besondere Ansehn hochgeachteter
Staatsmänner. Hier fing er an, wie Caspar Lindner
in der Uebersetzung der Lobrede des Colerus sich aus-
drückt, die Güte seines Witzes, den Reichthum seines
Wissens, die Vollkommenheit, so zu sagen: schon die
Herbstreife (und er zählte einundzwanzig Jahre!) seines
Verstandes und Urtheils auszubreiten.

Er unternahm verschiedene Reisen: nach Straßburg,
Tübingen, gegen Ende des Jahres 1620 nach den Nieder-
landen, im Jahre 21 nach Holstein und noch vor Ablauf desselben in die schlesische Heimath zurück, wo er in
Liegnitz verweilte. Ueberall wurde er von den vornehm-
sten Geistern, den berühmtesten und gelehrtesten Männern begünstiget, wie ein ihnen Ebenbürtiger, und legte
durch persönliche Bekanntschaften den Grund zu unzähligen wissenschaftlichen Verbindungen, die er dann auch
schriftlich bis an sein Ende nach allen Seiten hin unter-
hielt. Der arme Bürgersohn, der reisende Student war
schon ein Weltmann, galt schon für eine europäische Ce-
lebrität. Als solche berief ihn Fürst Gabriel Bethlem
nach Siebenbürgen zum Professor an der hohen Schule
in Weißenburg. Da erklärte er seinen Schülern den
Seneca und Horaz; da belebte er durch anmuthige Gespräche des Regenten Tafelrunde; da widmete er sich

vielseitigen antiquarischen Forschungen; da sehnte er sich
aber auch mit ächt schlesischem Heimweh nach seinem
Quickborn und der Boberau; da entstanden, aus dieser
poetischen Sehnsucht zum Theil, jene lieblichen Dichtungen „Von der Ruhe des Gemüthes," als z. B.

O solte doch auch ich nach solcher weiten Reise
Und so viel Ungemach, bei euch seyn gleicherweise,
Ihr Thäler, ihr Gebirg', ihr Brunnen, und du Strand
Des Bobers, da man mich zum ersten auf der Hand
Herumb getragen hat; da die begraben lieget,
So mich zur Welt gebracht! —

Im Frühjahr 1623 legte er die Professur nieder und
begab sich abermals nach Liegnitz zu seinem theuern
Herrn und Fürsten Georg Rudolph, unter dessen Schirm
und Schutz er so recht den Musen lebte und im Jahre
1624 fürstlicher Rath wurde. Aber häufig verließ er
sein behagliches Nest, um Ausflüge in Nähe und Ferne
zu unternehmen. Er kehrte bei Gönnern und Freunden
auf ihren Landgütern ein; er ging nach seinem lieben
alten Bunzlau; er streifte in's Sächsische hinüber, wo er
sich bei der „Elb-Nachtigall," dem damals bewunderten
Dichter Buchner aufhielt. Er wurde dem Kurfürstl.
Hofe zu Dresden vorgestellt; er wurde zum durchlauch-
tigen Mäcen aller Künste und Wissenschaften, zum Herzog Ludwig von Anhalt berufen; zu einem Fürsten von
wahrhaft hohem Sinne.

Im Herbst 1625 wurde er sodann einer Gesandt-
schaft beigesellt, die der Herzog von Liegnitz an den kaiser-

lichen Hof nach Wien schickte, und wurde daselbst mit allen Auszeichnungen empfangen. Ein Nostiz war es, der als kaiserl. Geheimerath viel dazu beitrug, ihn den Erzherzögen, später dem Kaiser selbst aufzuführen. Er durfte sein schönes Gedicht auf den Tod des Erzherzogs Karl von Oesterreich kaiserlicher Majestät selbst über- reichen und wurde dafür zum gekrönten Poeten ernannt. Kaiser Ferdinand der Zweite hat mit eigener Hand dem Sohne des kleinen Bunzlauer Rathmannes den Lorbeer auf's Haupt gelegt. Mit unverwelklichem Kranze ge- schmückt kehrte er nach Schlesien zurück, weilte zwischen Liegnitz und Brieg abwechselnd, bald unter vornehmen, bald unter gelehrten, bald unter ländlichen Freunden, in Schlössern, Bibliotheken, Schulhäusern, so daß er mit Recht von sich sagen konnte: „Ich reise zu Hause in der Fremde herum.‟

Im August 1626 ward Opitz Sekretair des Burg- grafen von Dohna, eines mächtig-einflußreichen Herrn, der ihn, wie geschrieben steht: „bald als einen Mann kennen lernte, welcher seines aufgeweckten Geistes, seiner Gelehrsamkeit, seiner Verschwiegenheit wegen zu wich- tigen Sachen geboren sei, und der nach den Umstän- den der Zeit wohl zu leben wisse.‟ Daher schickte er ihn öfters an die Höfe der Fürsten und anderer Großen des Landes, damit er „mit seiner angenehmen und nach- drücklichen Beredsamkeit‟ die Gemüther der Widrig- gesinnten für seinen Vortheil gewinne. Insonderheit ließ er ihn (den Protestanten!) alle wichtigen Briefe an

den Papst, an den Kaiser, an Könige und Fürsten aus-
fertigen; welcher Aufträge sich Opitz mit solcher Geschicklichkeit unterzog, daß der Burggraf und er gleiche Ehre
davon trugen.

Karl Hannibal von Dohna, Freiherr auf Warten-
berg, Landvogt in Oberlausitz und kaiserlicher Kammer-
präsident, war ein eben so milder Gönner des gelehrten
Dichters, als tapferer Feldherr. Bei ihm wohnte Opitz
auch immer, wenn er nicht auf Reisen, sondern in Breslau lebte. Der Dichter dürfte wohl schwerlich solch'
diplomatisch-bedenklicher Stellung gewachsen gewesen
sein, hätte sich nicht der Staatsmann aus ihm entwickelt. Und deshalb wird ihm nachgerühmt: „Behaupten und nachgeben mußte Opitz überaus wohl zu vereinen. Er war kein knechtischer Ja-Herr; doch wenn er
widersprach, that er es mit eben so viel Klugheit als Ge-
lassenheit. Er hielt mit seiner Ansicht durchaus nicht
verzagt zurück; er sprach frei heraus, wußte Scherz mit
Ernst zu vermischen, redete aber stets in kurzen, scharf-
sinnigen Sätzen, wobei er lächelnd die strenge Wahrheit
zu sagen verstand." — Welch' ein Bild des ganzen Mannes. Ist's nicht wirklich, als hätte Goethe geschildert
werden sollen?

Im Jahre 1628 ward unser einunddreißigjähriger
Poet zu Prag von Kaiser Ferdinand II. in den Adel-
stand erhoben als Martin Opitz von Boberfeld.
Das hatte sein Burggraf dem treuen Geheimschreiber,
dem unentbehrlichen Gesellschafter glücklich errungen.

Dieser Burggraf Hannibal muß ein tüchtiger Mensch gewesen sein. Opitz singt ihn an:

⏑ — ⏑ — ⏑ — Du haft der Mufen Künfte
Aus ihrem Grund erlernt, so gar genau und wohl,
Als Einer, der den Bauch damit ernähren fol,
Und feine Lebenszeit fonft nichts als diese treiben.
Wer ift wie Du beredt? wer kann fo zierlich schreiben?
Dein Römisch kommt der Zeit des großen Cäsar zu;
Der mind'fte Theil von uns versteht es fo wie Du.

Nun, ich fetze keinen Zweifel in des Herrn Kammer-präsidenten Geift und Wissen; glaube auch gern, daß er feinen Opitz recht lieb gehabt und ihm herzlich wohl gewollt; — aber auf feinen Nachruhm war er dabei auch ein Bischen bedacht, will mir scheinen. Er hatte Recht, der Herr. War es ihm darum zu thun, daß mit feinem Namen auch feine persönlichen Verdienste und Eigen-schaften auf die Nachwelt gelangen möchten, an wen in ganz Deutschland konnt' er fich beffer wenden, als an jenen Mann, der naiv-treuherzig von fich felber fagen darf, Er habe der deutschen Sprache die erfte Bahn zur Poefie gezeigt? Dohna hatte für Opitz geforgt, und Opitz forgte für Dohna. Ohne Opitzens Verfe hätten wir schwerlich heute und hier vom guten Burggrafen ge-redet. Die großen Herren follten und könnten fich mit-unter ein Beispiel daran nehmen und bedenken, daß der Kiel eines berufenen Dichters längeres Leben verleiht, als die Schärfe manches Schwertes.

Weil wir eben vom Schwerte reden, an Krieg und

Schlacht denken . . . . so schwer es mir fällt, ich muß
Etwas eingestehen, darf's nicht unterschlagen. Herr
Martin Opitz von Boberfeld, nachdem er seinem Herrn
unterschiedliche gute Rathschläge in Betreff taktischer Un-
ternehmungen ertheilt, wurde aufgefordert, unter einem
Kriegsobersten „Pechmann" mit in's Feld ziehen. Sei
es nun, daß der Name Pechmann für ihn ominös gewesen; sei es, daß er dem großen Dichter Horatius nach-
ahmen wollte; genug, er zeigte nicht den Mann; er
riß aus — was man in Berlin „Pech geben" nennt.

Der Bericht lautet kürzlich: „Als diese Pechmanni-
schen Völker einen Ausfall thaten und vom Feinde stark
zurück getrieben wurden, so war unser Opitz der Aller-
letzte beim Kämpfen, der Erste und Fürnehmste aber in
der Flucht." Er gesteht es ehrlich ein:

Daß aber etwan ich den sichern Weg genommen,
Und aus dem letzten Mars der erste worden bin,
Mein Roß dazu gezählt — so wisse, daß mein Sinn
Gar nie gewesen sei dem Feinde Stand zu halten.
Wer jung erschossen wird, der pfleget nicht zu alten
Und stirbt zu Tode hin. Es ward mir auch gesagt:
Der Fürwitz sei ein Ding, das Einem, der sich wagt,
Nicht allzuwohl bekömmt und wird ihm gar zu theuer.
Poetenvolk ist heiß, ist leichte wie ein Feuer 2c.

So legte er denn das Kriegsschwert hin und stritt
desto tapferer mit der Feder. Sobald der Burggraf zu
Felde zog, wendete sich der Secretair den älteren Freunden, den Büchern, voll erneuerten Eifers zu. Seine
Correspondenz mit allen Notabilitäten der Wissenschaft

in vielen Ländern und Sprachen war unübersehbar.
Derlei briefliche Anregungen mögen es gewesen sein, die
ihn abermals zu größeren Reisen treiben. Sein Burggraf füllte ihm die Börse, und er ging (1630) über Dresden, Leipzig, Gotha, Hanau, Frankfurt, Straßburg nach
Paris. Dort lernte er den weltberühmten Hugo Gro-
tius, mit dem er längst in Briefwechsel gestanden, von
Angesicht zu Angesicht kennen und brachte außerdem die
gewaltigsten Eindrücke nach Breslau heim, wo man ihn
wie einen zweiten Ulysses anstaunte. — Die Eisenbahnen
waren eben noch nicht im Gange.

1633 ging Dohna zum letzten Male in den Krieg.
Er verschied zu Prag an einem hitzigen Fieber. Da
kehrte Opitz gern nach seinem lieben Liegnitz zurück und
wurde mit offenen Armen empfangen.

Eine Abhandlung über verschiedene Punkte des polnischen Staatsrechtes, die er einst im Namen des Verstorbenen abgefaßt, ward Veranlassung, daß er bei Gelegenheit einer Vergnügungsreise nach Danzig, durch Ver-
mittelung des Grafen Dönhof, zum königlich polnischen
Historiographen und Secretarius ernannt wurde, wozu
sein Herzog ihm die Beistimmung ertheilte. Betrachten
wir seine früheren Anstellungen in Liegnitz, Weissenburg,
Breslau und endlich diese letztere in Danzig, welche ihm
die für jene Zeit bedeutende Summe von 1000 Thalern
als Jahrgehalt eintrug, so finden wir uns berechtiget, die
hier und da ausgesprochenen Stoßseufzer: „daß ein
solcher Mann dürftig gelebt und Mangel erlitten
habe!" als unbegründet oder doch höchstens auf seine

Universitätsjahre anwendbar abzuweisen. Der treue
Diener der Herzöge von Liegnitz und Brieg, des Burggrafen Dohna, ihr Freund Martin Opitz von Boberfeld brauchte nicht Hunger zu leiden. Er klagt allerdings hin und wieder über sein widriges Geschick und
dergleichen! Wann hätten Dichter in momentanen Ver-
stimmungen dies nicht gethan? Thun es nicht andere
Leute gleichfalls oft ohne Noth? Nur mit dem Unterschiede, daß Jene niederschrieben, was Diese blos münd-
lich klagten, daß es dann gedruckt und von Vielen gelesen wird ... das heißt: wofern die Dichter gelesen werden. Denn bekanntlich giebt es auch Dichter, die Niemand liest, und das sind vielleicht nicht immer die schlech-
testen. Uebrig wird aber Opitz, gerade weil er ein
Dichter war, Nichts gehabt haben, trotz seiner Einnahmen, und obgleich ihm auch unverhoffte, reiche Geschenke
zuflossen. Wie er denn z. B. für das wunderbar herrliche Lied: „Auf auf mein Herz, und du mein ganzer
Sinn" von „Einem Schlesischen von Abel" hundert
Goldgulden empfing. Nein, übrig wird er Nichts gehabt
haben! Dafür sorgten seine vielen Reisen, seine Bücher-
liebhaberei, seine Freigebigkeit und auch gewiß die krie-
gerischen Zeitläufte. Sein hoher Sinn erstrebte keinen
Reichthum, vielmehr schreibt er: „Ich halte Nichts auf
Gold, auf Ehre, die vergeht, auf Gaukelei der Welt."
(Das Gold nennt er „den schönen Koth.") Und an
einer anderen Stelle:

Ein Andrer habe Gold, ich habe freien Sinn,

Der Keinem dienen kan, der Keinem nach kan laufen,

Und wüßt' ich für ein Wort die ganze Welt zu kaufen.
Das Geld und Gut so ich für mich begehr' ist klein,
Und habe mehr als die so arm bei Gütern seyn.

In einem lateinischen Briefe sagt er: „Ueber die Zukunft habe ich mich niemals bekümmert; es werden sich
immer welche finden, die mich ernähren!"

Rührendes Zeugniß für jene jetzt so verschriene
Epoche! Welcher in unserer Zeit des Fortschritts lebende
Dichter dürfte so Etwas mit ähnlicher Zuversicht aussprechen? — Er starb unvermählt. Vielleicht auch eine
Folge des unstäten Lebens? Der Kriegsläufte? Etwas
Positives wüßt' ich von seinen erotischen Empfindungen
nicht zu berichten, außer worauf manche lyrische Gedichte
hindeuten. Daß diese nicht immer mit günstigen Augen
angesehen wurden, auch von Verehrern und Freunden
nicht — (von Gegnern und Neidern zu schweigen; denn
wen versuchten Dummheit, Bosheit und Verleumdung
nicht mit Schmutz zu bewerfen?) — das bestätiget eine
Stelle in der Lobrede des Colerus: „Jedoch gleichwie
große Geister ebenfalls auch fehltreten, und wie selten
Jemand auf den Helikon steigt, ohne daß er sich verirre
und ausschweife; also hat auch unser Opitz hierbei Fehltritte gethan, maßen er sich manchmal das schöne Geschlecht
zu sehr einnehmen lassen, und von den lieblichen Gesängen
der Sirenen verführen. Es ist dieses zwar ein Uebel, welches
viele andere große Männer, und besonders die Dichter
betroffen hat, die gemeinlich rechte Meister in der Liebe
sind. Allein deswegen verlange ich nicht, es unstrafbar
zu nennen."

An Gegnern verschiedenster Gattung hat es ihm nicht
gefehlt, und auch bei Lebzeiten schon hat er seine Wolf-
gang Menzel's und seine Pustkuchen's gehabt. Auch
dabei benahm er sich wie Göthe. Dieser äußerte ad
vocem der in Quedlinburg erschienenen „falschen Wan-
derjahre":

> „Was will aus Quedlinburg heraus
> Ein falscher Wand'rer traben? —
> Hat doch der Walfisch seine Laus,
> Muß ich auch meine haben."

Und Opitz schreibt an Johann Rist: Uebrigens hab'
ich gelernt, dergleichen Insulten mit hohem Geiste gering
zu schätzen. Und mein schönster Trost dafür ist, daß
ich mich von den Guten geliebt weiß.

Mit diesem Troste und im Rückblick auf Alles, was
er geleistet, durfte er sterben. Sein Tod war die Folge
der Wohlthätigkeit. Am 17. August wurd' er auf der
Straße von einem pestkranken, mit Beulen bedeckten
Bettler angesprochen; er reichte eine Gabe hin, erkrankte
schon über Nacht und wollte, wie ein Biograph sich aus-
brückt: „den göttlichen Willen durch Hoffen und Stille-
sein abwarten." Als jedoch am 19. das Gerücht von
seiner Niederlage durch die Stadt ging, stellte sich ein
Geistlicher bei ihm ein, den er mit Fassung empfing.
Am 23. verstummten die beredten Lippen für diese Erde.
In der Marienkirche liegt er begraben.

Die Nachricht seines frühen Todes ging durch alle
Lande und regte viele berufene und unberufene Sänger
auf, gereimt wie ungereimt um ihn zu klagen. Auch aus

Afiens Steppen hallte das Trauer-Echo wieder, wo der unsterbliche Paul Flemming auf seiner Fahrt gen Persien dem betrübten Herzen Luft machte und dem Gedächtniß des angebeteten Meisters vier Sonette widmete, die mit der erhabenen Zeile schließen:
Dich recht besingen kann sonst Niemand als nur Du!

———

Man reiset nach Weimar, um die Häuser zu besuchen, in denen Wieland, Herder, Goethe, Schiller gewohnt. Man sucht deren Geburtsstätten in Frankfurt, Marbach und andern Orten auf. Man durchwandelt in feierlicher Stimmung die Plätze, auf denen sie einst wandelten, sannen, schufen und sangen. Ich kann beschwören, daß ich mit eben so aufrichtiger, vielleicht noch tieferer Andacht die Schwelle des Hauses betreten habe, wo der Genius Mensch ward, ohne dessen schöpferische Kraft, ohne dessen geistige Macht und Ausdauer unsere heilige Mutter-sprache in nüchternen Verseleien zu entarten drohte. Deßhalb begrüßte ihn der lebensfrische Poet Simon Dach, da er am 20. Juli 1638 zu Königsberg in Preußen einsprach mit dem Festliede, worin es unter Anderem heißt:

Ist es unsrer Saiten Werk
Je einmal so wohl gelungen,
Daß wir Dir, o Königsberg,
Etwas Gutes vorgesungen,
So vernimm auch dies dabei,
Wer desselben Stifter sei.

Holtei, Charpie. I.   5

Dieser Mann, durch welchen Dir
Jetzt die Ehre widerfähret,
Daß der Deutschen Preis und Zier
Sämmtlich bei Dir eingekehret;
Opitz, den die ganze Welt
Für der Deutschen Wunder hält.

Ja, Herr Opitz, eurer Kunst
Mag es Deutschland einzig danken,
Daß der fremden Sprachen Gunst
Merklich schon beginnt zu wanken,
Und man nunmehr insgemein
Lieber Deutsch begehrt zu sein!

Wir sind Deutsche! Sollen wir uns für einen
Mann nicht begeistern, dem ein Sänger von Simon
Dach's Bedeutung solch' begeistertes Zeugniß ausstellt?

Wir sind Schlesier! Sollen wir nicht mit Selbst-
gefühl unser Anrecht auf diesen Landsmann geltend
machen dürfen, von dem heute noch gilt, was vor dritte-
halbhundert Jahren galt? — Das sind die Empfindungen, mit denen ich in diese Stadt kam. Halten Sie es
nicht für Ziererei oder Uebertreibung, wenn ich bekenne:
ich war nicht mehr bewegt, da ich zum ersten Male vor
Goethe stand; ich war nicht mehr ergriffen, da ich beim
Schillerjubelfeste, zum Redner berufen, vor vielen Tau-
senden in die Novembernacht hinein den Verklärten
pries; — nicht mehr als dieser Tage, da ich, dem Laufe
des Bobers folgend, mir bei Tritt und Schritt sagte:

Hier wandelte der Knabe, der Jüngling. Auf diesem
Ufer lauschte er dem Rauschen der Woge, dem Flüstern
der Quellen; auf diesem grünen Raine bot auch ihm
der März die ersten Veilchen dar; vom Namen dieses
Gewässers ward ihm der Ehrenname „Boberschwan.“
Hier prüfte er zuerst die reinen, weißen Schwingen, die
ihn emportrugen in die Höhen unvergänglichen Nach-
ruhms; hier prägte er sich den Grundsatz seines Daseins
in die Brust: „haud viverem, nisi in litteris viverem.“

Und wie ich dann ermüdet heim kam, nächtliche Ruhe
suchend, labte ich mich an dem Gedanken: nur eine
Mauer trennt dich von den Räumen, in welchen der
Vater deutscher Poesie ein Kind war. Da führte mir
mein williges Gedächtniß liebliche und kräftige Stellen
aus seinen schönsten Dichtungen zu, und der „Mittler
aller Sachen“ (wie unser Dichter so tief und wahr den
Schlummer benennt) ließ mich noch im Traume mit
Simon Dach wiederholen:

Unser Name, Luſt und Ruh
Stehet euch, Herr Opitz, zu. —

Vor vielen Jahren hab’ ich einmal in Bunzlau auf
eiligster Durchreise übernachtet. Als ich bei der Mor-
genbämmerung nach dem Wetter ausschaute, erblickte ich
ein hohes Denkmal. Ha, rief ich aus, eine Stadt, die
ihren größten Sohn ehrt, ehret sich selbst! Wessen Monument könnte diesen Platz besser zieren, als das seinige?
Wessen Name könnte würdiger in Erz oder Marmor
prangen, und hier auf dieser Stelle, als der Name Martin
Opitz von Boberfeld? Ich lief hin und las... den

5*

Namen eines russischen Generals. Eines Mannes allerdings, der geholfen hat Deutschland vom französischen Joche zu befreien; den sein Czar also ehrte! Gut und schön; ich gönn' ihm sein Denkmal. Aber wie lange wollen Bunzlau, Schlesien, Deutschland noch zögern, ihre Verpflichtung zu lösen gegen einen andern Helden, der uns auch von einem fremden Joche befreien half? Dessen Kunst die Zeitgenossen es einzig dankten,

Daß man nunmehr insgemein

Lieber deutsch begehrt zu sein?

Wollen dieser Stadt Bürger nicht dereinst ihre Enkel vor Opitzens Statue führen und ihnen mit Stolze zurufen: Seht, meine Kinder, das war auch ein Bunzlauer Bürgersohn?

Georg Neumark.

Es blieb nicht erst unserer Zeit vorbehalten, daß ein kleines Lustspiel, eine kurze Erzählung, ein dünnes Bändchen, ja wohl nur gar ein Lied, Namen und Ruf ihres Autors verbreiten, von dessen Leben, Streben, Wirken sonst Niemand wußte; um dessen übrige Werke sich Niemand bekümmerte. Wir hatten erst kürzlich ein schlagendes Beispiel von dem, was ich meine: Das Rheinlied von Nicolaus Becker! Wer kennt es nicht? Der Dichter soll außerdem viele andere Poesieen geliefert haben. Wer kennt sie? Wer kannte ihn? Nicolaus Becker und: „Sie sollen ihn nicht haben!" Weiter wissen

wir Nichts. Und neidische Literaten (um nicht Poeten
zu sagen; denn neidische Poeten kann's ja wohl nicht
geben? Wie?) wissen außerdem noch, daß ihm für dieses
eine Lied eine königliche Pension ausgeworfen wurde.
Das nennt man einen „glücklichen Wurf," den er mit
seinem Rheingesange gethan, weil er ihn zur passenden
Stunde anstimmte.

Ich behaupte, es giebt Lieder, Gedichte, die während
gewissen politischen Zuständen, Aufregungen, vorherr-
schenden Weltstimmungen schon fertig in der Luft herum
schwimmen. Es kommt lediglich darauf an, daß Einer
mit sicherer Hand hinaufgreift und sie herunterholt.
Das giebt dann ein Gelegenheitsgedicht nach großem
Maßstabe ... und zuletzt ist ja jedes lebenathmende Gedicht ein Gelegenheitsgedicht; muß es sein; sonst wär'
es ... doch, das führt zu weit. Becker's Rheinlied war
lebendig, war gut, hübsch, und verdient ein dauerndes
Gedächtniß. So lange bauern wird's aber keines
Falles, wie jenes Lied, an welches ich dachte, da ich anhub:
„Es blieb nicht erst unserer Zeit vorbehalten rc."
jenes Lied, an dessen Sänger ich erinnern will, und welches ihm seit mehr denn zweihundert Jahren einen
Ehrenplatz, nicht allein in den Literaturgeschichten, sondern, was viel mehr bedeutet: im Munde und Herzen
der Hunderttausende bewahrt, die ihn von frühester Kindheit an bis in's Greisenalter sangen und singen. „Wer
nur den lieben Gott läßt walten" und Georg Neumark haben sich im ganzen evangelischen Deutschland
so innig mit einander verschmolzen, weil in jedem pro-

teſtantiſchen „Geſangbuche,“ deren es ja unzählbare und
nach unzählbaren Variationen zuſammengeſetzte giebt,
dieſes Lied und darunter dieſer Name ſteht.

Georg Neumark wurde zu Mühlhauſen in Thü-
ringen am 16. März 1621 geboren, empfing ſeine Schul-
bildung in Schleuſingen, ſah ſich aber dann genöthiget,
vor den Kriegsgefahren, unter denen Mitteldeutſchland
am ſchwerſten litt, nach Königsberg in Preußen zu flüchten, wo er Jurisprudenz ſtudiren wollte, daneben jedoch,
wahrſcheinlich mehr als dienlich, ſeinen Neigungen für
Poeſie und Muſik folgend, angenehme Talente entwickelte
und übte. Dort ſowohl, wie nachher in Danzig und
Thorn (allwo er die Jahre 1649 und 50 zubrachte), ſcheint
er viele Freunde und Gönner ſich erworben zu haben,
ohne daß man eigentlich erfährt, ob er ſeinen Aufenthalt
daſelbſt zu etwas Anderem angewendet, als zum Verſe
machen und muſiciren. Aus Allem geht hervor, daß er
den für ſo manche Exiſtenz höchſt bedenklichen und gefahr-
vollen Ruf eines „vortrefflichen Geſellſchafters“ erworben hat und ſehr beliebt und geſucht geweſen iſt; theils
als ſolcher, theils als Virtuoſe (auf der „Kniegeige“),
als Sänger, Componiſt, Dichter! Wohin dergleichen
Gaben führen, und wozu ſie verleiten können, davon
giebt ſo manches „zu Grunde gegangene Genie“ lehr-
reiches Zeugniß.

Was uns von ſeinen weltlichen Gedichten und
Liedern vorliegt, iſt eben nicht geeignet, uns für ihn zu
begeiſtern. Seine Huldigungspoemata ſind trocken und

matt, seine Liebe- und Schäfer-Gesänge sind Nürnberger
Spielwaaren-Arbeit:

> „Wohl dem, der in den Wäldern lebet,
> In unsrer edlen Schäferlust,
> Derselbe stets in Freuden schwebet,
> Kein Jammer ist ihm je bewußt.
> Unsterblich ist und bleibet frey
> Die Schäfer- und Poeterey."

Welch' leeres, nichtiges Reimgeklingel! Sollte man
doch für unmöglich halten, daß Opitz und Flemming schon
da gewesen wären. Für noch unmöglicher, daß solcher
Dichter seinen Bekannten ein Dichter sein konnte. Und
dennoch war er einer. Dennoch schlummerte der göttliche Funke im Grunde seiner Seele! Aber diese Seele
wiegte sich noch in Lust und Tändeleien. Die ernste
Mahnung des Lebens und der Ewigkeit hatte sie noch
nicht erfaßt, gedrückt, geläutert.

Das lustige Treiben in Thorn ging auf die Neige,
wahrscheinlich mit dem letzten Groschen. Neumark
machte sich auf die Heimreise. Hin- und herwandernd
gerieth er nach Hamburg und dort in die erbärmlichste
Noth. Der Hunger zwang ihn sogar, seine treue Be-
gleiterin, tröstende Freundin, die geliebte, tonreiche „Kniegeige" zu versetzen. Aus dieser Zeit schreibt sich eines der
Klagelieder her, in welchem der Dichter, der wirkliche
Dichter zum ersten Male die Schwingen regt. Ich
hab's in keiner „Anthologie" gefunden; hab's in einem
alten, vergessenen Gesangbuche entdeckt, . . . denn eine

selbstständige Ausgabe Neumark'scher Schriften stand mir leider nicht zu Gebote. Mögen einige Strophen hier folgen.

— — — —

„Möcht' es Dir mein Gott gefallen,
Wollt' ich herzlich gern in's Grab,
Da mein Leib geschnitten ab,
Da mein schmerzensvolles Wallen
Dieses Lebens bald verschwind't
Und sein endlich's Ende find't."

„Ich verschmachte fast für Sorgen;
Meine wilde Thränenfluth
Und des Kreuzes heiße Gluth
Sind mein Frühstück alle Morgen.
Furcht, Betrübniß, Angst und Noth
Sind mein täglich Speisebrot."

— — — —

„Dann geh' ich in meine Kammer,
Fall' auf meine matten Knie',
Heul' und seufze, Gott weiß wie,
Und beweine meinen Jammer.
Meiner Thränen wilder Lauf
Steigt zu Dir die Wolken auf."

— — — —

„Setze mich doch einmal nieder,
Laß' mich kommen doch zur Ruh',
Allerliebster Vater Du!

Tröste mich doch einmal wieder!
Gieb mir endlich doch einmal
Herzenslust nach dieser Qual!"

— — — —

Da kann man wohl sagen: die Noth lehrt nicht
nur beten, sie lehrt auch singen. Und der Gesang scheint
sie gerührt zu haben. Sie zog mildere Saiten auf.
Neumark's Lieder hatten das Herz eines Helfers erreicht.
Die männliche Würde, womit der Dulder jeglich Trüb-
sal und peinigenden Mangel ertragen, hatten ihm Hochachtung und Vertrauen erworben. Der schwedische Re-
sident riß ihn aus den Schulden und nahm ihn mit einer
Besoldung von hundert Reichsthalern (damals genügend)
als Secretair in seinen Dienst. Da lösete Neumark
zuerst sein lange schwer entbehrtes Saiteninstrument
wieder aus. Dann schrieb er das heilige Danklied nieder, gab ihm die schöne Melodie, und nachdem er sich in
Strömen heißer Thränen die Brust frei gemacht, griff er
nach dem Bogen und begleitete sich selbst mit frommen
Klängen zu dem Lobgesange:

"Wer nur den lieben Gott läßt walten
Und hoffet auf Ihn allezeit! —
Der wird ihn wunderlich erhalten
In aller Noth und Traurigkeit.
Wer Gott dem Allerhöchsten traut,
Der hat auf keinen Sand gebaut!"

Neu erhoben und ausgerüstet wendete er sich 1651
in die Thüringer Heimath. Sein Ruf zog ihm voran.

Wilhelm der Vierte, ein musenfreundlicher Fürst, machte
ihn zum Kanzleidirector und Bibliothekar. 1653 ward
er unter dem Namen „der Sprossende" in die „Frucht-
bringende Gesellschaft" aufgenommen, deren Erzschrein-
halterschaft er später empfing, und deren Geschichte er
auch verfaßte. Sein Fürst beförderte ihn zum herzog-
lichen Archivsecretarius, — man ernannte ihn zum kai-
serlichen Pfalzgrafen — doch 1679 erst erreichte er den
längst gehegten (uns heut zu Tage höchst bescheiden dün-
kenden) Wunsch: Mitglied des Blumenordens zu
werden.

Er hat wohl auch in höherem Alter — sein Tod
erfolgte am 8. Juli 1681 — noch mancherlei zierliche
Verslein gedrechselt, die dann, eben so wenig als frühere,
die Bedeutung seiner Kirchenlieder gewannen, von welch'
letzteren freilich die meisten ebenfalls längst verschollen
sind.

Dennoch zählen wir ihn zu den Wohlthätern
der Menschheit. Wer einen Gesang dichtete und in
weihevolle Melodie brachte, der Jahrhunderte nach seinem Abscheiden noch Millionen tröstet und erquickt,
der hat ein schöneres Monument, als die stolzesten sich
in Erz und Marmor zu thürmen vermögen. Georg
Neumark ist unsterblich durch den Ausspruch:

> „Denn Welcher seine Zuversicht
> Auf Gott setzt, den verläßt Er nicht!"

Johannes Rift.

Sein Vater, dem er am 8. März 1607 zu Ottensen in der Grafschaft Pinneberg geboren wurde, hatte den Sohn, bevor noch dieser das Licht der Erde erblickt, schon für den geistlichen Stand bestimmt. Er ließ ihn die Gymnasien in Hamburg und Bremen besuchen und sendete ihn sodann nach Rinteln, wo er Theologie studirte, außerdem aber zu seiner eigenen Befriedigung, Medizin trieb. Der junge Johannes war jedenfalls ein ausgezeichneter Kopf; denn während er seine Gottes-gelahrtheit später in Leyden und Utrecht weiter verfolgte, beschäftigte er sich daneben mit .... Mathematik! Unsere jungen Herren, wie sie gegenwärtig manche Uni-versitäten zieren und sich angelegen sein lassen, kaum dasjenige zu treiben, was sie für berorstehende Examina zur höchsten Noth brauchen; die aber jeglichem nicht obligatem Collegio mindestens so weit aus dem Wege gehen, als ihre Kneipe von den Hörsälen entfernt liegt, würden (wofern sie sich der Gefahr aussetzen wollten, von Johannes Rist Etwas zu vernehmen,) gar bedenklich die Häupter schütteln und ihn wahrscheinlich für's Irren-haus reif halten. In dieses gelangte er jedoch nicht; sondern in das Predigeramt der Gemeinde Wedel zu Stomarn, welches er zweiunddreißig Jahre hindurch segensreich verwaltete. 1644 wurde er zum gekrönten Dichter, 1653 durch Kaiser Ferdinand III. in den Adel-stand erhoben. Herzog Christian von Mecklenburg er-

nannte ihn zum Kirchenrath. Es waren dies die übel=
berufenen „finstern Zeiten!" Seltsam, daß diese Einen
manchmal anheimeln? Es mag wohl Alterschwäche
sein, die dem rapiden Fortschritt und seiner Partei nicht
mehr nachzueilen vermag. Aber hat es nicht für den
armen deutschen Dichter etwas Rührendes, Erhebendes,
zu denken, daß Eine k. k. apostolische Majestät einen
kleinen Landprediger Ausburger Konfession im fernen
Mecklenburg mit dem Reichsadel bekleidet, nur um seiner
Verse Willen? Solcher hat denn Rist viele und sehr
verschiedentliche geliefert. Weltliche wie geistliche. Von
den weltlichen hat er in späteren Jahren nicht mehr viel
gehalten. Er äußert selbst einmal: „Ein rechtschaffener
Poete darf sich solcher heydnischen Lumpengedichte gar
nicht bedienen. Er kann alle Tage neue, und zwar nicht
gemeine, sondern gute und nützliche Erfindungen haben."
(Allen Respekt vor dem guten Herrn Kirchenrathe, aber
diese Behauptung erscheint mir doch etwas zu kühn!)
„Er hat dazu keines Jupiters, keines Apollo, keines
Merkurius, noch auch der leichtfertigen Venus=Metzen
von nöthen. Und Lieber, sagt mir doch, sollte man ohne
den garstigen Kupido nicht lustig seyn können? Das
müßte ja gar ein seltsamer Handel seyn. Leid ist es mir von
Herzen, daß ich eines Einzigen dieser heydnischen Götzen
in meinen jugendlichen Gedichten, wiewohl aus kindlichem
Unverstande, jemals habe erwähnt. Ja, ich wünsche
von Grund meiner Seelen, daß alle meine Verß, in wel=
chen dieser, vornemlich der Venus, gedacht wird, unver-

züglich in das Feuer geworffen, und also der ewigen Vergessenheit möchten aufgeopfert seyn und bleiben!"

Das klingt nun allerdings verzweifelt zelotisch=beschränkt. Wir dürfen den Standpunkt des frommen Mannes nicht vergessen, der eben die Kanzel inne hat. Als einen gründlich deutschen Ehrenmann erkennen wir ihn darum doch, wenn wir auf Stellen bei ihm stoßen wie folgende: „Aber was ist es Wunder, daß man in gebundener Rede und Reimen dergestalt seinen Hochmuth (hätte schier Thorheit gesaget) lässet blicken, da doch nunmehr in freier und ungebundener Rede so unteutsch, fremd und seltsam von etlichen wird geschrieben, daß es von recht geborenen Teutschen schier nicht mehr kan verstanden werden. Es mag aber diese kauderwelsche Art denjenigen gefallen, welche Lust und Liebe dazu tragen, ich halte es mit Jenem, welcher schreibt: Man sollte doch das schöne Teutsch lassen Teutsch bleiben und nicht eine überwendische, lappländische, oder schlavonische Sprache daraus machen, wie wir sehen, daß es von etlichen mit der Zeit wird angesagen."

Rist's Hauptgattung ist, sehr begreiflich, das Kirchenlied. Unter den Gesängen, welche in Sammlungen für lutherischen Gottesdienst aufgenommen und über alle Länder und Provinzen Deutschlands verbreitet sind, zeichnen sich manche durch poetische Kraft, alle durch gläubiges, wenn gleich einseitiges Christenthum aus.

Da gab es ein kleines Kotzebue'sches Lustspiel, welches vor etwa fünfzig Jahren, gleich den meisten Almanach-

stückchen jenes fruchtbaren, heftig geschmäheten, und dennoch nie erſetzten Bühnenpraktikers, mit wahrer Gier
von ſämmtlichen Theaterdirektionen ergriffen, aufgeführt,
abgehetzt und todt geſpielt wurde. Nur wenige dieſer
Sachen haben ein dauerndes Daſein auf den Brettern behalten; ſie waren gewöhnlich nur für den Moment berechnet. Dasjenige, von welchem ich hier ſprechen will,
weil Riſt's darin Erwähnung geſchieht, fällt in meine
Jugendzeit; in eine Epoche, wo der (nun auch zu Grabe
getragene) Jubelgreis Anſchütz, die Zierde des damaligen breslauer Theaters, ein ſtattlicher Mann, der ge-
achtete Liebling aller gebildeter Theaterfreunde, ſo recht
eigentlich la pluie et le beau temps machte. Ich ſeh'
ihn noch als eleganten, die Damen entzückenden Huſaren-
offizier, in rother, goldbeſchnürter Uniform! Die Poſſe
hieß, dächt' ich, „der Edukationsrath" und behandelte,
ſo viel ich mich des Inhalts entſinne, das Thema: wie
ein etwas leichtſinniger Lieutenant in der Maske eines
frömmelnden Erziehers ſich in das Vaterhaus der Geliebten ſchleicht. Bei dieſer Gelegenheit wurde denn auch
jenes Kirchenlied verſpottet. Die erſten Verſe:
„O Ewigkeit, du Donnerwort,
    Du Schwert, das durch die Seele bohrt,"
gaben Herrn von Kotzebue Stoff zu bittern Späßen,
und Anſchütz ſparte das Beſtreben nicht, durch ſalbungs-
vollen, karrikirenden Vortrag eine ziemlich wohlfeile
Wirkung hervorzurufen. Mir, der ich in formenſtrengen,
religiöſen Umgebungen aufgewachſen, auch, trotz meiner
ſchon eingeſchlagenen theatraliſchen Ab- und Irr-Wege,

in stetem Familienverkehr mit den ersten städtischen Geistlichen geblieben war, erschien solches Citat eines Kirchen-
liedes wie ein Sakrilegium, und ich begriff den Censor
nicht, der diese Stellen hatte stehen lassen. Zunächst jedoch sucht' ich das Lied auf, um es im Ganzen zu lesen.
Damals, will ich gern gestehen, schauderte ich davor zurück, es kam mir scheußlich vor, und ich begann allsogleich
mich mit Kotzebue und Anschütz auszusöhnen wegen
ihrer travestirenden Verwendung der ersten Strophe.
Ich wußte Nichts von Rist, kannte Nichts von ihm, als
eben diese Höllen-Qualen-Schilderung. Jetzt, ein volles
Menschenalter hinter mir, da ich, seinen „Poetischen
Schauplatz" durchlaufend, auch nach anderswo zerstreu-
ten Liedern suchte, welche dieses Namens Unterschrift
tragen, fiel mir das eigenthümliche Gedicht gleich als
alter Bekannter in die Augen. Ich las es nun abermals, doch dieses Mal mit ganz andern Empfindungen.
Entsetzlich erscheint mir's zwar immer noch, poetisch-
unschön in seiner grauenhaften Phantasie, . . . dazwischen
tauchen Zweifel in mir auf, ob es denn buchstäblich zu
nehmen, ob es nicht vielleicht ganz anders gemeint, ob
nicht etwa gar nur ein Paar von Fragezeichen vergessen
ist, welches, wenn man es einschiebt, den Dichter wie
einen sich trotzig krümmenden Wurm erscheinen läßt, der
sich, so weit sein eigener Köhlerglaube gestattet, gegen
unbarmherzige Grausamkeit auflehnen möchte?
    Wenn es nach umständlicher Auseinandersetzung der
ewig-dauernden Strafen unter Anderem heißt:

„Nun aber, wenn Du die Gefahr
Viel hundert tausend tausend Jahr
Hast kläglich ausgestanden
Und von den Teufeln solcher Frist
Ganz grausamlich gemartert bist,
Ist doch kein Schluß vorhanden:
Die Zeit, so niemand zählen kan,
Die fänget stets von Neuem an."

„Ach Gott, wie (?) bist Du so gerecht. (?)
Wie strafest Du den bösen Knecht
Im heißen Pfuhl der Schmerzen!
Auf kurze Sünden dieser Welt
Hast Du die ew'ge Pein bestellt —
Ach nimm es wohl zu Herzen ꝛc."

Ich frage, bedarf es da mehr als der beiden von mir hinzugefügten, eingeklammerten Fragezeichen, um einen ganz andern milden Sinn hineinzulegen?

Möglich, daß des Dichters unterwürfige Gemeinde, und manche andere nach ihr, in Höllenängsten dieses Lied mitgesungen. Ueber den Dichter und seinen unbedingten Glauben an ewige Martern als Strafe für irdisch-menschliche Vergehungen laß' ich solche Anklage nicht kommen. Johann Rist stand seinem Gotte näher, kannte den Menschen und die Bedeutung des Wortes „Ewigkeit" besser, um den Hohn zu verdienen, den weiland Kotzebue's Schwank auf ihn ausgoß. Rist wußte, daß der Zweck des Göttlichen nur sein kann, zu

veredeln, zu erheben, nicht in den Abgrund zu
stoßen, zu verderben, zu quälen, durch Qual zu vernich-
ten. Rist wußte oder ahnete doch mit dem Instinkt
edelgeborener Seelen, daß geistig eben so wenig Etwas
im Reiche des Universums verloren gehn darf, als kör-
perlich im kleinen Bereiche des Erdballs. Nein, Rist hat
nur jene zwei Fragezeichen hinzustellen vergessen! So
lautet meine Conjectur. Und sie scheint mir nicht minder
berechtiget, als manche ungleich kühnere, die sich berühmte
Philologen und Interpretatoren erlaubt haben. In
diesem zuversichtlichen Vertrauen auf des alten Herrn
gutes Herz werden wir noch bestärkt durch nachstehende
milde Worte, die er an sich selbst richtet:

Was hilft mir doch ein hoher Stand?
Was nützet mir ein reiches Land?
Was bringet mir das schnöde Geld?
Was schaffet alle Lust der Welt?
Was frag' ich nach der Eitelkeit
In dieser kurzen Jammerzeit,
Wenn Gott, die Tugend, Lehr' und Kunst
Mich schließen ein in ihre Gunst?
Ist Gott in mir, und lern' ich nur
Ihn kennen recht, sammt der Natur,
So weiß ich, daß ein armer Rist
Viel reicher als der Kaiser ist.

Andreas Gryphius.
Groß-Glogau, am 16. September 1861.

Es kann leicht in's Lächerliche gezogen werden, wenn in einer Zeit, die so reich ist an Aufrufen zu Vereinen und zu Denkmälern, sich ein alter fahrender Sänger noch bemüht zeigt, deren Fülle zu vermehren. In Bunzlau gab ich den Anstoß zu einem Monumente für Martin Opitz von Boberfeld, und hier trete ich auf, die mehrfach gehegte Idee lebendig machen zu helfen, daß dem Glogauischen Sohne Andreas Gryphius ein bleibendes Zeichen dankbarer Anerkennung gewidmet werde. Wie gesagt, es läßt sich darüber spötteln, — und mag denn auch wohl schon gespöttelt worden sein. Theils von Solchen, die weder von Gryphius noch von seinem Walten das Geringste, — theils von Jenen, die überhaupt von Vergangenheit Nichts mehr wissen wollen, die nur der materiellen Gegenwart und ihren großen Fortschritten leben; die uns, — mich und meines Gleichen, — verächtlich laudatores temporis acti schelten. Ja, zu diesen zähle ich mich wirklich in gewissem Sinne und mache kein Geheimniß daraus. Vielmehr halte ich es für Pflicht, auch darin offen und ehrlich die Farbe zu tragen, zu welcher ich mich bekenne. Wie ich niemals verleugnete, daß ich meiner Gesinnung nach Royalist bin — (was ich um so entschiedener aussprechen darf, weil ich Nichts dafür begehrte, sondern unabhängig blieb, wie meine Gesinnung; unabhängig und arm!) — eben

so werde ich nicht verleugnen, daß es mir aus vollstän-
diger Freiheit des Geistes und Herzens heraus wie eine
ernste Lebensaufgabe erschien, Blick unt Sinn mit Pietät
nach den edlen Männern zu richten, denen die deutsche
Poesie ihre früheste, gründliche Berechtigung, — denen
Schlesien durch sie den unsterblich dauernden Ruhm
verdankt: „der deutschen Nation (nach Lessing's großem
Ausspruche) die ersten guten Dichter gegeben zu haben.''
Da steht Opitz obenan, trotz Herrn Gervinus und dessen
mehr politisch-mäkelnder als kritisch-treffender Widerrede.
Und neben Opitz, welcher ewig deutscher Dichtkunst
Vater bleibt, unser Gryphius, den der Preis zieret, der
erste rühmenswerthe Dramatiker gewesen zu sein.

Im Oktober 1616 (dem Todesjahre William Shakespeare's) ward Andreas hier geboren und verlor
seinen Vater, einen hiesigen Prediger, als er ein fünf-
jähriges Kind war. Der Verstorbene soll vergiftet
worden sein? — Wer mag wissen, welchen Einfluß die
aus solchem Ereignisse hervorgegangenen häuslichen
Scenen auf die Phantasie des Knaben, und welche Nach-
wirkung sie geübt haben auf den Hang zum Schauer-
lichen und Grauenhaften, der in seinen Tragödieen vor-
herrscht? Auch daß die verwittwete Mutter ihm einen
Stiefvater gab, der dies im üblen Sinne des Wortes
für ihn wurde, konnte nicht beitragen, ihn heiterer zu
stimmen. Er besuchte die Schule in Fraustadt, floh vor
der Pest nach Görlitz und lernte frühzeitig durch Verkehr mit fremden Kriegsvölkern sein Sprachtalent üben,
welches er dann fleißig ausbildete. Es steht zu ver-

6*

muthen, daß er Werke von Cervantes und Calderon er-
haschte und las. Schon 1634 ward eine seiner poetischen Arbeiten, in dieser Stadt hier, gedruckt. Dann
wurde er in Danzig, späterhin wiederum in der schlesischen Heimath Hauslehrer. Eines Gönners Vermächtniß verschaffte ihm, dem unterdessen schon zum gekrönten
Poeten Erhobenen, die Mittel, eine größere Reise anzutreten. Er ging nach Holland, promovirte in Leyden,
kehrte wieder heim, reisete wieder fort, sah Frankreich,
Italien und ließ in Venedig drei Bücher voll Gedichte
drucken, die er der Republik widmete und in feierlicher
Audienz überreichte.

Nach langer Abwesenheit, reich an poetischen Erzeug-
nissen, kehrt er Ende 1643 nach Schlesien zurück und
bittet Gott, „der ihm gegeben habe dem Vaterlande zu
leben, Er möge das Vaterland nun auch heißen, ihm zu
leben!" Er blieb in Glogau, verheirathete sich 1649
mit Rosina Deutschländer, lehnte Vokationen an ausländische Universitäten ab, ward zum Syndikus von den
Glogauischen Ständen erwählt, scheint durch ange-
strengte Arbeit, nicht vom poetischen Produciren, wohl
aber von düstern, melancholischen Selbstquälereien abgekommen zu sein, glücklich gelebt zu haben, bis er am
16. Juni 1664, hundert Jahre nach Shakespeare's Geburt, plötzlich starb. Er sank auf dem hiesigen Stände-
hause mit dem Ausrufe: „Mein Jesus, wie wird mir?"
banieder — und war todt. Er hinterließ drei Kinder,
unter diesen den Sohn Christian, den Dichter.

Ich muß meinem ehemaligen Gönner, dem unver-

geßlichen Aug. Wilh. Schlegel, widersprechen, in seinem
abfertigenden Urtheil über die Dramen Gryphius', die
er schon wegen ihrer häufigen Geistererscheinungen und
seltsamen Wunderbarkeiten verwirft. Dergleichen Dinge
sind wohl abscheulich, wenn sie mit kaltem Bewußtsein
angewendet, als Popanze für die Masse zur Maschinen-
spielerei herabsinken. Bei Gryphius kamen sie aus dem
Innern einer, wenn auch verdüsterten, doch lebendigen
Dichternatur. Er glaubte an derlei Spuk — wobei
wir durchaus sein Zeitalter mit in Anschlag bringen
müssen. Da noch Hexenprozesse möglich, die Tortur im
Gange gewesen, — mag immer ein besonnener Praktiker
andere Ansichten gehegt, ein zu Wundern geneigter Poet
darf Wunder gesehen haben. Man höre ihn selbst in
der Vorrede zu seinem schauerlichsten, zugleich bedeutendsten Trauerspiele:

„Als ich von Straßburg zurück in Niederland gelan-
get, und zu Ambsterdam bequemer Winde nacher Deutschland erwartet, hat eine sehr werthe Gesellschaft etlicher
auch hohen Standes Freunde, mich zu einem Pankuett,
welches sie mir zu Ehren angestellt, gebeten. Als bei
selbem man auf Erzählung verschiedener Zufälle gerathen
und damit einen ziemlichen Theil der Nacht verzehret.
Wohlgedachte meine Liebesten wolten, was ich auch bitten
oder einwenden möchte, nicht unterlassen, mich bis an
mein damahliges Wirthshaus durch die so weite Stadt
zu begleiten und geriethen, sobald sie auf die Gassen
kommen, wieder auf ihr voriges Geschichtsgespräch, dabei
mir auf ihr anhalten Anlaß gegeben, den Verlauf dieser

zwei unglücklich Verliebeten zu erzählen. Die Einſam-
keit der Nacht, die langen Wege, der Gang über den
einen Kirchhof und andere Umbſtände machten ſie ſo begierig aufzumerken, als fremdde ihnen dieſe des Carbenio
Begebnüß, welche man mir in Italien als eine wahr-
hafte Geſchichte mitgetheilet, vorkommen, daß ſie von
mir begehret, ihnen den ganzen Verlauf ſchriftlich zu hin-
terlaſſen. Habe ſtatt einer begehrten Geſchichtbeſchrei-
bung gegenwärtiges Trauerſpiel aufgeſetzet.“

Nun erzählt er den Inhalt deſſelben, die Tendenz:
„eine keuſche ſittſame Liebe in Olympien; eine raſende,
tolle, verzweifelnbe in Celinden abzubilden.“ Der letzteren giebt eine Zauberin den Rath, Carbenio’s Gegen-
liebe badurch zu erreichen, daß ſie dem Leichnam eines
Jünglings, der treu liebend geſtorben, das Herz aus-
ſchneide, um ſich deſſen für Liebestränke zu bedienen.
Celinde entſchließt ſich zur verruchten That; doch der Begrabene (der eben ſie geliebt und im Zweikampfe für
und um ſie ſein Leben verloren,) richtet ſich nun im
Sarge auf, redet ſie an, erhebt ſich aus der Gruft, folgt
ihr in die Kirche, wo dann die Leiche, an einen Pfeiler
gelehnt, gefunden wird. Gryphius ſagt, von der dunkeln
Zauberſchweſter „Tyche“ redend: „Ihr Mittel, das ſie
vorſchlägt, iſt ſo abſcheulich als boshaft; gleichwohl weiß
ich, daß eine Perſon hohen Standes in Italien ein weit
ärger Werk verſuchet. Und welches Land iſt von ſolchen
Händeln reine? Wenn jemand die Zeit auf ſolche
Sachen wenden, und alle Künſte, verlorene Dinge zu
finden, Schätze zu graben, Liebe zu ſtiften, Eheleute zu

verknüpfen, Todte zu beschwören, Krankheiten zu ver-
treiben, — auf welche Viele in Deutschland halten, —
niederschreiben wollte, er würde ein ungeheures Buch
zusammen bringen."

Hierauf führt er allerlei haarsträubende Citate an
und schließt seinen Vorbericht mit den Worten: „Deren
Meinung aber, die alle Gespenster und Erscheinungen
als Tand und Mährlin oder traurige Einbildungen ver-
lachen, sind wir in kurzem an seinem besonderen Orte
vernünftig zu erwägen entschlossen, und geben ihnen indessen unsern Cardenio vor ein Trauerspiel, das ist: vor
ein Getichte!"

Mich dünkt, der wackere Syndikus hatte auf seinem
Standpunkte vollkommen Recht; und der große Gelehrte
und Meister Schlegel hatte entschieden Unrecht, ihn einseitig zu verhöhnen. Was seine Zeit noch theilweise
glaubt, woran der Dichter selbst glaubt, das darf er benützen; das ist seine Domaine. Andreas war berechtiget,
dies abenteuerliche Werk zu dichten, welches mit allen
Extravaganzen eine merkwürdige, gewaltige, tiefergrei-
fende Conception bleibt; — aber unser Immermann
beging einen poetischen Fehltritt, als er dasselbe Werk für
die moderne Bühne zurichten wollte. Mag der Schöpfer
des „Trauerspiel in Tyrol," da er den ersten Gedanken
zu dieser Umarbeitung faßte, vielleicht in jener poetischen
Stimmung gewesen sein, welche auch ihn einmal an
Wunder glauben und ihn einen Engel von Fleisch und
Blut dichten ließ, der dem Oberkommandanten Hofer
dessen in die Felsspalte versenktes Racheschwert realiter

wieder heraufholt — während der Ausführung von „Cardenio und Celinde" hat solcher wunderfromme Glaube nicht Stich gehalten, und der skeptische Verfasser des „Münchhausen" ist mit des naiven Gryphius Nachlasse schlecht zu Stande gekommen. Der alte Glogauer Syndikus zeigt mehr Lebenskraft in einer Scene, als der junge Düsseldorfer Landesgerichts-Rath in fünf Akten wiederzugeben wußte. Hatte sich doch Achim von Arnim schon lange vorher dieselbe Mühe unnütz gemacht. Es bearbeitet sich nicht so leicht in andere Epochen hinein! Requiescant in pace!

Unser Gryphius, bei späteren Jahren zu heiterer Lebensanschauung gelangend, die ihn trübe Jugendeindrücke verwinden ließ, versuchte sich auch im Scherzhaften und hat köstliche Possenspiele geschrieben. An einem derselben: „Das verliebte Gespenst und die Dornrose" können sich aufmerksame Leser, auch wenn ihnen ältere Editionen unseres Dichters nicht zugänglich wären, leicht ergötzen, nachdem unser gelehrter Landsmann Hermann Palm, der in diesem Felde unermüdlich fortarbeitet und fördert, eine musterhafte Ausgabe davon (Breslau, bei Trewendt, 1855) geliefert hat, welche auch in sprachlicher Beziehung, durch sorgfältiges Auffassen des um Glogau heimischen Idioms, lehrreich ist.

„Peter Squenz" behandelt denselben Gegenstand, den Shakespeare im „Sommernachtstraum" als Intermezzo einschiebt. Die Gelehrten sind, glaub' ich, immer noch nicht einig, auf welchem Wege Daniel Schwenter, von dem Gryphius wahrscheinlich den Stoff entlehnte, dazu gelangt sei? Ob engländische Komödianten, die dazumal in Deutschland reiseten (auch in Holland), vielleicht gar das Original aufführten, aus welchem auch Shakespeare geschöpst? Gleichviel! Mir, der ich, lange bevor man an dessen Bühnendarstellung in Deutschland dachte, den „Sommernachtstraum" häufig öffentlich vorgetragen, Berlin und Wien zufrieden gestellt, also wohl eine Meinung über diesen Schwank habe; mir ist, ich darf's nicht leugnen, die Gryphius'sche Behandlung zusagender als jene des Shakespeare; weil die Figuren bei Letzterem mir den Eindruck erregen, wie wenn sie wüßten, daß sie die Bühnenwelt parodiren sollten, wie wenn sie über der Sache stünden und sich mit uns nur einen Spaß machten. Das ist beim Gryphius ganz anders. Seine Handwerker meinen es verzweifelt ernsthaft, und schon dadurch, daß sie nicht phantastischem Gefolge fabelhafter Griechen-Herzöge, sondern ihren heimischen, eingebornen Herrschaften gegenüber stehen, gewinnen sie sammt ihren künstlerisch-possierlichen Anstrengungen festeren Boden. Für meine Seele gern möchte ich auch einige Stellen aus dem „Schimpfspiel Absurda comica" vortragen — aber ich darf ja nicht. Es wäre ja wider den Anstand! Es kommen ja Unschicklichkeiten darin vor!

Nicht als ob der edle Gryphius, da er seine „Glogauischen Lokalpossen" schrieb, vergessen hätte, wer er war, und was er galt! Gewiß nicht! Jedoch er heuchelt nicht; er nimmt kein Blatt vor den Mund; er läßt die Leute reden, wie die Schnäbel gewachsen sind. Und das darf ja jetzt nicht mehr sein! In einer Lokalposse schon gar nicht! Da darf um Gotteswillen nicht frei, ehrlich, deutsch herausgeredet werden. Nein, da muß Alles hübsch zweideutig, schlüpfrig. gemein, nach Umständen niederträchtig sein, mit einiger mageren, abgestandenen Tugendbrühe begossen. Und wenn dann nur arme Leute, Bettler, womöglich auch Spitzbuben überschwänglich edele Personagen und alle wohlhabenden oder vornehmen Leute infame Schurken sind, und ein recht abgeschmacktes Lied mit tausend Mal abgebrauchten und eben so oft scharfgeschliffenen „Pointen" auf eine noch albernere Melodie gesungen wird, so ist eine solche Mißgeburt der Zeit, — man tauft sie bisweilen „Charakterbilder," — eben so gewiß gut aufgenommen und auch bei zarten Damen beliebt, wie mein Peter Squenz perhorrescirt werden würde.

Ich muß mich begnügen, die Denkmal-Angelegenheit durch einige andere kurze Proben gleichsam zu rechtfertigen; lebendig darzuthun, daß Glogau sich selbst ehrt, wenn es dem Meister ein Ehrenzeichen errichtet.

Dem Meister — habe ich gesagt und dadurch gewissermaßen zu der Frage berechtiget: Sind denn seine Dramen für Meisterwerke zu betrachten?

Darauf läßt sich unparteiisch nur mit Nein antworten. Woher sollten Meister- oder gar Muster-Werke für ein Theater kommen, welches noch nicht vorhanden war?

Vieles in Gryphius' Tragödieen erscheint uns, dem heutigen Begriffe nach, roh, oder schwülstig, oder breit; Manches undramatisch; das Meiste ungelenk. Wie

könnte das in solcher Zeit, zwischen solchen Umgebungen
anders gewesen sein? Aber der Kern, das innere dra-
stische Feuer, die geistige Kraft, die leidenschaftliche Gluth,
die eigentliche Productionsfähigkeit treten mächtig zu
Tage. Zweierlei Eigenschaften sind es, die in meinen
Augen dem Dichter eine ganz eigenthümliche Bedeutung,
noch n e b e n dem Werthe seiner übrigen hohen Autor-
gaben verleiben. Erstens die schwungvollste Phantasie,
— die sich freilich in's Gebiet düsteren Grausens und
moderduftigen Entsetzens verliert, — die aber in ihrem
tiefpoetischen Walten um so erstaunenswürdiger ist, weil
sie einem ernsten, redlichen, pflichtgetreuen Geschäftsmann, einem seinen Akten ergebenen Syndikus entspringt, und weil sie zugleich einen so streng gläubigen,
der christlichen Poesie eifrig obliegenden Dichter veranlaßt, jene an's Wildheidnische streifenden Gebiete dämo-
nischer Mysterien zu durchirren.

Zweitens seine echt komische Begabung, womit er
von frömmsten, dem Heilande gewidmeten Sonetten,
von hochtragischen Dramen plötzlich zur Ausarbeitung
niedrig gehaltener Possenspiele übergeht, in denen Alles,
bis in's kleinste Detail, Naturwahrheit wird; in denen
er vor dem gemeinsten Ausdrucke nicht zurückschreckt;
worin er nur die nackte Natürlichkeit schildert; und
woran Nichts vom künstlerischen Streben eines gelehrten
Philologen mehr bemerkbar bleibt, außer dem tiefen Einge-
hen in die Sprach- und Denkweise des ungebildeten Volkes,
ja des Pöbels; außer der humoristischen Gewandtheit,
Sitten, Unsitten, Bräuche, Ausbrücke wirksam wiederzu-

geben, plastisch darzustellen. Mich erfüllen jene — mitunter sehr derben Scherze und Possen mit Rührung, bei dem
Gedanken: wie groß doch die Macht an- und eingebornen Talentes sein muß, wenn es einen solchen Mann
aus seiner Frömmigkeit, aus seinem von Pedanterie nicht
freien Wissenschafts- und Amts-Eifer, aus seinem ihm
ebenbürtigen Umgange gleichsam hineintreibt und stürzt
in das frische Leben volksthümlicher Schwänke, über-
müthiger Späße, unverfänglicher Zoten, daß er sein
Staatskleid mit Manschetten, daß er seine Allongen-
Perrücke auf den Lehnstuhl wirft und in Hemdsärmeln
hinabläuft, Kindereien zu treiben auf grünem Grase,
hinter dornigten Hecken, wohl gar um üble Pfützen
herum, völlig unbekümmert, ob die Schnallenschuhe
einige Flecke, ob die gestickte Weste einige Risse davon
tragen könne? Droben im Amte fungirt er als ernster
Syndikus. Drunten geberdet er sich wie ein vielseitiges
Dichtergenie und rufet fröhlich: Laßt mich einen Menschen sein zwischen Menschen.

Ja, Andreas Gryphius ist ein wahrer Dichter. Er
wußte es! Bei allen Zweifeln, wie eine von schwerem
Familienunglück, von langem Kriege, Pest, grauenhaften
Schicksalen bedrückte Brust sie nur immer hegen mag,
gewann doch stets wieder das himmelaufhebende
„auch ich!" neue Gewalt in ihm. Was ihm seine so
grausam zerrissene Gegenwart nicht gewähren konnte,
vertraute er mit kindlichem Glauben der Zukunft an.
Zum Schlusse der Vorrede einer von ihm edirten Samm-

lung „Glogauiſcher Fürſtenthums-Landes-Privilegien"
ſagt er:

> „Doch beruhet jedwede Sach' auf dem Außſpruch
> der Nachkommen und Gottes."

Das Exemplar, welches mir zur Einſicht anvertraut
worden, iſt ſein eigenes, für den Amtsgebrauch beſtimm-
tes geweſen. Unter dem vorgedruckten Extrakte aus dem
Landes-Protokoll ſtehet ſeines Namens Unterſchrift nebſt
dazu gehörigem manu propria. Die Tinte, womit er
das ſchrieb, iſt vergilbt und halb verblichen, die Hand,
welche die Feder führte, iſt längſt vermodert. Aber die
Werke des Mannes leben noch — allerdings ein ſehr
zurückgezogenes ſtilles Leben, in den Bibliotheken einge-
ſtäubt, in den Schränken einiger Sammler, auf den
Tiſchen etlicher Gelehrten. Nichts deſto weniger leben
ſie. Auch vor unſeren Augen, durch ſpätere Arbeiten,
deren Verfaſſer aus jenen geſchöpft haben; in andere
Kleider und Gewänder neumodiſchen Zuſchnitts gehüllt,
treten uns Geſtalten entgegen, die Gryphius urſprüng-
lich erſchuf. Wie ſo oft im Leben werden Schöpfer und
Erfinder neben oberflächlichen Nachahmern vergeſſen!
Möge ſich dieſe Stadt ſolcher Ungerechtigkeit gegen ihren
großen Sohn nicht ſchuldig machen. Ich bin ſtolz darauf, heute — wenigſtens theilweiſe — meine Schuld für
ſo viel hier erfahrene Zuvorkommenheit und Güte abtra-
gen zu dürfen, indem ich das Meinige thue, des edlen
Geiſtes Gedächtniß aufzufriſchen. „Es beruhet jedwede
Sach' auf dem Außſpruch der Nachkommen" hat er ge-

fagt. Wir wollen fein Vertrauen nicht zu Schanden
machen. Wir wollen fein Bildniß aufgestellt sehen vor
der Fronte des schönen Rathhauses, auf dem Hauptplatze
der Stadt, deren Zierde Andreas Gryphius vor länger
als zweihundert Jahren war; deren Zierde Er bleiben
wird, so lange es ein Schlesien, ein Deutschland, deutsche
Sprache, Wissenschaft und Kunst giebt!

Wir werden dreierlei kurze Bruchstücke aus feinen
umfangreichen Werken mit einander durchgehen. Eine
Scene aus einer Tragödie; einige Auftritte aus einer
Posse, wenige lyrische Gedichte; und ihn dadurch auf
feinen Hauptgebieten kennen lernen.

Was die Tragödie anlangt, will ich nur eine abge-
rissene Stelle aus dem ersten Akte von „Cardenio und
Celinde" wählen. Sie genügt, Ihnen darzuthun, welche
geistige Macht diese Einleitung belebt, wie jede Zeile von
innerer dramatischer Handlung zeugt. Und nun die
Diction . . . . ich muß bekennen, höre ich jetzt im
Jahre 1861 kritische Beurtheiler eines jüngstentstandenen
Drama's rühmend hervorheben: „es habe eine schöne
Sprache!" so packt mich Entsetzen, und ich denke: damit
muß es sehr schwach bestellt sein, weil der günstige Re-
ferent Nichts zu loben weiß als die „Sprache" — die sich
schier von selbst versteht. Wer macht jetzt nicht wohl-
klingende Verse? Vor länger als einem halben Jahrhundert schon durfte Schiller äußern: „Weil ein Vers
dir gelingt in einer gebildeten Sprache" 2c. — Wie viel
gültiger ist das heut zu Tage, wo die jungen Herren
bereits ganze Phrasen fertig finden, die sie nur (bewußt

oder unbewußt) einfügen dürfen? wo eigentlich Alles schon gesagt ist?

Aber zu einer Zeit, wo aus dem Rohen gearbeitet werden mußte; wo ein Dichter für seine Gedanken und Gefühle sich erst den Ausdruck bildete; wo er zugleich Gesetzgeber für Nachfolger wurde, während er Schöpfer, Erfinder, Umgestalter, Veredler für sich selbst war! Damals so zu reden, so seine handelnden Personen reden zu lassen .... Es ist wohl die Frage erlaubt an jeden Kenner deutscher Literatur: Verdient der Mann, der unsere Muttersprache zur Zeit des dreißigjährigen Krieges zu solcher Höhe gebracht, .. verdient er nicht, daß seine Vaterstadt ihm ein Denkmal errichte? Er bittet:

„Du hast, mein Schöpfer, mir das Vaterland
gegeben,
Zu leben; — heiß' Du mir das Vaterland auch
leben!"

Nun wohl, es hat ihm gelebt. Es hat ihn anerkannt, da er auf Erden weilte. Es weiß ihn zu würdigen Jahrhunderte nach seinem irdischen Tode. Die größten Geister deutscher Nation haben ihm gehuldiget, und wo Martin Opitz, Simon Dach, Paul Flemming ehrfurchtsvoll genannt werden, da fehlt auch Glogau's Andreas Gryphius nicht.

Benjamin Schmolcke.

Mancher meiner Leser, dem ein gewisser Schelmen-Roman, „Die Vagabunden" betitelt, in die Hände ge-rathen ist, dürfte sich, das Buch durchblätternd, gewun-dert haben, in solchem Romane ein altes, überfrom-mes Sterbelied eingeschaltet zu finden? Der Verfasser entgegnet darauf: Nur die Schönheit, die Meisterschaft jener Dichtung veranlaßte mich dazu; ich freute mich, gefühlvollen Kennern einen der Vergessenheit anheimge-fallenen, glücklich entdeckten Schatz mitzutheilen!

„Und wer ist der Meister, der dieses Wunderwerk schuf?" fragt ein Dritter. Ich erwiedere, fast verlegen: Benjamin Schmolcke . . . und vernehme lautes Hohn-gelächter.

„Benjamin Schmolcke? heißt nicht so der berüchtigte Verfasser des albernen Gebetes, welches Schieferdecker sprechen sollen, wenn sie vom Dache stürzen? und vieler anderer, ähnlicher abgeschmackter Frömmeleien?" —

Sie wissen weiter Nichts von ihm, mein Herr? Haben weiter Nichts über ihn gehört? Nun, sei's drum. Ich nehme mein Urtheil nicht zurück. Ich halte den Mann für einen großen Dichter. Wenn's Ihnen recht ist, plaudern wir ein Blöchen von ihm. Vielleicht ändern Sie Ihre auf leeres, nachplapperndes Geschwätz begrün-dete Meinung.

Der alte, ehrliche Benjamin bietet keinen von Wech-selfällen oder interessanten Begebenheiten durchkreuzten

Lebenslauf zu schildern bar. Er ward am 21. December 1672 in Brauchitschdorf bei Liegnitz geboren, studirte in Leipzig, wurde seinem Vater im Amte adjungirt, kam 1702 als Diakonus nach Schweidnitz und stieg dort nach und nach bis zum Oberprediger und Inspector der Schulen und Kirchen, als welcher er 1737 starb. Weiter hätte ich von seinem Erdentreiben Nichts zu berichten, außer daß er den Ruf eines frommen, gläubigen Gottes- mannes mit in's Grab genommen. Er ist vergessen. Die Literarhistoriker führen ihn mit einigen abfertigend- anerkennenden Floskeln auf, loben ihn vielleicht bespöt= telnd, reihen ihn den schwülstigen Pietisten an, geben ein paar obenhin herausgegriffene Pröbchen und . . . sind mit ihm fertig. Gelesen, ordentlich durchgelesen hat ihn Keiner; das möcht' ich beschwören. Wie wär's auch möglich? Wer die Dichter heerdenweise vornehmen und kritisch scheeren soll, kann sich in Einzelne nicht vertiefen. Es heißt nur, so bestimmt und sicher, daß Niemand zwei- feln dürfe: Dieses ist ein Bock, jenes ein Lamm, dieser hat grobe, jenes hat feine Wolle . . . und damit Basta. Deshalb, ich muß es eingestehen, geb' ich nicht viel auf die in's Beurtheilen eingehenden Literargeschichten der Poesie. Die Herren Gelehrten, wenn sie so ganze Jahrhunderte abthun, geberden sich wie rechte Herodesse und Kindesmörder. Geht es doch schon bei kritischen Instituten, die nur Erzeugnisse der Gegenwart beurthei- len, leichtsinnig und oberflächlich genug zu. Und könnt' es anders? Bedenkt man, wie viele Tage und Nächte der fleißig producirende, redlich mitarbeitende Zeitschrifter

Holtei, Charpie. I.

(von sorglosen Vielschmierern ist nicht die Rede!) an seine
Schöpfung setzt, bis sie in den Buchladen gelangt ...
bedenkt man dagegen, in wie viel Minuten der Recensent
von Metier solche Arbeit manchen Jahres überfliegt...
Er muß; es ist eben sein Metier. Der ganze Tisch liegt
voll „Novitäten.‟ Was gelobt werden soll, ist schon
bezeichnet; nicht minder, was getadelt werden darf.
Gute Freunde, Parteigenossen, vorzugsweise solche, die
kritische Journale inne haben oder beeinflussen, werden
beachtet. Die Uebrigen sind bald bedient. Gewisse
Phrasen stehen schon fertig in Blei; sind stereotyp geworden; der Setzer braucht sie gar nicht auseinander zu
legen.

Es fällt mir dabei ein selbsterlebtes Geschichtchen ein.
Während meines Aufenthaltes in Rußland ließ ich einen
„Almanach für Privatbühnen‟ erscheinen, der sechs kleine,
nicht ungern gesehene Liederspiele enthielt. Ich hatte
Sorge getragen, daß Exemplare desselben von Leipzig
aus an Redactionen deutscher Zeitschriften versendet wur-
den. Ein Jahr später kam ich nach Berlin, wo ich einen
Abend bei meinem Universitätsfreunde Wilibald Alexis
zubrachte, der auch Journalist und als solcher nach allen
Richtungen hin thätig war. Die Gesellschaft bestand
aus alten Bekannten; unter diesen v. d. Hagen, Friedrich
von Raumer u. A. Es wurde Seitens der Damen der
Wunsch geäußert, ich möchte eine Kleinigkeit vorlesen.
Aber was? Mir fiel ein, daß unser Wirth in seinem
„Freimüthigen‟ meinen Almanach günstig beurtheilt
habe; das ihm gesendete Exemplar mußte ja vorhanden

sein; ich erbot mich, ein Liederspiel zu lesen. Das Buch fand sich — man nahm Platz, ich setzte mich an den Tisch, auf dem die zwei Kerzen de rigueur brannten … ich wollte beginnen … der Almanach war noch nicht aufgeschnitten; nur die Blätter, welche die den Inhalt besprechende Vorrede enthielten, ließen sich umschlagen.

Und Alexis war ein Mann von Ehre; ein unbestechlicher. Wie mag es erst bei bestechlichen Richtern zugehen? Ach, die brauchen nicht einmal die Vorreden zu lesen!

Schon für einen Recensenten, dem die Verpflichtung obliegt, mit der Leipziger Messe gleichen Schritt zu halten, wäre die Arbeit, will er gewissenhaft verfahren, eine übermenschliche, erdrückende, wenn man sich dieselbe nicht ziemlich leicht machte — allerdings mit Ausnahmen. Es giebt solche verehrungswürdige Ausnahmen. Der selige Markgraf hat den schwer verdienten Nachruhm in's Grab genommen, eine solche zu sein. Häufig sind sie nicht, doch möglich sind sie. Wie aber Kritiker es anfangen wollen, die nicht nur einzelne neue Werke, sondern sämmtliche Werke sämmtlicher Autoren sämmtlicher Jahrhunderte durchzuarbeiten hätten, sollte jedem Einzelnen sein volles Recht werden; — und wie sie, wären ihnen gleich Methusalem etliche Menschenalter verliehen, an solche Riesen-Pläne gehen können, ohne ihr Gewissen zu belasten; — das hätt' ich nie begriffen, wäre mir nicht immer wieder eingefallen, daß viele dieser Herren sich für Riesen halten, die über Zwerge zu Gerichte

7*

ßen. Meinetwegen! Nur bedaure ich Diejenigen, welche sich aus Allgemeinen Literatur-Historien andere Weisheit holen, als jene positive Kenntniß festzustellender Leistungen, Lebensläufe und Jahreszahlen. In Allem, wo es bei Würdigung eines Dichters um subjective Ansicht, persönliche Unbefangenheit, momentane Stimmung, unparteiische Empfänglichkeit, eingehendes Verständniß, Innigkeit des Urtheils, Wärme des Gefühls, hingebende Liebe sich handelt, werden sie gewiß schlecht bedient sein. Denn: einen Geist, der mit universell-umfassender Gerechtigkeit, mit gleich-vertheilter Schärfe wie Milde, alle Schulen, alle Parteien, alle Naturen, alle Individualitäten zu erkennen, zu würdigen, herauszufühlen verstünde; dem Nichts zu klein wäre, daß er nicht die Größe darin zu erforschen wüßte; .... den kenn' ich nicht! Er müßte etwa zufällig Gotthold Ephraim Lessing heißen.

Dieser würde, davon halt' ich mich überzeugt, wär' ihm mein Benjamin Schmolcke in die Feder gefallen, zuverlässig beigestimmt; würde mit seiner unerreichbaren Klarheit deutlich gemacht haben, was ich zwar innig fühlen, was ich leider nicht klar beweisen kann.

Ich bin kein Heuchler, der „in Frömmigkeit und Christenthum macht," wie ein Commis-Voyageur in künstlichem Champagner, und der mittrinkt, um seine Waare anzupreisen. Vielmehr gesteh' ich's frei: ich bin mit meinen religiösen Begriffen und Glaubensartikeln so weit von den Schmolcke'schen entfernt, daß er mich armen Büchermacher (Gott geb' ihm seine gehoffte Seligkeit!) wahrscheinlich für einen Höllenhund erklären

und von sich stoßen würde, käm' er noch einmal unter
uns zu wandeln. Ebenso wie er den im Elend frühzeitig
untergegangenen, für einen wüsten Gesellen ausge-
schrieenen, darum doch reichsten Poeten schlesischer Dich-
terschule, den Striegauer Johann Christian Günther von sich stoßen würde, sammt all' dessen Reichthum;
obgleich Günther's jugendliche Muse, noch auf der
Schweidnitzer Schulbank sitzend, ihm bei'm Antritt seines Inspectorats einen ihrer ersten Gesänge gewidmet
hat. Der geistreiche, schöne Knabe, der vielversprechende
fleißige Schüler, der bald darauf „ein verworfener Jüngling" genannt wurde, begrüßte den frömmsten aller
lutherischen Kirchenlehrer mit einem Liede, welches
anhebt:

„Wir verpfänden Dir die Herzen,
    Dein Befehl ist unsre Lust ꝛc."

Wollt' ich den wiederum die Erde beschreitenden
Schmolcke anreden: „Ich verpfände Dir mein Herz" . . .
wie gesagt, es dürfte mir ein „Höllenhund" entgegen
geschleudert werden, den ich geruhig einstecken und nur
erwiedern wollte: „Wenn ich Dich liebe, was geht's Dich
an?" Wahrlich, was geht mich der Hyper-Orthodox
an? Ich hab's mit dem Dichter zu thun. Ist mir's
doch nie in den Sinn gekommen, daran zu glauben, daß
ein steinernes Crucifix, von einer wilden, blutigen, zuletzt
reuigen Mörderin brünstig umfaßt, eine Luftreise in den
Himmel antreten und die Sünderin mit hinaufziehen
könne? Darum doch gilt mir die Conception des Drama's „die Andacht zum Kreuze" für eine der grandiosesten

und der erste Akt dieses Gedichtes für ein Wunderwerk
der Poesie. Goethe hat nie daran gedacht, aus seinem
Standpunkte zu billigen, daß Ferdinand von Portugal
nach Afrika hinüber segelt, um in Heilands Namen lie-
benswürdige, ritterliche, kunstsinnige Mauren abzu-
schlachten. Darum doch spricht er's aus: „Wenn die
Poesie bereinst von der Erde verschwände, aus Calberon's
„Standhaftem Prinzen," wäre dieser nur übrig geblieben, könnte sie neu geboren werden!" Calberon, als
Dichter, muthet uns zu, wir sollen an seinen Glauben
glauben; und gestatten wir diesem seine Berechtigung.
dann meint er, habt Ihr's blos mit dem Poeten zu thun!

Gerade so verhalt' ich mich zu Schmolcke. Ich ge-
stehe ihm sein gutes Recht zu: Er zu sein — bleibe,
was ich bin — und entzücke mich an seinem Genius.
Denn er ist ein dichterisches und ist zugleich ein Sprach-
Genie! Wie weit übertrifft er in Beherrschung seiner
fruchtbaren Phantasie, in besonnener Anordnung seiner
Gedankenfülle, in energischer Präcision des Ausdrucks,
in Gediegenheit des Versbaus, in anmuthiger Gewalt
über die Form nicht allein sämmtliche Zeitgenossen, sondern auch die nach ihm sangen! Nur Gellert schließt
sich ihm würdig an, ohne doch im Kirchengesange seine
markige Kraft zu haben. Lieder, wie: „Der Tod ist
todt, das Leben lebet" — „Gott der Jüden, Gott der
Heiden" — „Halt' an, halt' ein, halt' aus!" — „Nur
immer nach durch Dick und Dünne!" — „Thränen,
Thränen, lauter Thränen" — „Ich bin der reichste Mensch

auf Erden" — und viele, viele andere, sind so vollkommene Kunstwerke, wie nur ein großer Dichter liefert. Eins stehe hier für alle:

„Mein Gott, ich weiß nicht wann ich sterbe?
Kein Augenblick geht sicher hin.
Wie bald zerbricht doch eine Scherbe?
Die Blume kan gar leicht verblühn,
Drum mache mich nur stets bereit
Hier in der Zeit zur Ewigkeit."

„Mein Gott, ich weiß nicht wie ich sterbe?
Dieweil der Tod viel Wege hält;
Dem Einen wird das Scheiden herbe,
Wenn sonst ein And'rer sanfte fällt.
Doch, wie Du willt; gieb, daß dabei
Mein Ende nur vernünftig sey."

„Mein Gott, ich weiß nicht wo ich sterbe?
Und welcher Sand mein Grab verdeckt?
Doch wenn ich dieses nur erwerbe,
Daß Deine Hand mich auferweckt,
So nehm' ich leicht ein Stellchen ein.
Die Erd' ist allenthalben Dein."

Gellert.

Manchen Namen braucht man nur auszusprechen,
um durch seinen Klang augenblicklich das ganze Bild
des edlen Menschen hervorzurufen, der ihn trug und
unsterblich machte. Ein solcher in vollster Bedeutung
ist der Name Gellert. Dieser, 1716 zu Hainichen in
Sachsen geborene, auf der berühmten Fürstenschule zu
Meißen gebildete Gelehrte und Dichter gehört unter die
seltenen, ausgezeichneten Geister, die mit ihrem Erden-
leibe ein stilles, an der Scholle haftendes Leben führten
und dabei dem großen, weiten Leben der Welt wichtiger
und wirksamer wurden, als Viele, die viel und Vieles
erlebten, und deren Biographen ganze Musterkarten in-
teressanter Vorgänge und Ereignisse zu entwickeln haben.
— Gellert, nachdem er einige Jahre Hauslehrer gewesen,
habilitirte sich in Leipzig, wurde dort Professor und blieb
seiner Studirstube, seinem Katheder getreu, bis er 1769
starb. Er zog nicht durch die Welt, — aber die Welt
zog durch ihn. Sein Lehrstuhl, sein Arbeitszimmer
wurden geweihete Stätten, zu denen sich die Söhne aller
Länder, aller Stände ohne Unterschied drängten. Niemals war ein Lehrer, niemals ein Dichter so populär im
schönsten Sinne; — nie mit größerem Rechte. Frömmigkeit und Tugend bildeten den Kern seines Daseins,
blieben der Mittelpunkt seiner Lehren und Schriften.
Doch wie fern von Frömmelei, von Heuchelei waren sein

Wesen und seine Lehren! Er selbst, kränklich und leidend, erschien weder strenge, noch mürrisch im Umgang. Heiter wie sein Verkehr waren seinen Dichtungen. Er liebte den Scherz, den Frohsinn, die Freude, beförderte sie nach allen Seiten hin, — und wo er nur wußte und konnte, würzte er dadurch seine noch so ernsthaft gemeinten Er- mahnungen, ohne jemals in docirenden Rigorismus zu verfallen. Er, der Frömmste, der Reinste im eigenen Wandel, der liebenswürdigste Lobredner des Gebetes zu Gott, nahm keinen Anstoß daran, für die Bühne lustige Stücke zu dichten; ja, gab in einem derselben, unbeküm- mert um das Zetergeschrei anklagender Zeloten, jenes ge- dankenlose, zur Gewohnheit herabgesunkene Betschwester- thum dem öffentlichen Spotte Preis. Seine Schäfer- spiele behandeln Lieb' und Leid der Jugend in ungezierter Anmuth, ebenso freisinnig und furchtlos, wie seine mo- ralischen Vorlesungen irdischer Macht ihre Unmacht vor- halten. Ein fein erzogener, im Umgange mit Vor- nehmen streng die Formen beobachtender Mann von Welt, stand er gleichwohl Königen und Fürsten muthig und seiner selbst bewußt entgegen und vergab sich in der Würde des Gelehrten auch dann Nichts, als des großen Friedrich Feuerblick ihn anblitzte. Er gewann durch seine Haltung dem Verächter deutscher Muse Hochachtung ab.

Wie sollen wir seine poetischen Erzählungen genug- sam preisen? Diese unerreichten Meisterwerke! Man muß so alt sein wie ich, um jene Tage noch erlebt zu haben, wo Greise und Matronen kleinen Kindern vor- sagten, was Jung und Alt entzückte. Bei gewissen An-

fangszeilen Gellert'scher Fabeln (wie sie wohl uneigent-
lich heißen) geht alten Leuten gleich mir ein frischer, duf-
tiger Jugendfrühling auf; man wähnt sich in die harmlosen Tage zurückversetzt. Und nicht etwa blos, weil mit
solchen Erinnerungen die Bilder unserer Jugend frische
Farbe erhalten; — denn woher käm' es sonst, daß andere Gedichte, die wir ebenfalls hörten, als wir Kinder
waren, denselben Zauber nicht mehr ausüben? Nein,
es ist Gellert's Verdienst, sein heute noch unübertroffenes
Talent für die Gattung, welches uns erwärmt und ver-
jüngt. „Ein Zeisig war's und eine Nachtigall" — „Ein
Bär, der lange Zeit sein Brot ertanzen müssen" — „O,
Jüngling lern' aus der Geschichte" — „Zween Hunde
dienten einem Herrn" — „Ein armer Schiffer stak in
Schulden" — — wer könnte, wenn er sie als Knabe in
sich aufnahm, diese Blüthen sanfter, heiterer Weisheit
jemals in seiner Seele welken lassen? Ich verlange
nicht, daß die berühmte Erzählung vom „Phylax, der so
manche Nacht Haus und Hof getreu bewacht," auf die
Leser unserer Tage den tiefen Eindruck mache, den sie in
mir erregte, als ich sie 1804 las und in Thränen
schwamm bei der Stelle: „hier starb der Hund!" Meine
Pflegemutter stürzte herbei, die Ursache des Geheuls zu
erfahren, und ich versicherte, ich müßte dermaßen weinen,
weil ich durch den Tod des Hundes an ihren möglichen
Hintritt gemahnt würde. Wie gesagt, so viel Mitgefühl
begehr' ich nicht mehr. Doch denk' ich, dürfte den Ausgang eines ernsteren Gedichtes: „Um das Rhinoceros

zu fehn" auch heute kein Menſch von Gemüth leſen, ohne
Rührung.

> „Drauf ging der Geizhals fort. Ein Strom
> ſchamhafter Zähren
> Floß von des Alten Angeſicht . . . .
> O Gott, Du weißt's! mehr ſprach er nicht."

Dieſes „o Gott, Du weißt's" iſt mehr werth, als
lange Elegieen voll von falſcher Sentimentalität und
modernem Weltſchmerz. Nur ein großer Meiſter vermochte in drei Worte ſolches Gewicht zu legen und jede
Silbe darüber zu unterdrücken. Auch im Ver-
ſchweigen ſpricht der wahre Poet.

Gellert's geiſtliche Lieder will ich nicht unbedingt
preiſen. Es würde mir, der ſich ſeinen Zuhörern als
glühenden Verehrer der älteren Kirchengeſangsdichter zu
erkennen gab, übel anſtehen. Von der geharniſchten
Kraft, von der ehernen Glaubenstiefe, die rückſichtslos
einherſchreitet, wie bei Paul Gerhardt und Benjamin
Schmolcke, iſt bei ihm keine Rede mehr. Der humane,
duldſame Leipziger Magiſter herrſcht vor. Niemand
kann aus ſeiner Zeit heraus. Die Madonnen und Kir-
chenbilder von heute tragen auch nicht mehr den Stempel
naiver Zuverſicht. Aber Zeit und Umſtände genommen,
wie ſie waren, hat doch auch in dieſem Gebiet unſer
Gellert die höchſten Verdienſte ſich erworben. „Gott,
Deine Güte reicht ſo weit" — „Nicht daß ich's ſchon ergriffen hätte" — „Wie groß iſt des Allmächt'gen Güte"
— „Mein erſt Gefühl ſei Preis und Dank" — „Meine

Lebenszeit verstreicht" — diese und ähnliche Lieder werden ewig jung und schön bleiben, werden seinen Namen lebendig erhalten, so lange deutsche Sprache währt. Und jenes ihm aus dem Innersten quellende: „Nach einer Prüfung kurzer Tage" — wenn die siebente Strophe anhebt:

„Da werd' ich das im Licht erkennen,
Was meine Seele dunkel sah;
Das wunderbar und heilig nennen,
Was unerforschlich hier geschah;
Da denkt mein Geist mit Preis und Dank
Die Schickung im Zusammenhang."

Ich wüßte nicht, wo die jedem edleren Gemüthe eingeborene Sehnsucht nach Unsterblichkeit inniger und unseren hoffnungsbangen Ahnungen entsprechender von irgend einem Dichter ausgesprochen wäre! Dieser in zwei Zeilen gefaßte Trost, daß der von seiner Erdenhülle befreite Geist „die Schickung im Zusammenhange denken," folglich „im Licht erkennen werde, was er auf Erden dunkel sah," — enthält er nicht in seiner Kürze doch Alles, was der philosophische Forscher, wie der demüthig Glaubende von jenem Leben wünschen dürfen? Es ist eine fast all' seinen lyrischen Dichtungen innewohnende Eigenthümlichkeit Gellert's, für jeden Stoff die richtige Form zu treffen und den Hauptgedanken in wirksamer Gedrungenheit vorzuführen. Ich hoffe, meine verehrten Zuhörer durch die ausgewählten Beispiele genügend davon zu überzeugen. Doch vorher noch eine andere Mittheilung. Sie haben schon bemerkt, daß ich

bemüht bin, diesen Vorträgen eine möglichst persönliche
Färbung zu geben, und daß ich lieber unvollständig und
ungenügend bleibe, als gedankenlos abschreibe, was in
bekannten Hand- und Lehrbüchern steht. Deshalb freut
es mich, Ihnen einen Gellert'schen Brief bringen zu
können, — (Nichts charakterisirt den Menschen so spre-
chend als Briefe!) — der nicht aus gedruckten Sammlungen entlehnt, sonden als unbekanntes Original
in meiner Autographen-Mappe befindlich ist.

„Leipzig, 15. Nov. 1759. Nachmittags.

Gnädige Gräfin! Heute Vormittag meldete ich
Ihnen nur flüchtig, daß mir die Stunde mit Ihren
lieben Söhnen bald mehr Vergnügen als Arbeit seyn
würde. Jetzt will ich diese Nachricht fortsetzen und von
Nichts reden, als was diese beiden Herren angeht; denn
der Herr von Schulenburg, der seine Stunde nicht be-
sucht, giebt mir Zeit zu dieser Pflicht. — Es ist also gewiß, daß ich mit diesen meinen Schülern sehr zufrieden
bin; zufriedner, als ich gehofft habe. Dieses sage ich auf
mein Gewissen. Sie scheinen nicht mit Zwang zu mir
zu kommen. Sie sind die ganze Stunde hindurch acht-
sam, willig, und meistens fertig und richtig in ihren
Antworten. Denn ich lasse sie stets lesen und frage ihren
Verstand und ihr Gedächtniß aus. Dieses muß Ihnen,
gn. Gräfin, nicht deswegen merkwürdig seyn, als ob
Ihre Söhne in meiner Stunde viel Gelehrsamkeit
einsammeln würden, sondern deswegen, weil sie Achtsam-
keit, Lust und Geduld zum Lernen bezeigen, — und auch
Geschicklichkeit. Dieses sind die Haupteigenschaften, wenn

das Studium glücken soll. Fritz hat mehr Genie als
Adolf, das ist gewiß; aber Adolf wird das durch Fleiß
erringen, was ihm die Natur nicht gutwillig zu gewähren
scheint. Er ist seit gewisser Zeit sehr fleißig. Das sagt
sein Hofmeister, das sagen seine Freunde, — und ich sehe
es! Aber eben dieser Adolf, der in anderen Dingen
langsam und schläfrig ist, ist bei den Studien übereilt,
und aus Hitze, die Sache den Augenblick zu treffen, be-
geht er leicht Fehltritte. Fritz, der in anderen Dingen
hastig und flüchtig ist, ist vorsichtiger im Denken, und
nicht so geschwind, und eben deswegen glücklicher. Ein
sonderbarer Kontrast! — — Fritz — ja Fritz, gn. Gräfin!
Wollte der Himmel, er wäre nicht von seiner Geburt an
zum Offizier bestimmt gewesen, er würde ebenso viel
Geschmack zum Studiren bekommen als Adolf, und es
diesem zuvorthun. Aber genug, er soll und wird wenigstens die Wissenschaft fassen, die der gute Soldat, der
Soldat von Verstand, Geschmack und Lebensart sich zu
eigen machen muß. Ich gewinne ihn alle Tage lieber,
aber ich will ihn doch nie auf Kosten des Aeltesten lieb
gewinnen. — Das Herz beider Brüder ist gut und zu
aller Tugend zu bilden. Das sicherste Mittel aber für
ihre Jahre und ihre Charaktere ist der fortgesetzte Umgang mit den besten jungen und alten Leuten. Denn
Unterricht haben sie genug. Sie sind sonst nicht gern z
meinem Bruder, zu mir, und solchen Geschöpfen gegangen. Aber freuen Sie sich, sorgfältige und glückliche
Mutter, sie kommen itzt gern zum Bruder, und ich hoffe
von diesen Besuchen mehr, als ich Ihnen sagen darf.

Die Sache soll bald einen Einfluß in ihre übrigen Gesellschaften haben, und mein Bruder ist zu diesem Dienste
mehr nütze, als zehn Professores; das muß ich aus Liebe
zur Wahrheit sagen. Er ist Beiden gewogen, aber dem
Jüngsten vorzüglich. Seyn Sie also so gnädig, theuerste
Frau Gräfin, und belohnen Sie den Bruder mit ein
paar Zeilen, damit wir ihn eifrig genug erhalten, die
leeren Stunden der jungen Herren auf eine angenehme
und nützliche Art auszufüllen.

Ist es möglich, so befreien Sie den Hofmeister gänzlich von den Geldsachen. Es ist ein ehrlicher, gutwilliger,
und auch religiöser Mann; aber er ist kein guter Rech-
nungsführer, kein Herr über das Geld, obgleich er kein
Verschwender ist.

Ein langer Brief — und doch hab' ich noch wenig
gesagt. Aber dieses Wenige muß Ihnen doch, da es
wahr ist, und aus meinem ganzen Herzen fließt, angenehm und eine Beruhigung auf eine künftige unruhige
Stunde seyn. Gott, der die Sorgen so guter Mütter
gewiß segnet, und das Gebet des Herzens für die Wohl-
fahrt der Kinder gewiß erhört; der wird auch Ihnen die
Freuden schenken, die gutgeartete Söhne ihren Müttern
zur Belohnung gewähren können. Seyn Sie also dankbar und froh! Ich verharre mit der vollkommensten
Hochachtung u. s. w.   Gellert."

Und noch ein zweites Briefchen an dieselbe Dame,
nicht lange vor seinem Tode geschrieben, enthält einige
rührende Worte.

„Auch schriftlich, wie ich merke, kann ich nicht ohne

Thränen von Ihnen Abschied nehmen. Und was soll
ich Ihnen sagen? Beten Sie für mich, gnädige und
fromme Gräfin, und leben Sie, der Gnade Gottes nebst
Ihrem ganzen Hause empfohlen, immerdar wohl! An
meinem Geburtstage gehe ich wieder in's Karlsbad, und
weiß nicht, was mir daselbst begegnen wird. Aber Gott
ist überall mit seiner Huld und Hülfe. Getrost also und
unverzagt! „Hat er es denn beschlossen, so will ich un-
verdrossen an mein Verhängniß gehn!" (Da haben
wir unseren Paul Flemming bei Gellert!) Dieses
Lied ließ ich mir heute früh von vier Thomasschülern
singen und weinte herzlich dazu. Seitdem ist meine
Stube nicht leer von Besuchen. — Nun so leben Sie
denn wohl mit Ihrer guten vortrefflichen Tochter, mit
Ihrem würdigen Gemahle, und mit Ihrer lieben Mama,
mit Ihren beiden guten Söhnen, mit Ihrem ganzen
Hause! Lebenslang und immerdar, Ihr Verehrer und
Schuldner   G."

Es ist doch eine ganz eigenthümliche Empfindung,
dasselbe Blatt vor sich zu erblicken, auf welches die zit-
ternde Hand eines allverehrten kranken Dichters mit un-
sicherer Feder den Namen schrieb, der heute, wo ein Jahrhundert zwischen jenem Abschiede und unserer ihm gewidmeten Erinnerung liegt, noch immer die Herzen bewegt und zu andächtiger Zuneigung und Dankbarkeit
aufruft. Da ist noch die Thräne sichtbar, die seinem
Auge während des Schreibens entfiel ..... aber wo ist
das Auge, das sie weinte? —

Gleim.

(Aus einem öffentlichen Vortrage über deutsche Lyrik,
gehalten zu Gräz in Steiermark.)

Die meisten meiner Hörerinnen und Hörer werden
sich noch eines sehr alten Mannes erinnern, der die letzten
Jahre seines Lebens hindurch gar mühselig durch die
Gassen der Stadt Gräz am Stabe hin humpelte und
nicht eher auf dieser Erde Ruhe fand, als bis er in der
Erde lag. Schon gebrechlich und fast blind, mußte er
bald nach Mühchen, bald nach Triest und Venedig, bald
nach Wien reisen, um seine hohen und höchsten Gönner
heimzusuchen. Und so lästig und unbequem er hier und
da auf seine alten Tage bisweilen werden mochte, —
man gedachte der Freuden, die er einst geboten, und nahm
ihn immer gütig auf, wenn es hieß: der Sydow ist
wieder da! Er und ich — denn darauf geht dieser Eingang hinaus — dienten 1815 bei einem schlesischen Frei-
corps; er als vierzigjähriger Mann, ich als achtzehn-
jähriger Jüngling. Franzosen haben wir Beide nicht
todtgeschlagen, wohl aber manchen Thaler, wenn wir im
schönen Harz umherzogen, wo wir lange campirten,
bivouakirten, garnisonirten. So wanderten wir auch
eines schönen Sommertages von Quedlinburg nach
Halberstadt, suchten den würdigen Klamer-Schmidt
heim, ließen uns von diesem zu Gleim's Grabe geleiten, das Andenken des Biedermannes zu feiern, von dem
ich dazumal wenig wußte. Aber das wußte ich doch:
Gleim sei ein deutscher Dichter gewesen, und das genügte

mir. Und die miserablen Verse, mit denen ich sein Grab besang, genügten auch dem höchst genügsamen Klamer-Schmidt, der von seinem seligen Meister die unselige Nachsicht gegen jedwede poetische Alltäglichkeit, wofern sie nur ein gutes Herz wies, geerbt hatte.

Dreißig Jahre später befand ich mich wieder in Halberstadt, und da sollte ich dem Vater Gleim näher rücken. Es war wieder ein Schmid, der mir Kunde gab; aber diesmal nicht der längst begrabene Klamer, sondern der Gymnasialdirektor Theodor Schmid, der würdige Schwiegervater des würdigen Dr. Heikand, welcher Letztere bei Einweihung des Schiller-Goethe-Denkmals in Weimar die herrliche, auch im Druck erschienene, Standrede gehalten hat. Im Jahre 1846 lebte dieser Letztere noch in Halberstadt und zierte den schönen, häuslichen Kreis, der mich, den fahrenden Sänger, gastlich aufgenommen. Welche herrliche Stunden! — Vor uns aufgeschlagen lag das große, stattliche Buch des Göttinger Hainbundes, wohinein die Miller, Hölty, Voß, Stolberg u. s. w. mit eigener Hand ihre Dichtungen eingezeichnet. Von den Wänden rings herum schauten die durch Meister gemalten Köpfe aller dichtenden, schaffenden Zeitgenossen des edlen Greises, „der drei Menschenalter sah;" eine Reihe deutscher Sänger und Lehrer. Gleim hat mit königlicher Freigebigkeit große Summen an diese Gallerie gewendet. Friedrich Wilhelm III. hat all' diese Schätze aus der Verlassenschaft gekauft und dem Gymnasium zu dauerndem Eigenthum geschenkt. Der jedesmalige Rektor ist des Museums Hüter.

O Gott ja, sie sind leicht lächerlich zu machen, diese alten Anakreontiker und Odensänger, mit ihrer schwaßhaften Breite, ihrer Gevatterei und gegenseitigen Bewunderung; mit ihren süßen Liebeslispeleien ohne Fleisch und Blut, mit ihren Bacchusfesten und Hymnen; — und ich selbst habe nachträglich lachen müssen, wenn mir einfiel, was Klamer-Schmidt vertraulich geplaudert, daß sie bei solchen in sprudelnden Versen ausposaunten Zechgelagen — (Klopstock war auch dabei, wie er in einer Ode eingesteht) — manchmal ihrer drei, vier zusammen kaum einen Römer zu leeren im Stande gewesen; bei ihren Zechgelagen im rosendurchdufteten Gartensaale Gleim-Anakreons, dem der deutsche Bursch sein beliebtes: „Trink, betrübter Rebenhasser u. s. w." und sein noch beliebteres, bis in Kneipen und Herbergen gedrungenes: „Hier sitz' ich auf Rosen mit Veilchen umkränzt ꝛc." verdankt; — wobei ich nicht umhin kann, historisch festzustellen, wie der Student, besonders der renommirende Fuchs, gern die Variante anbrachte: „Hier sitz' ich ganz rasend u. s. w.," was sich zu dem: „mit Veilchen umkränzt" toll genug ausnahm. Und der Dichter dieser Lieder, bei denen schon so viele Räusche gewonnen wurden, vertrug kaum einen Fingerhut voll Wein! Ja, das ist komisch! Aber bei all' dem ist's doch immer ein großer Gedanke, zu erwägen, daß da ein halbes Jahrhundert lang der Kanonikus eines reich dotirten Kapitels gewohnt, der seine Einnahmen verwendete, seltene Bücher zu kaufen, neue werthvolle drucken zu lassen, berühmte Maler zu beschäftigen, arme Schriftsteller zu unterstützen.

8*

Der als Dichter hohe Verdienste erwarb. Der mit den
Besten in stetem Verkehre blieb, nach allen Seiten hin
ermunterte, förderte, sich ohne Neid an allem Gelungenen
freute, alles Mißlungene schonend beurtheilte, für alles
Große sich und Andere begeisterte; endlich für sein Vaterland, für seinen König so Hohes that, als irgend einer
der feurigsten Patrioten. Wenn ich in Jean Paul lesend
an jene Stelle komme, die von dessen kümmerlichster Zeit
handelt, wie er in bittrer Noth, fast hungernd, auf einmal durch die Post ein bedeutendes Geschenk an Golde
empfangen, ohne auch nur im Entferntesten auf den
Spender rathen zu können, — und daß er lange Jahre
nachher erst zufällig erfahren habe, diese Hilfe, die ihn
sich selbst und der Arbeit wiedergegeben, sei aus Gleim's
(„dieses Urdeutschen") Händen ergangen, — da schlägt
mir das Herz schon vorher, ehe ich die unzählige Mal
gelesenen Zeilen wieder lese.

Von den bedeutendsten, in voller Kraft und reinem
Enthusiasmus gesungenen Liedern unseres halberstädti-
schen Poeten brauche ich kaum zu reden. Die Gesänge
des preußischen Grenadiers sind bekannt genug und
blieben Muster für patriotische Volkslieder. Sie waren
eine That; nicht unwichtiger, als Rückert's gewaltige
Hymnen aus den Jahren 1813—15.

Aber es ist Keinem das Alter erlassen, sagt Grillparzer
in einem Sinngedicht auf Goethe. Auch Gleim hatte
an seinem Greisenthum schwer zu tragen. Sein Held
und König starb, — die „neue Zeit" begann; — die
französische Revolution verbitterte ihm schon das über-

reizte Leben, — und dann kamen die Xenien dazu! Ueber diese beiden Erschütterungen der Staats- und Ideenwelt konnte er sich nicht zu Gute geben. In einer Masse von poetischen Aussprüchen macht er sich Luft: über die Barbaren, die einen guten Herrscher enthauptet — über die Titanen, welche mit Keulen darein geschlagen haben im Reiche des deutschen Parnasses.

So redet er einmal die Königsmörder an:

„Für Freiheit streitet ihr Franzosen nicht. Ihr streitet
Für dreier Teufel Tyrannei!
Ihr werdet, alle gleich, am Narrenseil geleitet,
Von euch ist keiner frei!"

Und so spricht er, als der Xenien-Almanach erschienen war, von Schiller und Goethe:

„Und ging' ein Schröter, seinen Mond
Am hellen Tage zu beschauen;
Und ging' ein Kleist auf seinen Auen,
Zu sehn den jungen Lenz, sie würden nicht verschont."

„Seht, das sind Wespen, keine Bienen,
Ihr Witz ist Flittergold;
Der Almanach ist nicht von ihnen,
Ich wette was ihr wollt!"

Oder:

„Ha, welch' ein weiter Weg von Iphigenien
Zu diesen Xenien!"

Am ergreifendsten äußert sich des milden, weichen Greises tiefer Schmerz über diese Federkriege in den Versen:

„Wie war's einmal so schön auf unserm Helikon!
Als Klopstock noch Homer, Uz noch Anakreon
Gerufen ward auf ihm, noch die Gerufnen hörten,
Noch Faunen nicht auf ihm der Musen Tänze störten
Mit ihrem Wolfsgeheul und Tiger-Ungestüm;
Apollo Gott noch war, nicht Priapus auf ihm.
Als alle Sänger noch einander ihre Lieder
Vorsangen, alle noch wie Brüder
Sich liebten! Haß und Neid war nicht auf ihm zu
               sehn,
Auf unserm Helikon, wie war's einmal so schön!"

Du durftest das ausrufen, Du Herz voll Liebe für die Menschen und für die Kunst. Und wir zürnen Dir nicht, wir klagen Dich nicht an, weil Dein mattes Auge, schon halb gebrochen, die gewaltigen Streiter für eines neuen Tages Klarheit und Wahrheit verkannte. Jetzt, wo sie im ewigen Lichte weilen mit Dir, wird euch Allen ein Tag lächeln, und ihr werdet euch Brüder nennen und Genossen! Ja, Du wirst singen:

Wie ist es wieder schön auf unserm Helikon!

Ein Brief von Iffland.

Mein alter Freund, der Buchhändler S. J. Joseephy hatte mir gestattet, mit dem prüfenden Blicke eines habgierigen Autographensammlers diejenigen seiner Papiere zu durchsuchen, welche als Erbtheil der ehrwürdigen

Firma „Haude und Spener" in seinen Besitz gelangt sind. Unter mancherlei Schätzen dieser Gattung, deren Werth unsere jugendliche Gegenwart kaum begreifen dürfte, weil sie Autoritäten weder achtet, noch liebt, befand sich ein Brief Iffland's.

Als ich die mir wohlbekannte Handschrift entdeckte, freute ich mich lebhaft. Doch wie soll ich die Empfindungen schildern, die mich beim Durchlesen erfüllten? Es war, als tauche eine bessere, längst begrabene Kunst-Epoche aus der Dämmerung vor mir auf; als wehe mich ein Frühlingshauch kindlicher Träume an, wie er mich damals erfrischt und belebt, da ich noch reich an Hoffnungen im Bühnenleben mein Leben gesucht.

Iffland gehörte unter die am meisten angefeindeten, häufig verlästerten Schauspieler. Welche Anfechtungen hatte er zu bestehen! Wie heftig fielen die Romantiker über sein Spiel, wie bitter die Kritik über seine Dramen, wie giftig die allgemeine Klatschsucht und die Coulissen-Kabale über seine Verwaltung her! Man sollte meinen, auch auf ihn und seinen Charakter hätten diese Ungerechtigkeiten zurückwirken, auch ihn hätten sie bitter und feindselig machen müssen? Doch läuft Alles, was ich von Genossen jenes collegialischen Zusammenwirkens über ihn und seine Persönlichkeit vernahm, auf dankbare Anerkennung seiner Verdienste um das Ganze, seiner Umsicht, seiner Gerechtigkeitsliebe hinaus. Der Brief, den ich hier mittheile, giebt die schönste Bestätigung solch' ehrenhaften Zeugnisses.

Wenn nach Schröder ein Mensch auf den Bret-

tern wandelte, der Ifflanden den Kranz rauben konnte,
so war es Fleck, der Titane, der Gewaltige, Geniale!

Gegen diesen nun ist bei Herrn Spener, dem Redacteur und Inhaber der Zeitung (1799), ein Gedicht
eingelaufen, welches Ifflanden preiset und seinen großen
Nebenbuhler tadelt. Spener hatte es im Manuscripte dem
Director mitgetheilt, wohl ahnend, daß dieser sich kaum
daran ergötzen dürfte; — denn der selige Spener war
ein feiner Kopf.   Und jetzt antwortet ihm Iffland:

„„Hier meine offene Meinung:

„Der Verfasser will mir wohl, das freut mich, und
ich danke ihm herzlich und ungeheuchelt. Will er unserer
Bühne wohl, so muß dieses Gedicht mit der Strophe auf
Fleck nie, nirgend gedruckt werden. Hat er Recht,
so ist das nicht die Art zu bessern, da dem unleugbaren
Genie des Mannes mehr Achtung gehört, als hier erwiesen ist. Hat er Unrecht, — wohin führt die Bitterkeit?

„Fleck und ich leben in wahrer Eintracht. Fleck
ist Künstler, wenn auch zu viel thun müssen, ihn Etwas
verringert hätte. Kraft und Geist liegt in ihm. Er wird
sich schnell wieder finden. Er ist ein sehr ehrlicher Mann,
ein edler Mensch. Soll aus dem Chaos des Berliner
Theaters Etwas werden, so kann es nur unsere Eintracht
schaffen. Kann sie bei solchen Ausfällen bestehen? Und
wie stehe ich dann neben Fleck?

„Sehnsuchtsvoll wünsche ich, daß dies nicht erscheine!
Schreiben Sie dem Verfasser ein Resultat aus Diesem.
Ist er ein edler Mann, wie ich glaube, so wird er das

faſſen, und Sie haben das Verdienſt, daß dem Theater eine tödtliche Wunde nicht widerfährt.

„Ich komme in ein paar Tagen zu Ihnen. Mich, in meinen Wanderungen treffen Sie ſchwerlich.

Berlin, 10. April 1799.   Ihr

                               Iffland.“

„P. S. Vermögen Sie ihn, daß es nirgend er- ſcheine! Der Schaden iſt zu groß! Sie werden es mit Güte und Erfahrung behandeln. — Jahrelanges Be- mühen kann nicht halb erſetzen, was dies ſchaden würde. Das Publikum würde dabei leiden, mehr als ich.“

Welcher Leſer, wenn er irgend noch ein Herz für unſer deutſches Theater hat, könnte wohl ohne Rührung über dieſe Zeilen hinweggleiten? Und darf man nicht annehmen, daß dies doppelt eintreffen wird, wenn Per- ſonen dieſen Brief leſen, die dem Theater angehören? Kann er auf ſie die Wirkung verfehlen, die er auf mich hervorgebracht?

Ach, leider ja! Ich habe mit einem Rückblick auf unſere Bühnenzuſtände Urſache zu befürchten, daß gar Viele über mich und meine Rührung mitleidig lächeln und bei ſich denken werden: „Der iſt ein Narr, und Iffland war es auch! Wenn ein unbequemer Neben- buhler in den Journalen tüchtig gezauſet wird, deſto beſſer für uns. Wer mag dergleichen Beihilfe verhindern? Im Gegentheil, aufſuchen muß man ſie, erbitten, nöthigenfalls erkaufen und gut bezahlen.“

So werden Viele denken. Mögen sie doch. Es wird ihrer auch wiederum geben, die mit mir empfinden; die, von Neid und Mißgunst frei, sich stets bemüht haben, den Regungen kleinlicher Eifersucht zu gebieten; die sich zu erfreuen vermögen an Allem, was schön und groß ist; sogar dann, wenn ihre eigenen Bestrebungen dadurch in Schatten gestellt werden sollten. Und sie werden mit mir einstimmen in diese Gedächtnißfeier Iffland's, des oft angefeindeten, verleumdeten Ehrenmannes, der stets für Wahrheit und Recht glühte, ob er auch, wie wir Menschen ohne Ausnahme jeder in seiner Art, menschlichen Schwächen und Irrthümern unterworfen war. Gedenkt man seines Wirkens und Schaffens, nicht nur als Schauspieler; nicht nur als dramatischer Dichter; auch als Führer und Veredler des ihm untergeordneten Theaters; reihet man seine Verdienste als darstellender Künstler, charakterisirender Schöpfer, Volksschriftsteller, Dramaturg, Beamteter und Patriot zusammen — und erwägt man daneben die tückischen Schmähungen, die ihn verfolgt; die überstrenge Kritik, welche von Mitgliedern einer neu poetischen Schule wider ihn ausgeübt wurde; erinnert man sich endlich der albernen Fabeln, die böser Wille geflissentlich über seine Todesart verbreitete, — während doch des berühmten „Formey" authentischer Krankenbericht gedruckt vorliegt! — Dann wird man sich nur schwer jenes Unmuthes, jenes Ueberdrusses am ganzen Erdentreiben entschlagen können, welcher den armen Prinzen Hamlet ausrufen läßt: „Pfui, pfui darüber!"

Ich habe Iffland in seinen bedeutendsten Rollen gesehen. Ich war noch ein halber Knabe, als ich ihn sah,
aber es fehlte mir nicht an Wahrnehmungsvermögen,
und wie Erinnerung und Gedächtniß mir treu blieben,
vermag heute noch eine stets willige Phantasie in mir
hervorzurufen, was ich damals anstaunte, um es jetzt
geistig zu durchdringen. Ich sehe ihn lebendig vor mir.
Und ich sah ihn lebendiger als je, wie ich das Blatt in
Händen hielt, dessen Inhalt hier mitgetheilt wurde.

Fleck lernte ich leider nur aus Berichten, mündlichen
wie schriftlichen kennen. Was sein größter Bewunderer,
was Ludwig Tieck, der ihm Kränze für die Nachwelt
wand, begeistert in epischem Schwunge von ihm kündet,
— was er auch an ihm tadelt, — das trifft mit Iffland's
Worten zusammen.

Bei Lob und Tadel, wenn eines von beiden über den
Schauspieler ergehen soll, kommt es nur darauf an, welches von beiden der Beurtheilende vorherrschen lassen
will. Ich mache mich anheischig über die Darstellung
eines Talentes zwei Aufsätze zu schreiben; der eine soll
unbedingt preisen, der andere unbedingt schmähen, und
in keinem von beiden soll ein unrichtiges, unwahres Wort
vorkommen; denn der eine braucht nur das Gute, Ge-
lungene hervorzuheben, während er das Fehlerhafte.
Mißfällige ignorirt; und der andere umgekehrt.

Wie leicht hätte es folglich Iffland gehabt, an dem
Manne, der so oft auf seine Kosten erhoben, ihm als be-
vorzugter Genius spottend gegenüber gestellt, zu seinem
Nachtheile mit ihm verglichen wurde, in kritischer Schärfe

einen verzeihlichen Scepticismus zu üben; an ihm zu zweifeln; sich zu trösten in dem Bewußtsein: „er reicht nicht an meinen Fleiß, meine Bildung, meinen Scharfsinn, meine Kunst!" — Wie Viele hätten das gethan an Iffland's Platze.

Und was thut Iffland? Er zeigt sich als wahrer Freund, er zollt Achtung dem Genie des Nebenbuhlers; er entschuldigt Nachlässigkeit mit allzu häufiger Anstrengung; er baut auf des redlichen Mannes Sinn; er räumt sorgsam und theilnehmend-ängstlich das Steinchen aus seinem Wege und will sich lieber nicht angesungen, als den Collegen verletzt wissen. Ganz im Stillen, ohne Ostentation bittet er Herrn Spener, ja, er fleht ihn an, die Sache zu ordnen. — Das thut Iffland im Jahre Siebzehnhundertneununbneunzig.

Nun denn, Ihr großen Schauspieler vom Jahre Achtzehnhundertneununbfünfzig und sechsunbsechszig gehet hin und thuet desgleichen!

Ernst Raupach.
(1852.)

Wer einige Jahre vor Raupach's Rückzug von der Bühne, vielleicht nach längerer Abwesenheit aus der Fremde in's Vaterland heimkehrend, mit unseren Zuständen unbekannt, deutsche Journale in die Hand genommen und in manchen derselben all' die gehässigen, geringschätzenden Verdammungsurtheile über jenen ausge-

zeichneten Mann gelesen, hätte wähnen müssen, Raupach
sei ein talentloser, Nichts könnender Scribler, und das
deutsche Theater schwelge im Ueberfluß neuer, geistiger
Schöpfungen von anderen Verfassern, so daß es den Geta-
delten, Bespöttelten nimmermehr brauche. Es war
förmlich Mode geworden, den Mann, der die Bretter so
lange beherrscht, herabzusetzen und von ihm zu schreiben,
über ihn abzuurtheilen wie über einen Stümper. Theils
mögen es wohl sogenannte politische Gründe und ab-
weichende Meinungen gewesen sein, welche so vielerlei
Federn gegen den conservativsten aller Schriftsteller in
Bewegung setzten; theils auch mag sein häufig abstoßen-
des Benehmen ihm Widersacher zugezogen haben. Hauptsächlich jedoch war es der bleiche, gelbe, schlecht verhehlte
Neid, der dem geistvollen, energischen Manne seine
unerschöpfliche Thatkraft, seinen stets regen Fleiß, seine
Erfolge vor dem Publikum, seinen Einfluß auf die Vorstände der bedeutendsten Bühnen mißgönnte und ein
Heer zurückgewiesener Mitbewerber in wüthende Recensenten umwandelte.

Leider war es so. Und ich kann sogar von ähnlichem
Vorwurf zwei Dichter nicht freisprechen, die wir hoch
achten und verehren, die aber, wie sie sonst untereinander
bitterste Gegner gewesen, sich doch in einem Punkte ver-
einigten: in dem blind sein wollenden Grolle wider
Raupach, dem sie zuletzt als Verbrechen anrechneten, daß
seine Stücke Abend für Abend gespielt wurden, während
man die ihrigen als unaufführbar zurücklegte. Ich meine
Platen und Immermann und weiß sehr genau, was

ich mit dieſer hingeworfenen Andeutung meine. Aus
Platen kann es Jeder, der einigermaßen, auch zwiſchen
den Zeilen zu leſen verſteht, ſelbſt herausſuchen; und
bei Immerman bin ich, ehe es mit ihm und Raupach
zum völligen Bruche kam, der ungenügende Vermittler
oder doch Vertraute geweſen, als Raupach ſeine anerkennende Meinung über Immermann's Kaiſer Friedrich
mit einigem die Darſtellungs-Möglichkeit betreffenden
Tabel verwebte; was ihm der in Düſſeldorf geiſtig Herr-
ſchende, dort keinen Widerſpruch Duldende mächtig übel
nahm.

Immermann vertrug nun einmal keine Einwen-
dungen, wie ich bei Gelegenheit ſeines „Andreas Hofer"
und ſeines Luſtſpiels „die Verkleidungen" zu meinem
eigenen Schrecken habe erfahren müſſen. Er hat es mir
niemals ganz vergeſſen, daß ich, ein körperliches Wunder
aus dem „Trauerſpiel in Tirol" wegwünſchend, dieſen
beſcheidenen Wunſch in mein Entzücken über das ganze
Werk eingemiſcht. Und als ich ihm ſpäter von Berlin
aus einige Bedenklichkeiten wegen der „Verkleidungen"
ſchriftlich mittheilte, erwiederte er mir ſehr kurz, ohne
auf Details einzugehen: „Das Königſtädter Theater
würde Urſache haben Gott zu danken, wenn es lauter
ſolche Stücke aufführen könnte, — und keine ſchlechteren."

Bezeichnend genug für die Zuſtände unſerer Literatur
mag hier erwähnt werden, daß die zunächſt von mir ge-
rügten Stellen in giftigen Ausfällen gegen Michael Beer
und deſſen Familie beſtanden. Der gute Michael, dem
ich wahrſcheinlich Etwas davon verrathen, war nicht der

Menſch, einen Gegner wie Immermann gleichgültig und
leichten Herzens zu betrachten. Er begab ſich nach Düſſeldorf, machte daſelbſt einen längeren Aufenthalt, —
was er um ſo unbefangener thun konnte, als er mit dem
verehrungswürdigen, berühmten Wilhelm Schadow,
dem Stifter und Lenker dortiger Kunſt-Akademie, von
Berlin her befreundet war; — näherte ſich auf dieſe
Weiſe ſeinem hochbegabten Feinde, gewann deſſen Wohlwollen, wurde des Feindes Freund, und die Folge war,
daß Immermann eiligſt jene anzüglichen Ein- und Aus-
fälle aus dem poſſenhaften Luſtſpiele herausſtrich, weil
er, wie er mir ſchrieb: „von ſeinen ungerechten Vorur-
theilen zurück gekommen ſei.“ Er und Michael blieben
herzliche Freunde, bis zu des Letzteren frühzeitig erfolg-
tem Tode; was ein in meinen Beſitz gelangter Brief
noch beſtätiget, worin Michael Beer ſeinem lieben, theuren Immermann für deſſen liebe, liebe Zuſchriften dankt,
über die „Schule der Frommen“ ſich huldigend aus-
ſpricht und ihm zugleich als Gegengabe eine bei Cotta
erſchienene Edition eigener Tragödien überſendet, welche
Immermann’s „freundlich-nachſichtiger Sinn liebevoll
in Schutz genommen.“

Und waren Michael’s Tragödien unterdeſſen anders,
beſſer geworden, als ſie geweſen, da derſelbe nachſichtige
Sinn über ſie unnachſichtig den Stab gebrochen?

Ich glaube nicht. Dichter und Dichtungen waren
dieſelben geblieben, nur der Standpunkt der Betrachtung
hatte ſich verändert. Gott behüte mich, daß ich über
ſolche Veränderung etwas Anderes äußern ſollte wie

Freude! Ich will dabei nur hinweisen auf die Wandel-
barkeit menschlichen Urtheils überhaupt, auf die Ein-
flüsse, welche Persönlichkeiten und Verhältnisse ausüben,
bei Für und Wider, so lange wir Menschen bleiben und
als Menschen mit Friedrich Schlegel bekennen müssen:
„Wir können nicht heraus aus unserem Leibe."

Raupach reisete nicht nach Düsseldorf, um sich Immermann, so wenig wie er nach Spezia oder Palmaria
reisete, um sich Platen zu versöhnen. Und hätte er's thun
wollen, er hätte, widerhartig und borstig, wie Gott ihn
nun einmal geschaffen, die beiden stolzen, edlen, gebiete-
rischen Naturen nur um so mehr verletzt mit seiner rau-
hen Schale, welche Jeden verletzen mußte, der nicht
Muth, Geduld und Liebe mitbrachte, durch häßliche
Stacheln bis zum Kern zu bringen; Liebe und aus-
dauernden Willen. Woher aber kann solcher Wille
anders entstehen, als aus der schon angeborenen Fähigkeit, sich Demjenigen geistig unterordnen zu wollen,
dessen Ueberlegenheit an Geist und Wissen ihm bei schein-
barem Hochmuth zur Entschuldigung dienen wird, wenn
nur sonst Redlichkeit und Mitgefühl in seinem Innern
leben?

Weil der Dichter Raupach mir dafür galt; weil ich
in bescheidener Selbsterkenntniß dem Denker, dem Gelehrten sein Uebergewicht willig zugestand; weil ich endlich den um so viel älteren schlesischen Landsmann in
ihm begrüßte, ging ich ihm mit treuherziger Unterwür-
figkeit entgegen.

Ich habe bereits an einem andern Orte*) zu schildern versucht, daß es mich beim ersten Begegnen ver-
blüffte, ihn voll unerschütterlicher Zuversicht vorhersagen
zu hören, er habe sich nach Berlin begeben, um an Ort
und Stelle nachzuschauen, wie er es anfangen müsse,
sich der deutschen Bühne zu bemächtigen. Eine Vorhersagung, die er ohne Aufschub in's Werk setzte.

Er kam damals, vor siebenundzwanzig Jahren etwa,
aus Weimar, wo er anfänglich nach seiner Uebersie-
delung aus Petersburg zu weilen den Entschluß gefaßt,
wo er es aber begreiflicher Weise nicht ausgehalten. Er
— und Goethe! Das ging unmöglich.

Diese Beiden mit- und nebeneinander zu beobachten,
dürfte man gern einen hohen Eintrittspreis erlegt haben.
Der verstorbene Stephan Schütze, dem bei all' seiner
anbetenden Verehrung für Goethe doch niemals die
Laune fehlte, was in jenen Kreisen komisch wirkte, mit
Humor aufzufassen, und der auch sehr an Raupach hing,
hat mir Schilderungen von unseres Freundes Ungeber-
digkeiten gemacht, — des Verfassers einer „Theorie des
Komischen" würdig.

Raupach hätte sich, auch Goethe'n gegenüber, niemals entschlossen, von seiner Petersburger Lehrkanzel
herabzusteigen; diese war ihm gleichsam um den Leib
gewachsen; er trug sie mit sich wie einen Reifrock und
docirte auch in Weimar.

---

*) „Vierzig Jahre."

Dergleichen litt Goethe im perſönlichen Umgange nur
dann, wenn er Hoffnung hegte, von Docenten etwas
Neues zu erfahren, durch ihn poſitiv belehrt zu werden.
Wäre Raupach z. B. im Stande geweſen, im Gebiete
der Naturwiſſenſchaften wichtige Entdeckungen und An-
ſichten zu enthüllen, ſo würde der erhabene Meiſter ſich
ihm willig ſubordinirt haben. Aber was Raupach dem
Goethe ſagen konnte, daran hatte dieſer ein ſo viel längeres Leben geſetzt; hatte mit ſeinen Meinungen abge-
ſchloſſen; und der Greis wendete ſich ab von dem Manne,
der ihm ſchroff und ohne äußere Huldigung in's Antlitz
ſtarrte, — noch obenein mit einer Brille bewaffnet, was
Goethe verabſcheuete. Sie trennten ſich kalt.

Damit ſoll nicht etwa ausgeſprochen ſein, daß der
weltumfaſſende Geiſt ſich deßhalb auch von Raupach's
künftigen dramatiſchen Werken kalt abwenden wollen?
Nein. Auch darin unterſchied ſich Goethe von allen
übrigen Celebritäten, daß er in objectiver, großartiger
Unparteilichkeit die Erzeugniſſe niemals entgelten ließ,
was deren Erzeuger vielleicht — wiſſentlich oder unwiſ-
ſentlich — an ihm verſchuldet. Er, der von Kotzebue
vielfach geneckt, gehöhnt, verklatſcht, geärgert, das vollſte
Recht beſaß, dieſem unverträglichen, unbequemen Stadt-
genoſſen zu zürnen, und deſſelben Schauſpiel „der Schutzgeiſt" dennoch mit Fleiß und Sorgfalt in Scene ſetzte;
ſo daß Kotzebue beſchämt auf einer Redoute (wo ſie ſich
begegneten) ihm dankte und die Antwort empfing: Möge
dieſer Schutzgeiſt Sie nicht verlaſſen! — Er, der keinen
Feind und Gegner kannte, wenn es darauf ankam, den

Werth einer literarischen Arbeit, sei's auch nur den rela-
tiven, zu messen und zu würdigen; — er bewahrte unserem Raupach stete Theilnahme, deren anerkennende Bereitwilligkeit ich mehrfach von seinen Lippen vernahm
und dann, nach Berlin heimgekehrt, freudig darüber berichten konnte.

Goethe schätzte gebührend die Bedeutung derjenigen
dramatischen Dichter, die in fruchtbarer Gewandtheit
„für das tägliche Brod der Bühne" sorgten, und war
weit entfernt von jener vornehm sein wollenden Exclusi-
vität der Kritik, wie wir, Gott sei's geklagt, an so Vielen
finden, welche geneigt sind, alle Kinder mit dem Bade zu
verschütten. Er wußte, was es heißt: ein Theater führen, und daß jeder Tag sein Recht verlangt*). Mit
schonender Würdigung ging er auf Raupach's eminente
Verdienste um diese täglichen Bedürfnisse des realen
Theaters ein und erhob das Talent des Unermüdlichen.
Ueber die Bearbeitung der Calderonischen „Tochter der
Luft" sprach er einmal gar tiefe, wundersame Worte, aus
denen ein Zauberhauch früherer Zeiten und der Erinnerung an selbsteigene Bemühungen wegen spanischer
Poesie auf deutscher Bühne zu wehen schien; aus denen

---

*) Der Verfasser nimmt sich die Freiheit, auf einen Aufsatz
Gutzkow's „die Menge muß es bringen" hinzuweisen, der dasselbe
Kapitel behandelt und um so ehrenwerther genannt werden darf, weil
der Dichter Gutzkow hier nicht in eigener Sache, sondern lediglich
in jener des Theaters und der Wahrheit sprach. Je mehr Einer selbst
vermag, desto nachsichtiger wird er als Kritiker sein. Nur die Impo-
tenten lieben die Grausamkeit.

9*

er jedoch, wie häufig seine Weise, in einen halb-frivolen
Scherz überging, der ihm so gut behagte, daß er ihn mit
schelmischem Schmunzeln begleitete. Raupach hatte
nämlich, da er von Weimar schied, ein Kind zurückge-
lassen. Nicht ein Kind seines Geistes, wie man der
Autoren Arbeiten betitelt. Im Gegentheil: eine wirkliche, lebendige Tochter; was die deutsche Sprache —
kränkend genug für den heiligen Ehestand — als natürliche Tochter bezeichnet. Dieses Mägdlein nannte Goethe
nun kurzweg „die Tochter der Luft“ und verwob deren
irdische Existenz höchst anmuthig in seine Kritik der aus
dem Spanischen nach Berlin versetzten Semiramis.

In unserer Literaria, deren fast niemals fehlendes
Mitglied Raupach wurde und bis zu seinem Tode geblieben ist, obgleich die näheren Freunde um ihn her Einer
nach dem Andern fast alle geschieden oder abgeschieden
waren, galt er für unentbehrlich. In entsagender Geduld, schweigend, resignirt, höchstens eine Priese mehr als
gewöhnlich schnupfend, ließ er sich den zweistündigen Vortrag auch derjenigen literarisch-poetischen Novitäten gefallen, die ihm mißfielen, oder vor denen er gar Abscheu
hegte. Beim schlichten Mahle, welches der Vorlesung
folgte, behauptete er seinen festen Platz am obersten Ende
der Tafel, so daß Hauptmann von H . . . . (jetzt
hoffentlich General!) zu sagen pflegte: wenn Raupach
fehlt, dann kommt mir unser Tisch vor wie ein Degen
ohne Knopf. Ein Gleichniß, welches, ohne übel gemeint
zu sein, doch übel ausgelegt werden konnte, sobald man
unter Degenknopf etwas Derbes, Hartes, Unerbittliches

verstehen will. Er kannte keine Schonung im Urtheil.
Absprechend und hochfahrend mußte er einem Jeden, der
ihn so hörte, herzlos, unempfindlich, arrogant erscheinen.
Ach, und er war so weich, so gut, so rechtlich. Der bär-
beißige Isegrimm, der sich neben Dich hinsetzte, als ob er
Dich und noch ein halbes Dutzend Anderer fressen wollte,
sobald Du sein Herz traf'st, floß es ihm über, und er
wurde ein gerührtes Kind. Wie war er doch so lieblos,
so grob, so verletzend, wenn Widerspruch ihn aufreizte!
Und wie war er so zuthunlich, so bereit, durch Sanft-
muth und Freundlichkeit gut zu machen, zu heilen, was
er im Unmuth schmerzhaft berührt hatte!

Ich erinnere mich eines Abends, wo er — in übelster
Stimmung — von Shakespeare's „Heinrichen" redend,
in diesen nur die Falstaff-Späße anerkannt wissen,
sämmtliche historische Scenen dagegen für langweiliges
Gespräch erklären wollte. Ich, in seiner Nähe sitzend,
fuhr dagegen auf, vergaß die Achtung, die ich, der im
Vergleich mit ihm unwissende junge Mann, dem bejahr-
ten Gelehrten sonst so gern zollte, und ließ in meiner
Heftigkeit sogar Aeußerungen laut werden, wie folgende:
„Freilich, neben den historischen Dichtern des königlichen
Hoftheaters kommt ein Shakespeare nicht auf."

Die Gesellschaft fühlte sich verlegen und erhob sich
frühzeitiger als sonst.

Chamisso, ein fast unbedingter Anhänger Raupach's,
hatte die heutige Polemik doch zu stark gefunden und
seine langen, grauen Locken bedenklich geschüttelt, während Jener die Heinriche abkanzelte. Jetzt, wo wir die

Mäntel umnahmen, raunte er dem immer sanften, wohl-
wollenden Eichendorf zu: „Der Senf ist dem Holtei in
die Nase gestiegen."

Ich fühlte selbst, daß ich zu bitter geworden sei in
Bekämpfung eines Ausspruches, an dessen Wahrheit
Raupach ja selbst nicht glaubte, nicht glauben konnte;
den er nur hinausgeworfen wie einen alten Handschuh,
und den ein minder heftiger Ritter hätte aufnehmen
müssen, um den Kampf besonnen und in allen Ehren
durchzuführen. Mir that mein beleidigendes Wort innig
leid. Ich betrachtete mich durch dasselbe wie auf immer
von einem verehrten Manne getrennt, von dem ich
erwartete, daß er mir nie verzeihen werde. Ich wickelte
mich — (es war bitterlich kalt) — in meinen Mantel
und sagte am Thorweg des „Englischen Hauses" eine
allgemein gültige: gute Nacht! mit dem Gedanken „geh'
Du rechtswärts, mich laß linkswärts gehn."

Seitdem es glatteiste — und man muß wissen,
welche Eisbahnen oftmals durch Berlins Gassen blink-
ten — hatte ich an vergangenen Abenden dem in seinen
kolossalen Ueberschuhen unsicher wandelnden Raupach
meinen Arm gereicht, um ihn vorsichtig bis zu seiner
Wohnung zu geleiten; ein Liebesdienst, dessen ich mich
nicht mehr würdig fand. Er jedoch, als er bemerkte, daß
ich entschlüpfen wollte, rief mich zurück, obwohl es ihm
an besseren Führern nicht gefehlt haben würde. Und er
fragte gutmüthig: „Wollen Sie heute nicht mit mir
gehen, weil ich an Ihrem Shakespeare gefrevelt? Sie
sind ein Kind! Der hat unser Lob nicht nöthig und ist

über jeden Tadel fort. So weit bringen wir's Beide nicht; seinetwegen brauchen Sie mich nicht auf dem Eise tanzen zu lassen." Von meiner Ungezogenheit war nicht mehr die Rede, und er unbefangen und freundlicher als jemals.

Außer unserer Literaria, in welcher, troß mannichfacher, ihm unvermeidlich widerstrebender Elemente, er sich heimlich fühlte und gern bewegte, war sein geselliger Verkehr wenig ausgebreitet. Mit den poetischen und ästhetischen Cirkeln in großen Berliner Häusern vermochte seine rücksichtslose Derbheit nicht fügsam zu bestehen. Man schalt ihn deshalb. Ich muß ihn loben. Um so aufrichtiger, weil ich selbst in bedauernswerther Nachgiebigkeit kennen und erfahren gelernt, wie die meisten Gönner und Gönnerinnen von Kunst und Literatur es mit dieser zur Schau getragenen Gönnerschaft meinen, und wie verzweifelt wenig dahinter steckt; womit ich aber nicht etwa Berlin gegen andere große Städte, in denen es noch schlimmer ist, zurücksetzen möchte.

Ein alter — wenn ich nicht irre Hallischer Universitäts- — Freund, der Geheime Oberfinanzrath Skalley, der zugleich als Mitglied einer Prüfungscommission sämmtlicher für's Hoftheater eingehender Stücke günstigen Einfluß auf seine Productivität übte, stand ihm sehr nahe.

Sodann pflegte er vertrauteren Umgang mit Hegel, welcher in Raupach's Dramen vielleicht mehr sah, als ein weniger großer Philosoph und dagegen praktisch zuverlässiger Bühnenfreund gesehen haben würde. Denn

Hegel fand sich und seine ästhetischen Meinungen in
manchen neueren Arbeiten des Dichters verkörpert; was,
wo es eintraf, eben nicht zum Vortheil der Dichtungen
einschlug. Sie Beide im Verein lehnten sich heftig gegen
Ludwig Tieck auf, gegen Ironie, gegen romantischen
Nihilismus, gegen Shakespeare's Lustspiele u. s. w.,
schienen doch aber dabei zu vergessen oder zu übersehen,
daß verschiedene Versuche Raupach's eben auch nur für
poetische Negationen, wenn gleich für sehr geistreich com-
binirte, gelten konnten.

Friedrich von Raumer, zwar begeisterter Freund und
Vertreter des von Jenen perhorrescirten (und auch Jene
redlich rück-perhorrescirenden) Tieck, wurde dennoch durch
die Dramatisirung seiner Hohenstaufen angezogen und
gewonnen, von welcher groß angelegten, weit verzweig-
ten, dichterischen Unternehmung die deutsche Bühne leider
nicht den Vortheil gezogen, der allen dabei aufgewende-
ten Mitteln an Gelehrsamkeit, Fleiß, Willen und Fähigkeiten entsprochen hätte. Der Rahmen war doch wohl
zu eng, vielleicht zu — modern, um darin mit Erfolg
nachzuahmen, was dem kindlichen Ur-Genius britischer
Poesie, freilich unter völlig anderen Formen und Ansprüchen, gelungen ist: ein ganzes, großes Völkergeschick
sammt Schlachten, Niederlagen, blutigen Siegen und
Triumphen hineinzuzwängen.

Außer jenen gelehrten und berühmten Freunden besaß Raupach noch einen, allerdings minder gelehrten,
doch für den Theater-Dichter nicht minder wichtigen, für
seine Zwecke gewiß nützlicheren: den berühmten Schau-

spieler Pius Alexander Wolff, den Liebling und Schüler
Goethe's, den Theilnehmer, den Zögling Weimarischer
Herrlichkeiten, den Erben glorreicher Erinnerungen, den
Gatten jener wahren Künstlerin Amalie, Malcolmi's
Tochter, desselben Malcolmi, dem Goethe nachgesungen:

„Reichen Beifall hattest Du erworben,
Allgemeine Neigung rein erzielt;
Viel Personen sind in Dir gestorben,
Und Du hast sie alle wohl gespielt."

Ich besitze das Blatt, worauf Goethe mit eigener
Hand diese vier Zeilen gestellt, um es der Tochter eines
unvergessenen Vaters darzureichen. Amalie Wolff schenkte
mir's, als ich sie, die schon erblindet, mich nicht mehr
sehen konnte, zum letzten Male sah, in Berlin im Frühjahre achtzehnhundertfünfzig, an dem nämlichen Abende,
wo ich bei ihr mit Raupach, bei dem ich zu Mittage ge-
speiset, noch einmal unerwartet zusammentraf. Das war
mir ein düsterer, doch feierlicher Abend. Es war, als ob
wir, auf Gräbern sitzend, mit einander plauderten; auf
zugeworfenen, wie auf offenen. Zwei haben sich seitdem
geschlossen, für ihn, für sie. Das dritte harrt noch seines
Bewohners. — Nur wer Wolff und dessen Frau per-
sönlich kannte; nur wer sich ihres vertraulicheren Um-
ganges erfreuen durfen; nur wer Raupach aus anderen
Umgebungen im Gedächtniß hatte und ihn dann in diesen wiederfand, — nur der mag beurtheilen, wie mächtig
des liebenswürdigen Künstlerpaares Einfluß auf ihn gewesen. Bei Wolff's gab sich der sonst so unzugängliche,
absprechende, seiner Sache sichere, keinen Widerspruch

dulbende Poet mittheilend, nachsichtig, wohlwollend, empfänglich, heiter; nahm belehrenden Tadel dankbar hin. Er liebte Wolff; er verehrte in ihm den denkenden, hochstrebenden Schauspieler, den feingebildeten Mann; er bewunderte die unerschöpfliche Erfindungsgabe der geistvollsten Schauspielerin; die Lebensfrische des seltenen Weibes; den scharfen Blick Beider, dem er gern und oft folgsam war.

Als der kranke Wolff in Folge vieljährigen Halsleidens kaum noch zu flüstern vermochte, schrieb Raupach eigens für ihn ein Drama, „das Ritterwort," worin er den verstummenden Meister der Rede mit einer pantomimischen Rolle bedachte. Dieses Schauspiel kam mit Wolff nicht mehr zur Aufführung: der Tod stellte sich dazwischen. Auf der Heimkehr aus südlichen Bädern blieb — wie wir in einem nachfolgenden Aufsatze finden — Wolff in Weimar liegen, damit sein Grab ihm auf dem Friedhofe bereitet werde, wo jetzt Karl August, ächt fürstlicher Anordnung gemäß, zwischen Schiller und Goethe modert. Zu diesen gehörte auch im Tode der große Redner, der im Leben ihre ewigen Worte lebendig gemacht, der ihnen Wohllaut und Fülle der Sprache verliehen. Und als nun Amalie verwittwet in Berlin wieder eintraf; als Raupach sie besuchte . . . . Sie haben ihn einen kalten, herzlosen Egoisten zu nennen beliebt, seine jungen Herren Gegner. Hättet Ihr ihn gesehen, da er die Räume zum ersten Male wieder betrat, in denen er des verstorbenen Freundes sich gefreut! Da er der Freundin entgegentrat, die sich bemühete, Fassung zu

gewinnen, während er faſſungslos in lautes Schluchzen
ausbrach und ſich dem ungezügelten Schmerze ehrlich
und herzlich hingab; hättet Ihr ihn gehört, da er mit
dem Schrei tief-innerſter Empfindung ausrief: „Ob die
Kunſt einen Erſatz für Wolff zu hoffen hat, das weiß ich
nicht. Für mein Herz giebt es keinen!..“

Ja, ja, der Mann, der „Iſidor und Olga“ gedichtet,
war ein kalter, gefühlloſer Profeſſor, der, ohne geborener
Poet zu ſein, nur mit dem Verſtande arbeitete, nur momentane Effecte berechnete, nur, um Geld zu erwerben*),
Stücke ſchrieb! Hieß es nicht ſo? Ich dächte, wir hätten
dergleichen öfter geleſen? — Nun, Gott geſegn’ es Euch;
aber unſer Einer weiß es beſſer.

Viele wurden ihm neidiſche Schimpfer, weil der Ge-
ſchimpfte bei Hofe Geltung fand; weil er ſich in Berlin
ſo lange behauptete. Dieſe „Tages- und Splitterrichter,“
denen der Alte in Weimar väterlich zuruft:

„Splittert nur nicht Alles klein,
Denn fürwahr der ſchlecht’ſte Dichter
Wird noch Euer Meiſter ſein.“

Und was hat es ihnen geholfen? Raupach wird

---

*) Er war nicht ohne Vermögen. Aber daß er durch ſchriftſtel-
leriſche Thätigkeit große Summen geſammelt, iſt erlogen. Einen
Theil ſeines mäßigen Beſitzthumes hatte er ſchon aus Rußland mitgebracht, wo er als Profeſſor bei der Univerſität in Petersburg früher
in vornehmen Häuſern lehrte. Außer den Zinſen ſeiner Erſparniſſe
bezog er eine wohlverdiente, ſchwererworbene Penſion als Hoftheater-
dichter. Hätten ſie ihm nicht auch dieſe am liebſten mißgönnt?...
O, es geht Nichts über die „Kameradſchaft“ deutſcher Schriftſteller.

seinen Platz in der Geschichte deutscher Literatur einnehmen, wie unbestochene Würdigung der Nachwelt, wie
ausgleichende Gerechtigkeit ihm anweisen, während jene
namenlos im Nichts vergehen.

„Die Wahrheit (sprach Napoleon auf St. Helena)
kommt endlich immer zu Ehren; nur freilich, daß sie oft
gar lange Zeit braucht; — und meistentheils wartet sie,
bis sie sich auf einen Grabstein setzen kann."

Sie wird sich auch auf Raupach's Grabsteine ein-
finden.

Niemals war er possierlicher, als wenn er die Absicht
hegte, zu loben. Das heißt: einen Anwesenden; einen
neben ihm Lebenden, gleich ihm nach dem Beifall des
Berliner Theater-Publikums Ringenden. Mehr oder
weniger betrachtete er doch jeden Solchen wie einen kecken
Eindringling, der ihm in die Quere kommen könnte.
Denn das hilft einmal Nichts, eingestehen müssen wir's:
er meinte, das ausschließliche Recht, die Bühne mit
Neuigkeiten zu versorgen, habe er sich erobert, und es
weile auf seiner Seite. Gewissermaßen hatte er's auch.
Von uns Allen, die wir (um von den Herren Uebersetzern
zu schweigen!) ein oder das andere Originalstück spielen
ließen, durfte sich keiner mit seiner Vielseitigkeit, seiner
Fruchtbarkeit, seinen Erfolgen messen. Gewöhnlich
schwieg er über die erste Vorstellung eines fremden Pro-
duktes. Und wurde etwa in der literarischen Gesellschaft
davon gesprochen, so verstummte ein solches Gespräch
gewiß bei seinem Eintritt. Nur zwei Mal besinn' ich mich,
daß er mir ein Wort der Anerkennung gesagt, eben in

seiner Art und Weise. Ein Mal geschah es, nachdem
durch ein wirklich seltsames Zusammentreffen an dem
nämlichen Tage, wo sein „der Müller und sein Kind"
auf dem Hoftheater, — mein Schauspiel „die Majoratsherren" in der Königsstadt zum ersten Male gegeben
wurde, und also um dieselbe Abendstunde zwei schlesische
Schriftsteller, jeder mit einer am Christabend in Schlesien
spielenden Neuigkeit auftraten. Da sagte er mir, er habe
gehört, mein Stück sei günstig aufgenommen worden.
(Das war es allerdings; und es fehlte auch damals nicht
an Freunden, die laut versicherten, mir gebühre die
Palme des Abends. Mein Himmel, glaubt' ich es nicht
selbst? Und nun? — „Der Müller und sein Kind" lebt
jetzt nach dreiundzwanzig Jahren noch auf allen deutschen Bühnen, während „die Majoratsherren" längst
vergessen, nach kurzem Scheinleben den Schlaf der Ge-
rechten schlafen.) — Das andere Mal redete er mich an,
nachdem er „Lenore" gesehen, die damals innerhalb
Preußens Grenzen zum Volksstück wurde. Er tadelte
scharf und ohne Erbarmen, schloß jedoch mit den Worten:
„Ich sage Ihnen das nur, weil Sie am Ende von all'
den Hiesigen der Einzige sind, der Etwas (für's Theater)
zu Stande bringt."

Hitzig ließ sich's nicht nehmen, auf dieses Almosen
Raupach'scher Anerkennung dürfe ich stolz sein. Ich war
es auch. Denn aus seinem Jargon, in gesellig-herkömm-
liche Floskeln übertragen, enthielt es mehr Lob, als ich
verlangen konnte. Uebrigens vermochte er meine Arbeiten, wie wir dieselben zu jener Zeit für's König-

städter Theater machten, nur einseitig zu beurtheilen, weil ihm das lyrische Element derselben fremd blieb. Wohl verstanden, jenes lyrische, welches zu Liederspiel und Melodrama seine Zuflucht nehmen mußte, um die engbegrenzte Concession einer Anstalt zu umgehen, welcher Tragödie und höheres Drama untersagt blieb. Von musikalischen Regungen und Richtungen schien in ihm nicht viel zu walten. Er selbst erklärte sich offen als Opernfeind. Dennoch umgarnte ihn Spontini und fing sich ihn ein zur Anfertigung eines großen Operntextes, den der Dichter wie den Stoff zu einem fürstlichen Hoch= zeitkleide mit scharfer Scheere aus dem vorräthigen hohen= staufischen Zeuge herausschnitt; den aber der Compositeur so langsam verarbeitete, daß die gemarterte „Agnes," — eine prinzliche Vermählungsoper, nur aktweise erschien und für verschiedene vaterländische Festtage ausreichte.

Spontini und Raupach mit einander waren auch der Mühe werth zu betrachten.

Raupach liebte französisch zu reden; er sprach es vor= trefflich. Spontini lauschte bewundernd dieser bei einem deutschen Fachgelehrten seltenen Beredtsamkeit und beugte sich vor dem sattelfesten Historiker, der seinerseits den Diners des General=Musikdirektors gern beiwohnte. Sobald von Musik die Rede kam, beugte sich wiederum Raupach vor Jenem, — insofern der Rücken des geraden Mannes überhaupt der Beugung fähig war. Doch der gute Spontini hatte sich längst ausgeschrieben, und Rau= pach's Textbuch allein trägt wahrlich nicht die Schuld, wenn sich die gewaltigen oder lieblichen Melodieen einer

„Veſtaln," eines „Cortez" nicht mehr erneuern wollten.
Hatten ſie ſich doch ſchon bei „Olympia" widerſpenſtig
gezeigt, ſo viele Jahre früher, wo Hoffmann, der phan-
taſtiſche Kammergerichtsrath, ſelbſt Opernkomponiſt und
ehemaliger Kapellmeiſter, aus einem kritiſchen Gegner
zum bereitwilligen Mitarbeiter umgewandelt, ſich be-
mühet, ihnen Bahn zu brechen! Hatten ſie ſich doch bei
„Nurmahal, dem Roſenfeſt in Kaſchemir" (welche Oper
der Berliner Gaſſenwitz in „Nur nich' noch 'n mal, oder
der Hoſenreſt von Kaſimir" umtaufte) ſparſam einge-
ſtellt. Und waren bei „Alcidor" (Allzutoll) entſchieden
ausgeblieben, trotz aller Lockungen von dreißig harmo-
niſch geſtimmten Amboſſen. Spontini empfand dieſen
Mangel am tiefſten. Er ſtand noch nicht auf jener
hohen Stufe gegenwärtiger Anſchauung, welche, Mozart
für den Verderber der Oper haltend, eine Oper der Zukunft prediget. Er machte nur aus Verzweiflung Spek-
takel, weil ſein Genius ihm trauernd zuflüſterte, daß die
Quelle verſiegt ſei, aus deren ſüß murmelnden Wogen
Licinius und Julia ihre Liebesgluthen geſchöpft. Deshalb zog es ihn zu jenen Tagen zurück, wo der Jüngling
in Orangenhainen von Lorbeerzweigen geträumt, die
eines Welt-Beſiegers Hand für ihn flechten werde: die
Erinnerungen ſeiner Jugend, ſeiner Erſtlingsverſuche
tauchten auf, und ehe noch „Agnes von Hohenſtaufen"
zu Ende gebracht war, begehrte er von Raupach, dieſer
ſolle ihm die Oper „Milton" aus einem Akte in mehrere
ziehen und ſpinnen helfen. Er wollte dann mit der
dazu gehörigen Muſik daſſelbe thun und aus der Operette

„un grand ouvrage" machen. (Das war sein Favorit-
ausdruck, weßhalb wir ihm den Beinamen „Ouvrage-
tapage" gegeben.) Raupach, der bei belebter Tafelcon-
versation diesem Ansinnen zu genügen versprochen, be-
bauerte nachher, daß er es gethan. Dadurch wurde ich
in's Mitleiden gezogen, und unter Umständen, die, weil
sie wunderlich sind, mir mittheilungswerth erscheinen.
Im Sommer achtzehnhunderteinunddreißig geschah es,
daß Raupach mich in Kemper's Garten, wo sich die
Literaria während der schönen Jahreszeit versammelte,
bei Seite nahm und mir eröffnete, er stehe im Begriff,
seine Brunnenkur anzutreten und nach — ich weiß nicht
welchem? — Badeorte abzureisen. Dadurch werde es
ihm unmöglich, sogleich an den „Milton" zu gehen, und
er habe, weil Spontini sehr ungeduldig sei und sich gerade
jetzt im Sommer vorzugsweise produktiv glaube, mich in
Vorschlag gebracht, damit ich an seiner Statt die Arbeit
übernehme. Sie erweisen mir zugleich, setzte er hinzu,
eine Gefälligkeit. Ihnen liegt, der Sie ohnedies in Ihre
Komödieen immer Lieder einflechten, der Singsang näher
als mir, und ich werde Ihnen sehr dankbar sein, wenn
Sie mir erlauben, in Ihrem Namen zuzusagen. Erlösen
Sie mich! — Ich willigte ohne Widerrede ein. Ich
hatte in meiner excentrischen Freundschaft für unsern von
Spontini beneideten und im Stillen angefochtenen C.
M. von Weber so viele jugendliche, ja jungenhafte Un-
gezogenheiten gegen den italienischen Ritter verübt, daß
es mir erwünscht kam, durch Bereitwilligkeit und Bemühungen einigermaßen gut zu machen, was ich geban-

kenlos am Sänger der „Vestalin" verbrochen. Meine
Absicht war, recht bald zu ihm zu gehen, meine Dienste
ihm anzubieten; das gelobte ich dem scheidenden Raupach.
Wer schildert mein Erstaunen, als ich schon am nächsten
Tage, von einem Spaziergang zurückkehrend, meine
Frau hinter einem Bücher-Gebirge fand und vernahm,
Spontini sei dagewesen, habe stundenlang meiner ge-
harrt, lasse mich auf morgen zum Essen bitten und re-
commandire mir vorliegende hundert Bände, die sein
Diener keuchend aus der Kutsche heraufgeschleppt, damit
ich mich durch die Lektüre derselben in das Kostüm des
Landes versetzen möge, in welchem die projektirte Oper
vor sich gehe. Es war Walter Scott von A bis Z in
französischen Uebersetzungen und eine Menge anderer
schottischer Geschichten, Reiseberichte, Dichtungen, unter
welchen auch Ossian nicht fehlte; Milton aber sich von
selbst verstand.

Ich dachte: der nimmt das Ding ja verdammt ernsthaft, und begab mich Augenblicks auf den Weg, mich
ein= für alle Mal von seinen Diners loszumachen, bei
denen ich die Begegnung eines Dr. Sobernheim, Spon-
tinischen Leib= und Magenrecensenten, mir der unerträg-
lichste aller Journal=Scribenten, fürchtete, und mir andere Stunden für unsere Zusammenkünfte zu erbitten.
Da fand ich denn bereits alle Dekorationen für die künftige große Oper „Milton," nicht etwa als Skizzen, sondern als künstlerisch ausgeführte Bilder von Meistern
gemalt. Auf seinem Arbeitstische, wo kostbare Schwanen=
federn bereit lagen, befand sich zierlichst geschrieben der

Entwurf zur Introduktion, für welchen er nun zunächst von mir einige Strophen begehrte. „Schottische Land- leute ziehen über die Berge und versammeln sich zu einem Chore!" — Mir entwischte eine voreilige Warnung, und ich ließ die Silben „Dame blanche" vernehmen. Er achtete nicht darauf. Mir kann's recht sein, murmelte ich, ging meiner Wege, brachte ihm am folgenden Mor- gen die bestellten Verse, half sie unterlegen und bat um weitere Einsicht in den Gang des Planes. Sollte man für möglich halten, daß die Sache dabei stehen blieb? Drei Mal kam ich wieder; drei Mal fand ich den Maestro, erschöpft von Anstrengung, wie es schien, vor seiner In- troduktion, eine Note neben die andere malend; eine Silbe um die andere zählend; neue Worte bestellend, das Vollendete wegwerfend, ein frisches Blatt ergreifend .... und weiter gelangten wir nicht. „Auf diese Weise," schrieb ich ihm nach Verlauf einer Woche, „bringen wir ein Jahr über der ersten Scene zu, und meine Lebenszeit kann ich nicht an diese Arbeit setzen. Ich sehe mich also genöthiget, mich zurückzuziehen." — Als Raupach von der Badereise wiederkehrte, fand er mein Verfahren voll- kommen gerechtfertiget, und von der Oper „Milton" habe ich weiter nicht sprechen hören.

Ich erwähnte oben, daß Raupach für einen Musik- hasser galt, daß er dafür gelten wollte. Mit diesem Hasse war es ihm ebenso wenig Ernst, wie mit vielerlei andern Gegnerschaften, Verdammungsurtheilen, Ueber- hebungen, Anmaßungen und Härten, die er mehr zur Schau, als in der Seele trug. Er gab vor, die Musik

nicht zu lieben, weil er die Meinung hegte, man müsse
von einer Kunst gründliches Verständniß haben, um
gründlich darüber zu sprechen. Und da er nicht gelernt
hatte, c von cis zu unterscheiden; da er keine musikalischen Fähigkeiten in sich spürte, so gefiel er sich, brummige
Unempfänglichkeit dagegen zu heucheln. Doch das war
nur auswendig. Raupach konnte unmöglich „der Mann,
der nicht Musik hat in ihm selbst" für Diejenigen bleiben,
die sein tiefes Gefühl kannten und schätzten. Mochte er
die große Oper mit ihrem Ballet hassen, weil sie an-
spruchsvoll und verdrängend den Raum einnahm, der
seiner Ansicht nach deutscher Poesie auf den Brettern gebührte! — Aus Gluck, Mozart, Weber, Boyeldieu, ja
aus Rossini hörte er schon heraus, was in seiner Brust
wiederklang. Seine Wuth gegen bewunderte Virtuosen
und Sängerinnen (die Sontag ließ er doch gelten) blieb
mir eine wahre Fundgrube von Neckereien; mir, — aber
auch ihm, da er mich mit meinen Verzückungen ver-
spottete, wenn ich ihm seine Unempfindlichkeit vorwarf.
Als Paganini in Berlin Concerte gab, und ich wirklich
schon halb verrückt war vor Begeisterung, sagte ich ihm
in meiner Ekstase: Sie müssen Paganini hören, sonst
erklär' ich Sie für einen nordischen Barbaren; und wenn
er Sie nicht entzückt, dürfen Sie mir ein paar Ohrfeigen
geben. Er nahm eine Priese und lächelte mir zu:
„Holtei, Sie sind ein Narr!" — Das war eine seiner
Lieblingsanreden für mich. Auf tausend Meilen weit
war ich von dem Gedanken entfernt, er könne meiner
Anmahnung doch Folge geben. (Und er hätt' es auch

10*

nimmermehr gethan, wäre nicht auch bei Spontini's in
ihn gedrungen worden!) Wie erschrak ich nun aber, als
ich aus einem Paganinischen Concerte fiebernd und zitternd in die Literaria stürzte und Raupach's Platz an der
Tafel unbesetzt fand!

„Wo ist der Degenknopf?" — Im Concerte, antwortet unisono der dumpfe Chor, und Chamisso ffigte
bei: Gott sei Ihnen gnädig; Sie haben ihn hinein bug-
sirt: ich mag nicht mit Ihnen theilen.

Raupach war im Concert!! —

Und er tritt ein, nimmt schweigend seinen Sitz. Alle
schweigen mit ihm, des Ausbruchs harrend, und auf mir
weilt mitleidsvoll mancher theilnehmende Blick. Endlich
ermann' ich mich. Kommen muß es doch einmal,
denk' ich, und frage kühn: Na, was meinen Sie von
Paganini? Und Raupach erwiedert mit lauter, voller
Stimme, wie wenn er einen wissenschaftlichen Vortrag
begönne: Ja, was ist da viel zu meinen? Der Kerl
jammert oder jubelt in Tönen, weil er keine Worte hat.
Aber ein Poet ist er, und ein gehöriger! So lautete des
„unmusikalischen, musikfeindlichen" Raupach Ausspruch
über Niccolo Paganini.

An jenem Abende beklagt' ich wohl, daß wir kein
Glatteis hatten. Wie sorgsam und zärtlich würd' ich
meinen „alten Brummbären" geführt haben!

———

Raupach, in Straupitz bei Liegnitz geboren, war der
Sohn des dortigen lutherischen Pastors; trotzdem daß

Platen in ungerechtem Grolle ihn das „Jüdchen Raupel"
nennt. Eine seiner Schwestern, an den Geheimerath
von Unruh in Liegnitz verheirathet, wurde Ursache, daß
er mit diesem Schwager in Gemeinschaft ein Landgut
kaufte und sich auf einige Jahre in die Agricultur warf.
Es ist dabei nicht gut ergangen, und sie mußten froh
sein, ohne große Verluste wieder zu verkaufen.

Raupach! Dr. Ernst Raupach! der Professor, der
Poet! als schlesischer Landstand, in ritterschaftlicher Uniform, zu Pferde, einen Reitknecht hinter sich! — Er verstand ganz gut, den Seigneur zu machen. Auch zeichnete ihn im Umgange mit hohen, höchsten, ja allerhöchsten Herrschaften eine sichere, noble Haltung aus. Freilich behielt er Etwas von einem Schulmeister, benahm
sich aber doch wie ein vornehmer Herr. Dabei bewahrte
er offen, freimüthig, furchtlos, unfähig zu schmeicheln,
stets die Würde des Gelehrten, des Dichters. Er vergab
sich und seiner Stellung Nichts. Deshalb stieß er häufig
an. Und es ist in meinen Augen ein gültiger Lobspruch
für den Prinzen von Preußen und dessen Gemahlin
K. H. [1852], daß dieser Mann, der kein Blatt vor den
Mund zu nehmen pflegte, Jahre lang bei Ihnen aus-
und einging, Ihnen Privatissima über Geschichte las,
sich Ihres ganzen Zutrauens rühmen durfte bis an sein
Ende. Auch König Friedrich Wilhelm der Dritte, so
wie Friedrich Wilhelm der Vierte haben ihn in seiner
derben Grabheit, seiner rücksichtslosen Wahrheitsliebe,
seiner unerschütterlichen Treue stets geschätzt.

Der König Friedrich Wilhelm der Vierte reisete zu

einer Militair-Inspektion durch Schlesien, während Raupach sich auf seinem Landgute befand. „Sobald ich erfuhr" — mit diesen Worten hat R. die Begebenheit mir erzählt — „sobald ich erfuhr, daß Seine Majestät in Lüben Halt machen werde, setzte ich mich zu Pferde und ritt hinein, meine Aufwartung zu machen. Ich stand im dicksten Gedränge unter den übrigen Leuten, als der König ausstieg. Aber Er entdeckte mich gleich und rief mir im Vorübergehen zu: Wo Teufel kommen Sie hierher, Raupach? Bald darauf suchte mich ein Adjutant, mit dem Befehle, mich bei Tafel einzufinden. Das Gespräch war sehr lebhaft und kam auch auf den jüngst gefaßten Plan, griechische Tragödieen auf die Bretter zu bringen, zunächst Antigone; worüber sich der König freudig ausließ und sich eine bedeutende geistige Wirkung davon versprach. Ich entgegnete: dazu fehlt uns nur dreierlei: die Schauspieler, ein solches Gedicht darzustellen; die Zuhörer, es zu verstehen; die griechische Bühne unter griechischem Himmel für Beide. Und es wird dennoch gehen, rief der König. Und ich wage daran zu zweifeln, Eure Majestät, erwiederte ich. . . . . ."

Der Erfolg scheint gewissermaßen dem Könige Recht gegeben zu haben. Scheint! Denn in Wirklichkeit — doch das gehört nicht hierher und würde zu weit führen. Meine Absicht war nur, in Kürze durch ein Beispiel aus dem Leben zu zeigen, wie Raupach seine Meinung unverhohlen überall aussprach und überall fast in demselben

Tone; mit jener ihn und sein Wesen bezeichnenden Ent-
schiedenheit,. welche ihm so viele Feinde schuf; welche ihn
für Beamtete und Mitglieder des Berliner Hoftheaters,
dem seine Thätigkeit zunächst gewidmet blieb, schier zu
einem Kinderschreck und Wauwau machte. Daß er deshalb nicht minder innig und sein fühlte, als mancher
süßliche, glatte, hofmännische Formen-Mensch; daß er,
sobald vertrauensvolle Bitten ihn in Anspruch nahmen,
gern gefällig und fördernd war; daß er, weich wie ein
Kind, leicht in Thränen überfloß, wenn lang-verhaltene
Rührung ihn übermannte; daß er, ein redlicher Freund
seiner Freunde, Jedem das Schlimmste in's Gesicht,
hinter dem Rücken des Abwesenden aber nur Gutes
sprach und sich des Angegriffenen muthig annahm; —
dies Alles weiß ich aus vieljähriger eigener Anschauung
und Erfahrung. Sich selbst und den Dualismus seiner
Natur hat er treffend geschildert in jenem viel zu wenig
gekannten Buche, welches die aus Italien geschriebenen
Briefe eines sicheren „Hirsemenzel" enthält. Besagter
Hirsemenzel, den sein Herr mit auf die Reise in's gelobte
Land der Künste genommen, faßt in schulmeisterlicher,
pedantischer Hypochondrie alles Italienische von der
schlimmen Seite auf, ärgert sich und klagt, wo der opti-
mistische Reisegefährte Entzücken findet. Offenbar hat
der Verfasser in diesen beiden verschiedenartigen Persönlichkeiten die verschiedenartigen Eindrücke wiedergeben
wollen, die seiner eigenen Person zu Theil wurden.
Raupach „hirsemenzelte" auf diese Weise durch's ganze

Leben. Wer thut es nicht? Nur daß die Wenigsten
ehrlich genug sein wollen oder können, sich zu geben, wie
ihnen um's Herz ist.

Aber „Jedweder hat, er sei auch, wer er mag, ein
letztes Glück und einen letzten Tag!" läßt Goethe in
dem wundervollen Epiloge, den er zu einem alten Schauspiele „Effex" dichtete, Königin Elisabeth ausrufen. Ein
solches letztes Glück überlebte auch Raupach in seiner
Bühnenherrschaft. Durch einige mißlungene, boshaft
angefeindete Aufführungen neuer Stücke verstimmt, zog
er sich, unwillig über die Undankbarkeit eines so oft und
so lange von ihm unterhaltenen Publikums, zurück und
überließ seinen Neidern den Raum, den er bunt und
reich mit Gestalten stets reger Geisteskraft bevölkert hatte.
Das Scepter war zu haben! Schade nur, daß gerade
von jenen Fingern, die so eifrig Federn in Bewegung
gesetzt, es ihm zu entwinden, sich keine hervorthaten, es
zu ergreifen, zu halten, zu führen gleich ihm! Sie
konnten ihn stürzen, — zu ersetzen vermochten sie ihn
nicht. Hat sich aus diesem Scribler-Heere eine der seinigen an gediegener Sprache, an Klarheit des Gedankens,
an Reichthum der Erfindung nur vergleichbare Productivität entwickelt? Ich bin kein Kritiker; ich erkühne
mich nicht als solcher aufzutreten. Doch ich denke und
scheue mich nicht dies auszusprechen, daß ein Dichter, aus
dessen Bühnenrepertoir die Erinnerung des Mitlebenden
unvorbereitet, ohne schriftlichen Nachweis, auf gutes
Glück mit einem Griffe folgende Namen zieht, wie:
„Die Fürsten Chawansky, — die Erbennacht, — die

Gefesselten, — Raphaele, — die Schleichhändler, — Isidor und Olga, — die Tochter der Luft, — Vormund und Mündel, — Vater und Tochter, — Genovefa, — der Müller und sein Kind, — Cromwell, — die Royalisten, — der Nibelungen Hort, — Kaiser Friedrich, — Heinrich der Sechste, — König Enzio, — Kritik und Antikritik, — Conradin, — der Bettler, — die Bekehrten, — Laßt die Todten ruhn, — Doktor und Apotheker, — der versiegelte Bürgermeister, — Jakobine von Holland, — Corona von Saluzzo, — der Zeitgeist, — Mulier taceat in ecclesia, — der Platzregen als Eheprokurator," (folglich von der historischen Tragödie durch alle möglichen Uebergänge und Abstufungen bis zur Berliner Lokalposse!) — Namen von Stücken, die auf den meisten und besten Theatern Glück gemacht haben; .... daß ein solcher Dichter denn doch nicht so ganz obenhin abzufertigen sei; mochten immer unzählige unbedeutende — und leider auch manche bedeutende Beurtheiler darauf ausgehen! —

Raupach zog sich zurück von der Bühne und zugleich von der Welt. Die Freunde hatten sich zerstreut, — sie starben ab. Er begnügte sich mit seiner stillen Häuslichkeit, die eine durch Achtung und Freundschaft ihm kürzlich verbundene jüngere Gattin belebte.

Wenige Genossen aus früheren, besseren Tagen blieben ihm noch bis an's Ende. Er trieb wissenschaftliche Studien, beschäftigte sich unausgesetzt, lächelte dabei bitter, oder wehmüthig, je nachdem, in die Verwirrung jüngst vergangener Jahre und zeigte sich dankbar für jedes Zeichen alter Anhänglichkeit und Verehrung. So fand ich ihn im Frühjahre achtzehnhundertfünfzig, wo er eben in einem Drama „Mirabeau" seine Ansichten von dem, was die Welt draußen bewegte, niedergelegt hatte. Noch einmal: ich bin kein Kritiker, der sich ein entscheidendes Urtheil anmaßen wollte, aber mein gesunder Menschenverstand hat bis heute noch nicht enträthseln können, wie es zuging, daß Raupach's „Mirabeau" auch nicht auf einem einzigen Hoftheater Eingang fand, während ein aus Lamartine's Tiraden zusammengewürfelter „Robespierre" auf so vielen Bühnen poltern durfte? Armer Raupach, was konntest Du Klügeres thun, als Deine Augen schließen und sterben! Friede mit Deiner Asche! Und Ehre Deinem Andenken, Du braver deutscher Mann!

Hammer-Purgstall
(als französischer Lyriker).

Der Tod des weltberühmten gelehrten Greises hat zur Mittheilung von verschiedenen Anekdoten aus seinem Leben vielseitig angeregt, und man hat dergleichen Mittheilungen überall mit Interesse aufgenommen. Vielleicht findet nachstehende kurze Schilderung einer Scene, in welcher ich mitzuwirken die Ehre hatte, einige wohlwollende Leser?

Ich befand mich im Winter 1834/35 in Wien, wo ich im Vereine mit meiner Frau eine Reihe kleiner Lieder-

spiele und melodramatischer Stücke zur Aufführung
brachte. Obgleich keines derselben auf Befriedigung der
Schaulust eingerichtet, vielmehr in Handlung und Sce-
nerie alle so einfach wie möglich, durch ein ganz kleines
Personale dargestellt wurden, übten dieselben, — wahrscheinlich nur durch die Fremdartigkeit der Gattung, die
wie alles Neue reizte, — ein halbes Jahr hindurch ihre
Anziehungskraft auf ein großes Publikum. Eins der
beliebtesten jener unbedeutenden Stückchen: „Der schottische Mantel" erfreute sich vorzüglich günstiger Aufnahme bei der vornehmen und literarischen Welt. Und
in diesem war es wieder vorzugsweise ein einfaches Lied,
worin ein armer verschmähter Magister seine wehmüthig-
süßen Gefühle einem Blumenstrauße anvertraut, welches
Wiederklang in dem leicht empfänglichen Herzen der
Wiener und Wienerinnen erregte.

Wir wohnten, — wie reisende Comödianten pflegen,
wenn sie eben umherziehen, sich ein Nest zu suchen, —
den Wandervögeln auf Bäumen nicht unähnlich, in
einer auf gutes Glück meublirten Wohnung, umgeben
von Kisten, Koffern, Hutschachteln, Theaterstaat, Partituren, Orchesterstimmen und Manuscripten, unter welchen gute Ordnung nicht immer zu erhalten war, bei
aller Fürsorge weiblicher Hände. Besuche, die uns im
Laufe des Tages zu Theil wurden, fanden uns etwa so
leidlich vorbereitet, sie anständig zu empfangen. Nur
gar zu zeitig durfte Niemand kommen. Schauspieler,
die den Abend vorher bis zehn Uhr auf den Brettern
standen, dann bis gegen Mitternacht am Tische saßen,

beim traulichen Mahle, dem sich wohl öfters Witthauer,
Bauernfeld, Grillparzer, Raimund — oder ein anderer
Freund gesellte; solche sind keine passionirten Frühauf-
steher, wie begreiflich. Nun geschah es aber eines Mor-
gens, daß bei wildem Schneegestöber, wo die Sonne
beim besten Vorsatze, Tag zu machen, diese Aufgabe
Gloc' zehn noch nicht in's Reine gebracht hatte, — eine
Equipage unten vorfuhr, aus welcher zwei Damen zu
uns emporstiegen, trotz aller Warnungen unserer mit
aufgehobenen Armen Widerstand leistenden Cameriera
einbrangen und in unseren Milchkaffee fielen, ehe wir
noch das erste „Kipfel" verzehrt hatten. „Ich bin —
lassen Sie sich nicht stören, ich setze mich zu Ihnen, —
ich bin Frau von Hammer; wir waren gestern im
Theater. Mein Mann hat das höchste Wohlgefallen an
Ihren Liedern gefunden; er ist mit dem: „Ich klag's
euch, ihr Blumen!" — gestern schlafen gegangen und
heute wieder aufgestanden. Ich weiß ihm eine große
Freude zu machen, wenn ich ihn mit Ihnen Beiden
überrasche; Sie dürfen mir die Freude nicht verderben;
Sie müssen heute Mittag bei uns essen. Aber Sie
müssen auch gestatten, daß ich Sie meinem Manne unter
fremdem Namen vorstelle. Wir wollen sehen, ob er Sie
aus Ihren Stimmen erkennen wird?"

Ich fand die Proposition seltsam, denn ich hatte das
„Hammer" überhört und wähnte, es sei eine der ge-
wöhnlichen Invitationen, wie sie Schauspielern und
Theaterschriftstellern, welche just auf kurze Zeit in der
Mode sind, durch eitle, aufdringliche Modethuerei häufig

zugemuthet werden, und in ihrer scheinbar schmeichel-
haften Auszeichnung eigentlich eine beleidigende Gering-
schätzung verbergen. Ich fragte also ziemlich kalt: Mit
wem hab' ich die Ehre? ...

„Hammer heißt mein Mann!"

Hammer? —

„Ja, Josef von Hammer!"

Ah, das ändert die Sache; dieser Hammer schlägt
gewaltig an mein Ohr. Josef von Hammer! Natürlich stehen wir zu Befehle. Aber, gnädige Frau, mit der
Mystification wird es Nichts sein; ich bin Ihrem Herrn
Gemahl schon bekannt außer der Bühne, traf mit ihm
vor etlichen Tagen bei Baronin Pereira zusammen. ...

„Wenn Sie sonst keinen Kummer haben, mein lieber
Holtei, können Sie sich ruhig als Kaiser von Marocco
präsentiren lassen. Mein Mann ist so prächtig zerstreut,
daß mit ihm jedweder Scherz dieser Art gelingen muß.
Uebrigens ist es bei uns hübsch dunkel, und ich werde
Sorge tragen, daß wir ein Viertelstündchen ohne Kerzen
bleiben. Da wir um vier Uhr diniren, haben wir
Finsterniß nach Herzenslust. Also, Sie kommen?"

Das versteht sich, gnädige Frau!

„Nun trinkt Euren Kaffee, und Punkt vier Uhr stellt
Euch ein!" — —

Dies war das Vorspiel meiner dramatischen Skizze.
Jetzt folgt die kurze Hauptscene.

Wir hielten auf's Genaueste die Stunde ein, wie
abgerichtete Theaterleute, die sich vor Strafabzügen von
der Gage fürchten, welche letztere bekanntlich in einer sehr

beschwerlichen Wechselwirkung versäumter Minuten zu
Groschen pro Thaler bestehen. Der Herr des Hauses
war noch nicht von der Staatskanzlei zurück. Außer
uns befanden sich nur wenige Verwandte in den allerdings sehr dunklen Räumen, in denen auch ein minder
Zerstreuter wie Hammer schwerlich den nächsten Freund
auf den ersten Blick erkannt hätte. Wie er nun eintrat,
empfing ihn seine Gemahlin mit den halbgeflüsterten
Worten: „Wir haben unerwartet Gäste bekommen,
Berliner, die mir dringend empfohlen sind; ich konnte
nicht anders, als sie zum Essen hier behalten; sie kamen,
da gerade der Tisch gedeckt wurde.“ — Er gab sich einige
Mühe, sein Mißbehagen über die unerwartete Störung
zu maskiren, und kam freundlich genug auf uns zu.
„Herr und Madame Feder aus Berlin!“ sagte Frau
von Hammer (Feder heißt der Magister im „schottischen
Mantel“).

Das Diner begann ziemlich stumm und kalt. Hammer
zeigte kein besonderes Bedürfniß, dem Berliner Herrn
Feder, der ihm da so auf die Nase gesetzt worden, große
Conversation zu machen. Auch nannte er mich abwechselnd Reder und Leder. Daß die Damen, ihn zurecht-
weisend, ihr „Feder“ absichtlich betonten, schien ihn,
als etwas Alltägliches für einen Namensverwechsler von
seinem Range, nicht stutzig zu machen. Die Finsterniß
nahm zu, die Stockung im Gespräch desgleichen, — der
Diener stellte Leuchter mit brennenden Kerzen auf die
Tafel. Sogleich entdeckte der Orientalist, daß seine

Nachbarin, Madame Feder, nicht häßlich sei. Er mochte
denken, was schiert mich Herr Feder und sein langweiliges
Gesicht? Die niedliche Frau kann Nichts dafür, daß ihr
Mann sie zu so unpassender Visitenstunde hiehergeführt;
— und er fing an, nach seiner rechten Seite hin gesprächig
zu werden. Meine arme Julie rang mit Leben und
Tod. Sie war, bei all' ihrer sonstigen Charakterfestig-
keit, gänzlich unvermögend, in solchen Lagen das Lachen
zurückzuhalten, und schon sah ich den Moment beran-
nahen, wo sie losplatzen würde. Ich schlug mich also
in's Mittel und nahm mit lauter Stimme das Wort,
von einem in Breslau lebenden, mir bekannten orien-
talischen Philologen redend. Hammer hielt inne und
horchte auf. Ich sprach weiter. Jetzt fixirte er mich.
Dann wieder zu meiner Frau gewendet, unterwarf er
ihre Züge einer schärferen Musterung. Und plötzlich rief
er fröhlich aus: „Ja so, das sind die Liederspiel-Leute;
deshalb kamen mir beide Feder'schen so bekannt vor."
Und nun dankte er seiner Frau für den lustigen Schwank,
und wir waren heiter und guter Dinge. Wie oft ich
aber beim Dessert dem verwelkenden Blumenstrauß des
Magisters Liebesleid habe vorsingen müssen, weiß ich
heute nicht mehr. Hammer wollte das Liedchen durchaus im Gedächtniß behalten. Und so oft ich ihm, während späteren Aufenthaltes in der Kaiserstadt, begegnete,
unterließ er fast niemals, mir wie ein fleißiger Schüler
die Reimlektion herzusagen. Ja, er machte kein Hehl
daraus, daß ich seinetwegen gar keine anderen Verse

sonst verfertigt zu haben brauchte! — was mich, einen
dazumal stets bereiten, fingerfixen Versifex, bedeutend
verdroß.

Hier ist die Scene zu Ende. Jetzt kommt das Nach-
spiel.

Zwanzig Jahre sind vergangen. Ich mache meinen
gewöhnlichen Spaziertrab um die Promenade der
Hauptstadt Steiermarks und sehe Josef Freiherrn
Hammer-Purgstall (denn dieser Zuname war mittlerweile durch Adoption auf ihn gefallen) rüstigen
Schrittes daher steigen. „Willkommen in Gräz!" ruf
ich ihm zu, habe jedoch glücklicherweise noch im Sprechen
Zeit gewonnen, mein Gräz in sein Graz oder Gratz
umzugestalten. — Sonst wär' es mir schlimm ergangen,
und er hätte sich gewiß nicht so zutraulich in meinen
Arm eingehängt, um ein Stück Weges mit mir zu
schlendern. Noch nicht fünfzig Schritt hatten wir gemacht, so blieb er stehen und begann das unvermeidliche:
Ich klag's euch, ihr Blumen! — Um Alles in der Welt,
liebster Herr Hofrath, flehte ich, nur das nicht! — Aber
kein Erbarmen! Ich mußte es durchhören. „Und
wissen Sie," setzte er dann hinzu, „daß ich es auch in's
Französische übersetzt habe?" Eh' ich noch mein Erstaunen äußern konnte, daß er seine kostbare Zeit auf
solche Nichtigkeit verschwenden mögen, recitirte er mir
seine Uebertragung. Und als ich ihn bis zum Garten
der (seitdem nun auch hinübergegangenen, vielbetrauer-
ten) Baronin Mandell geleitet, rief er mir noch aus der

Von Druckfehlern.

Klägliches Sendschreiben
eines deutschen Schriftstellers an die geehrte
Redaction der „Bohemia."

Gräz in Steiermark, am 24. Dec. 1852.
Abends 4½ Uhr.

Verehrungswürdige!

Sie wissen, es giebt Menschen, die von ihrer Geburt
bis zum Tode an den Scropheln leiden. Andere sind
mit Zahnschmerzen gequält; noch Andere mit Hühner-
augen, was komisch klingt, aber durchaus nicht komisch
ist. Wieder Andere kränkeln an der Brust, oder haben
Kopfschmerzen, Migräne; Manche klagen ewig über
Durst; Einige haben Schulden! und so weiter bis in's
Unendliche. — Was ist das Alles gegen einen Autor, der
an Druckfehlern leidet?

Gegen diese Qual kommt keine andere auf, und ihr
Uebermaß bringt den Gedulbigsten zur Verzweiflung.
Wer nun gar gleich mir eingestehen muß, daß seine Handschrift keine Seydelmannische ist — denn Seydelmann
schrieb die schönste, reinste, klarste, consequenteste, — wer
sich folglich bei vielen Irrthümern des Setzers und Cor-
rectors selbst schuldig anklagen muß: o Gott, ein solcher
wird endlich so verzagt, daß er schon nicht mehr wagt,
seiner Feder freien Lauf zu lassen. In jedem Buchstaben,
der ihr entfließt, sieht er einen Gedankenmörder, einen

11*

Todfeind, einen Spötter. Und aus lauter Furcht un-
deutlich zu schreiben, schreibt er zuletzt gar nicht; er bemüht sich zu malen, und in diesem peinlichen Bemühen,
jeden einzelnen Zug deutlich hervortreten zu lassen, kritzelt
er, was er dann selbst kaum zu lesen vermag, wie viel
weniger ein Setzer. Ist nun der unglückliche Schriftsteller nebenbei so ungeschickt, mit Stahlfedern gar nicht
und mit Gänsefedern nur dann vom Fleck zu kommen,
wenn er sie selbst sorgsam zugeschnitten, was wieder bei
schwachen Augen und nebelgrauen Herbsttagen neue
Schwierigkeiten bietet: so wird die liebe Schriftstellerei
zur furchtbarsten Marter, und ein solider Holzhacker
scheint benelbenswerth.

In dieser Lage befindet sich Ihr ganz ergebenster Mitarbeiter. Ich bin auf vielfältigen Reisen im heißen Sommer vielfältig von Mücken, Bremsen und anderen peinigenden Insecten gequält worden, habe manche Nacht
unter tückischen Bissen ungeflügelter Blutsauger verseufzt
und verwünscht; aber was sind jene Leiden, durch My-
riaden kleiner Menschenfeinde veranlaßt, gegen die Bisse
und Stiche der unvertilgbaren, immer wieder aufleben-
den, mit jedem neuen Werke sich neugestaltenden Autor-
feinde — der Druckfehler? Ist es, o ewige Gerechtigkeit,
nicht genug, daß uns jedes Stündchen sommerlichen
Morgenschlafes durch freche Fliegen, jede süße Nacht
durch kriechende oder hüpfende Bestien, jeder laue Wald-
abend durch stechende Mücken, vulgo Gelsen, verdorben
wird! Hat der Autor nicht hinreichend zu dulden von
gleichgültiger Apathie der Lesewelt, von Grausamkeit der

Kritik, von Zweifeln an sich selbst? Muß es denn auch noch Druckfehler geben? Ja, muß es denn, frag' ich, Literaten geben, welche vorzugsweise davon verfolgt werden, wie es süßblütige, feinhäutige Personen giebt, in deren Epidermis jedes kleine Beest stacheln will? Manche Druckfehler läßt man sich ja gefallen; man vermag ihren Ursprung zu verfolgen; man gesteht sich ein, daß der Setzer nur ihr Pflegevater, der Corrector nur ihr Curator oder Vormund geworden, nachdem die eigene unsichere Hand ihre leichtsinnige Erzeugerin gewesen. So hat es mich nur wenig erschüttert, daß vor etlichen Tagen ein Freund in mein Zimmer trat, Nummer 247 der Bohemia in den Fingern haltend und mich angelegentlich fragend, wo der von mir als kindlich bezeichnete Engländer Urganius eigentlich lebe, und was er geschrieben? Ich errieth augenblicklich, daß von meinem „Zur Erinnerung an Raupach" eingesendeten Aufsatz die Rede sei, und daß meine verwetterte, krähenfüßige Handschrift im Ur-Genius, anstatt ihn gebührend abzutheilen und das e hübsch deutlich zu zeichnen, einen neuen Beinamen für Shakespeare hervorgerufen habe. Dabei konnt' ich mich leicht trösten, weil ich mir sagen durfte: wer die Perioden im Ganzen auffaßt, wird, wenn er selbst Etwas von Shakespeare's historisch-epischen Dramen weiß, augenblicklich wissen, wer mit Herrn Urganius gemeint sei. Und wer Nichts von Shakespeare weiß, für den bleibt es total gleichgültig, was er sich unter jenem Urganius denken mag.

Nachdem mein Besuch mich verlassen, fing ich aber

zu grübeln an. Es war gegen Abend; ich saß im Dunkeln allein, und die Gespenster verschiedenartiger Druckfehler aus meinen zuletzt erschienenen Büchern tanzten,
von einer allerliebsten Grippe begünstigt, ihren Wirbel-
reigen um mich her, mit dünnen, kreischenden Stimmen
singend: „Noch mehr! Noch mehr!"

Was konnten sie sonst meinen, als daß in dem näm-
lichen Aufsatze noch mehre ihres Gleichen enthalten seien?
Und schlimmere? Viel schlimmere, als Urganius statt
Urgenius? Darauf deuteten ihre höhnischen Accente.

Na, nun habe Einer so recht aus dem FF die Grippe
und quäle seine fiebernde Phantasie im Halbschlafe mit
allen ersinnlichen Druckfehlern!

Verehrte Redaction! Sie haben keine Ahnung, was
ich in der auf jene Scene folgenden Nacht für schwarze,
Ihrer berühmten Officin entsprungene Lettern in furchtbarer Mischung sah, Wörter bildend, mir zum Trotze,
die entweder gar nicht existiren, oder doch in ein Journal
durchaus nicht gehören. Urganius nahm Fleisch und
Blut an; er wurde ein finsterer Zauberer, auf dessen
Wink der ganze Satz sich verunstaltete und greulichen
Unsinn abdruckte.

Bei dem Erwachen konnte ich nur lächeln über die
überschwänglichen Tollheiten, von denen mir einige in
der Erinnerung hängen geblieben waren, und von denen
ich mir wiederholt sagen durfte: Nein, Gott sei Dank,
das ist doch unmöglich; magst Du Dein Lebelang noch so
wüthend von Druckfehlern verfolgt werden, — solche,

wie der vergangene Traum Dir gezeigt, bringt die Wirklichkeit nicht zu Stande!

Ja, ich dachte was mir wäre! Triumphire Niemand zu früh!

Die Wirklichkeit ist jetzt da, sie liegt vor mir in fünf
Blättern der Bohemia, welche S. mir zur Ansicht gesen-
det, damit der Verfasser sich am Anblick seines Geschwätzes
schwarz auf weiß labe, und siehe, gleich auf der ersten
Seite, in der vorletzten Zeile der zweiten Spalte fällt
mein Blick auf einen Druckfehler, der alle Ausgeburten
des phantastisch-dämonischen Grippetraumes an Kühn-
heit übertrifft; ja, ich muß demuthvoll bekennen: mein
Verhängniß in Allem, was Druckfehler heißt, ist mächtiger, schöpferischer, an Qualen erfinderischer, denn der
erfindungsreichste Traum. Die Stelle heißt:

„Raupach reisete nicht nach Düsseldorf, um sich Immermann, so wenig wie er nach Speier oder Palmaria
reisete, um sich Platen zu versöhnen."

Nach Speier reisen!.... Verwünschtes Wort! Welche
katzenjämmerliche Reminiscenzen aus der Burschenzeit
werden dadurch angeregt. Im ersten Augenblicke begriff ich
nicht, wo es herkam? Konnte mich, erschreckt wie ich war,
nicht besinnen, was ich denn hatte sagen oder schreiben
wollen, und welch' unseliger Ort es eigentlich sei, woraus
des Setzers ironischer Griff die selige Reichsgerichtsstadt
ge-, vielmehr ver-bildet haben könnte? Platen hat meines Wissens niemals in Speier gelebt! Erlangen, An-
spach, München, dort wär' er zu suchen gewesen, ehe er

nach Italien zog, und als er aus Italien zurückkehrte. Aber Speier.....

Und ich erinnere mich, daß ich einen Brief des großen Dichters besitze, der meiner Verzweiflung auf die Sprünge helfen könnte. Ich suche nach und finde am Schlusse desselben folgende Bemerkung: „Sie addressiren Isola Palmaria, vicina a Porto Venere, golfo della Spezia!"

Da ist's gelöset, das düstre Räthsel. Spezia hatte ich geschrieben. Und der Setzer hatte richtig gelesen: S—p—e; dann jedoch hat er mein z für ein y genommen, hat es in ein i verwandelt, und aus i—a hat er in eigener Machtvollkommenheit: e—r gemacht.

So ist aus Spezia Speier entstanden.

Gestehen Sie ein, daß ich für meine Rodomontade, mit einem Briefe Platen's gleichsam prahlen zu wollen, hart genug bestraft worden bin! Hart, dennoch gerecht; denn der Brief ist gar nicht an mich gerichtet, und ich darf nicht einmal verrathen, an wen. Ich wollte mich der Lesewelt als Geograph darthun; wollte, nur hingeworfen, andeuten, wie mir sehr wohl bekannt sei, daß man nach Palmaria über Spezia gelangt, und nun hab' ich sämmtlichen Lesern den Weg über Speier vorgeschlagen und stehe vor den kleinsten Schuljungen als Ignorant da. Höhnisch lachend schlagen sie auf ihr geographisches Schulbüchlein und einer ruft dem andern zu: „Speier sucht er in Italien, der alte Esel!" Ja wohl, der alte Esel, der seinen eigenen Ausruf: i—a nicht einmal deutlich genug hinzumalen verstand, so daß e—r daraus werden konnte!

Dieser Druckfehler, all' jene unzähligen Brüder und
Schwestern, mit welchen ich auf langer, dornenvoller
Autorlaufbahn gequält worden bin, weit übertreffend, ist
ein trauriges Anhängsel für den heutigen Christbaum.

Ich war auch schon so verdrießlich darüber, daß ich,
im ersten Unmuth, den Festabend ungefeiert lassen und
in geheimnißvollem Halbdunkel mit meinen Druckfehlern
allein sitzen wollte. Da dringen meine Enkel ein und
fragen ängstlich nach ihren Weihnachtsbäumen. Was
wissen die armen Kinder von Druckfehlern? Was können sie dafür? Ahnen sie doch nicht einmal, was ein
deutscher Schriftsteller sei! Und noch weniger, daß ihr
Großvater zu dieser großen Schaar gerechnet wird, wenn
er auch kaum mitzählt.

Also rasch die hundert und aber hundert Wachskerzen
hervor! Aus dem Kasten die kleinen, blanken Zinn-
leuchter heraus, die ich gestern bei meiner Freundin, der
steinalten Zinngießer-Frau am „Kapaunen-Plätzel,"
einkaufte. Ich hatte im vorigen Jahre der Guten versprochen, heuer wieder bei ihr einzusprechen, wenn wir
Beide noch am Leben wären. Gestern hielt ich mein
Wort und fand sie wie immer unbeschäftigt in ihrem
armseligen Laden; denn ich bin, fürcht' ich, ihr einziger
Kunde. Na, Mutter, rief ich ihr zu, noch leben wir, und
da bin ich wieder.

Ich lebe wohl, erwiederte sie, aber mein Mann ist
gestorben. Es geht uns erbärmlich; sieben Kinder: drei
Töchter arm verheirathet, vier Söhne, zwei sind krank,
und zwei in der Noth. —

O weh, das sind noch schlimmere Druckfehler, als von Speier nach Palmaria!

Also murre nicht, grauer Buchmacher. Geh' und zünde Deine Kerzen an, und wenn die Kleinen am flimmernden Lichtschein sich ergötzen und über bunte Spielereien jubeln, danke Gott, der Dir vergönnte, mit schwacher Feder zu erwerben, was den schönsten, heiligsten aller Abende schmückt.

Für jeden Druckfehler ein brennendes Lichtlein! So werden sie abgebüßt, die Sünden und Gebrechen Deiner schlechten Handschrift.

Und möge jedem unserer Leser und jeder unserer Leserinnen jetzt, wo ich diese Zeilen schreibe, ein frischer Tannenbaum mit unzähligen Kerzen entgegen duften!

Auch meinem Setzer, auf die Gefahr hin, daß er vom Lichtglanz geblendet, Druskehler statt Druckfehler als Ueberschrift setze, wie einer seiner Vorgänger in der edlen Schriftsetzerkunst es einst wirklich gethan.

Einer verehrten Redaction wünsche ich aber die höchsten, grünsten Bäume, die hellsten Lichter, die fröhlichsten Gaben für Sie und die Bohemia, und verharre als demüthiger Mitarbeiter,

H.

Mama Beer.

Es scheint mir merkwürdig, daß eine der bekanntesten und vielgesungensten Melodieen Meyerbeer's auf die Behauptung geht: „Das Gold ist nur eine Chimäre!" Wenn man freilich unter Chimäre ein fabelhaftes und entsetzliches Ungeheuer versteht, dann ließe sich eine gewisse Beziehung zum Golde leicht herausfinden. Soll das Wort aber ein leeres Hirngespinnst, ein Erzeugniß der Einbildung, ein Nichts bedeuten, — dann, dünkt mich, wäre Maestro Giacomo der Letzte gewesen, der Grund wie Neigung gehabt hätte, seinen eigenen Gesang anzustimmen. Denn unser lieber Meister hatte viel Gold und Goldeswerth. Und ich gönnte es ihm von Herzen, weil ich mich überzeugt habe, daß er es würdig zu verwenden wußte; daß er Gutes übte...vielleicht mehr im Stillen, als mit Ostentation. Ich sah ihn spenden, geben, helfen voll Bereitwilligkeit, und bittend: sein Name möge dabei nicht genannt werden. Das liegt in der Familie. Man ist nicht für Nichts und wieder Nichts der älteste Sohn von Herz Beer, von Amalie Beer. — Ich bin kürzlich auf traurige, mich wenigstens betrübende Weise an jenes verstorbene Ehepaar, an sein gastliches Haus erinnert worden. Es kam mir ein Berliner Schreiben zu, worin es unter Anderem heißt: „Das allbekannteste Haus am Exercierplatze ist zur Turnanstalt für Marine-Cabetten geworden." Das Beer'sche Haus im Thiergar-

ten! Welche Welt von Erinnerungen erhebt sich bei
diesem Gedanken! Da ging ein und aus, was bei Hofe
strahlte, was im Staate waltete, was vom Lehrstuhle
unterrichtete, was in Leben, Wissen, Künsten glänzte;
Reich und Arm, Vornehm und Gering, Einheimische wie
Fremde! Ich betrat die Schwellen dieses in ganz Europa
bekannten und mit dankbarer Achtung genannten Hauses
zum ersten Male, als ich beim Königstädter Theater angestellt wurde. Das Königstädter Theater, neu erbaut,
kürzlich gegründet, von einer aus Actionairen erwählten
siebenköpfigen Direction geleitet (als deren Secretair ich
fungirte), war Vater Beer's Puppe. Dort wirksam,
nützlich, dafür eifrig, hieß zugleich bei Herz Beer heimisch,
hieß: ein Kind seines Hauses sein. Wenn ich draußen
bei ihm getafelt hatte, — denn das war ein süßes onus
des Theater-Dichters und Secretairs, der trotz aller
Leckerbissen manchmal gern in seinem stillen Stübchen
bei Hausmannskost geblieben wäre, — und wenn dann
die Theaterstunde schlug, dann litt es den dicken Herrn
nicht länger im Thiergarten, mochte der Abend noch so
lieblich, mochte die Gesellschaft noch so auserlesen sein.
Zur bestimmten Stunde hielt Kutscher Lindner vor dem
Eingangs-Portale, und hinein ging es in die staubige
Stadt. Lindner war ein guter Kutscher, aber ein Pfiffi-
kus daneben, der es verstand, auf seine Weise sich anzu-
schmeicheln. In der Königsstraße wußte er es gewöhnlich so geschickt einzurichten, daß er mit anderen Wagen
in Conflict gerieth; daß er ein Weilchen still halten
mußte. Erscholl die Frage heraus: Was giebt's denn,

Lindner? So kam regelmäßig die Antwort zurück: „Ach, Herr Beer, es geht ja nicht vom Flecke; seitdem das „Königstädter" steht, giebt's hier um die Theaterstunde ein ewiges Gedränge!" Diese so barsch wie möglich ertheilte Auskunft schmeckte dem Protector des neuen Musentempels angenehmer als die reinste Raffinade aus seiner Zuckersiederei: „Ich muß Ihnen sagen," wandte er sich dann lächelnd zu mir, „ich hab' ein großes Vergnügen von der Sache!"

Guter Herz Beer; redliches, wohlwollendes, oft getäuschtes Herz, auch dabei lief manche Täuschung mitunter. Denn es fügte sich wohl an schönen, heißen Sommertagen, daß wir das Theater (d. h. wo Henriette Sontag nicht auf dem Zettel stand) ganz leer fanden, und dann unterlag es keinem Zweifel: Lindner hatte abscheulich geflunkert. Doch darüber vermieden wir jegliche Auseinandersetzung.

Es gehört nicht hierher, wie Vater Beer's plötzlicher Tod eine schon lange im Dunkeln arbeitende Kabale gegen die erste Direction zum Ausbruch förderte; wie eine zweite aus der bisherigen Opposition entstand; wie selbige die schöne Anstalt ihrem Untergange zuführte und endlich einem Vorsteher in die Hände spielte, der weder schreiben noch lesen konnte und dennoch mächtige Gönner hatte.

Wir wenden uns nach vorangegangener kurzer Einleitung der Wittwe Amalie Beer zu, mit welcher ich Dich, geehrter Leser, ein Bischen bekannt machen will. Die Mutter des strebsamen Astronomen Wilhelm, den

Mädler, Karl Ritter, Alexander Humboldt und dergleichen Männer ihren Freund nannten; des jungverstorbe-
nen Michael, dessen poetischer Nachlaß eines edlen
Menschen Grabmal schmückt; des tonreichen Giacomo
(Meyerbeer heißt er von einem Verwandten, der ihn
als Erben einsetzte); diese Frau verdient schon um ihrer
Söhne willen, daß man von ihr spreche. Und das thu'
ich voll Pietät, der hübschen Aeußerung gedenkend, welche
ich in einem französischen Buche von Charles Barbara
fand: „Die Zurückbleibenden sollen die Geschichte der
Vorangegangenen zu schreiben versuchen; das ist in der
Ordnung.‟

Mama Beer zählte noch einen vierten Sohn, Heinrich mit Namen. Von dem hab' ich nicht viel zu berichten. Es cursirte ein Geschichtchen echt berlinischen Schla-
ges, diesen Heinrich betreffend. Ein Fremder hätte der
Mutter Glück gewünscht, daß sie den Gelehrten, den
Dichter, den Componisten zu Söhnen habe; nur der
Maler fehle ihnen. Dafür ist der Pinsel wenigstens
vorhanden, wäre ihre Erwiederung gewesen. Wer die
Verstorbene kannte, weiß auch, daß diese Anekdote erfunden ist. Denn so hart würde die alte Dame von Heinrich, trotz seiner Schwächen, nie geredet haben; und dann
war dieser Nichts weniger als ein Pinsel. Ich wage kein
Urtheil über ihn. Ich erwähne nur einen Umstand, der
viel Gerede und viel Erstaunen erregte. Heinrich liebte
zwei Dinge vorzugsweise: das Theater (das lag im
Blute) und das Kartenspiel. Nicht etwa, daß er ein
Hazardspieler von Profession gewesen wäre! Nein, er

pflegte seine solide, spießbürgerliche, philisterhafte „Partie;" — mit wem aber pflegte er diese? Wer waren die drei Männer, die gewöhnlich an seinem Spieltisch saßen? Ein Kaufmann Sparkäse, ein Stallmeister Schur — und — und — jetzt kommt der Gegenstand des Erstaunens: — Hegel, der Philosoph.

„Das Sein ist das Nichts, und das Nichts ist das Sein."

Wie Mutter Amalie ihre Söhne vergötterte, — ich meine die drei erstgenannten, — das geht über alle Beschreibung. Sie labte sich an ihrem Lobe, sie lebte in ihren Bestrebungen, sie verjüngte sich mit ihren Erfolgen. Eine wissenschaftliche Broschüre von Wilhelm, ein Schauspiel von Michael, eine Oper von Giacomo, — darüber ging ihr Nichts! Daß Michael's Tragödieen die Bühnenwirkung nicht erlangten, welche wohlgesinnte und warme Freunde ihnen vorher zu verkündigen pflegten, nagte und zehrte wie ein Wurm am Herzen der zärtlichen Mutter. Ja, es hätte sie vielleicht verzehrt, wenn nicht Meyerbeer's Triumphe sie zu rechter Zeit wieder neu zu beleben und zu verjüngen bestimmt gewesen wären. Glücklicher als Vater Beer machte sie dies Alles noch mit und erquickte sich daran, nachdem sie lange genug darauf hatte harren müssen. Denn seine ersten Werke drangen ja nur in einigen Städten Italiens entschieden durch; und wenn auch bei der ersten Aufführung des Crociato in der Scala die beifallrasenden Mailänder nach ihrer Loge hinauf-jubelnd jauchzten, laut ausrufend: la madre piange! wenn auch dieser

Kreuzritter sammt Margarethe von Anjou in Paris
Beifall fanden, so war dies doch immer noch nicht der
eigentliche, ersehnte, kolossal-europäische Succeß, dessen
Echo dann auch aus der neuen Welt zurückschallt.   In
Berlin, im rigoristisch-musikalischen, lange gegen Rossini's
Zauber verschlossen gebliebenen Berlin; im Gluck'schen,
Mozartischen, nur bedingungsweise Spontini'schen Berlin; in des Maëstro's Vaterstadt wollte man Nichts von
ihm wissen und bespöttelte nur nachträglich seine quasi
zu Grabe getragene Emma von Resburg.   Mama Beer
aber war viel zu sehr Berlinerin, um sich mit solchen
Ovationen zufrieden zu stellen, die ihr die welschen Verehrer des Componisten widmeten.   Sie wollte den Sohn
dort anerkannt hören, wo seine, wo ihre Heimath war.
Die reiche Frau hatte alle großen Städte gesehen — sie
zog Berlin allen vor.   Sie war die echte, richtige, alte,
getreue Berlinerin im ehemaligen besten Sinne des
Wortes. — Ich weiß nicht, ob es heute noch anwendbar
wäre, wie ich es meine?   Meyerbeer mit seinem scharfen
Verstande sah wohl ein, daß er in Berlin erst dann
entschieden durchbringen könne, wenn er anderswo
triumphirt habe; und dies nicht in irgend einer Stadt
Italiens, sondern kurzweg in Paris.   Von dort aus
mußte er seinen Landsleuten wie ein Fremder, in Lor-
beerblätter wohl verpackt, als ausländische Waare zuge-
schickt werden.   Da ging es denn auf das tausend und
aber tausend Mal seitdem gesungene Prachtstück „Robert
der Teufel" los.   Ich habe immer sehr beklagt, daß der

Text zu dieser, von reichen Melodieen strotzenden Oper
so unklar und verworren ist. Die Schuld dabei trifft,
wie ich glaube, nicht den eminenten Scribe, welcher ja
seine unerreichte Meisterschaft im Scenenbau vielfältiger
Dichtungen dieser Art hinreichend bewährt hat. Ich
glaube die Ursache darin suchen zu müssen, daß Robert
le diable (ursprünglich für die komische Oper bestimmt)
eine ganz andere Anlage hatte, und späterhin erst, auf
des Componisten ausdrückliches Begehren in eine ernste,
große Oper umgestaltet werden mußte. Doch dies aus
den Fugen rücken hinderte nicht den beispiellosen Erfolg.
Ich befand mich bei Mama Beer, als die ersten Nach-
richten über die erste pariser Aufführung eintrafen. Tele-
graphen (d. h. elektrische und dem Publikum zugängliche)
gab es damals nicht; nicht einmal Eisenbahnen. Sie
kamen auf ganz gewöhnlichem Wege mit der Post an,
wie andere Briefe. Auf drei Glückwunsch-Schreiben,
unter so vielen an die in Wonne schwimmende Mutter
gerichteten, besinne ich mich so deutlich, als ob ich sie
gestern gelesen hätte. Das erste war von Alex. Humboldt. Dieser Allerwelts-Mann verstand von Musik
nicht das Geringste; ich meine ihm nicht Unrecht zu thun,
wenn ich sage, daß er sie haßte. Gleichwohl hatte er's
für Pflicht gehalten, der „hochverehrten, würdigen Mutter
seines theuren Freundes" ausführlichen Bericht abzu-
statten. Die Daten dazu schien er sich nun von Loge zu
Loge bei allen Kennern und Freunden der Tonkunst zu-
sammengetragen zu haben. Sein Brief glich einer

höchst gewissenhaft abgefaßten Spezifikation sämmtlicher anerkennender Urtheile über sämmtliche einzelne Nummern des Werkes. Er wäre in seiner pedantischen Genauigkeit, aus der auch nicht eine Silbe eigener kennerischer Einsicht, oder auch nur laienhafter Entzückung herausklang, geradezu komisch gewesen, hätte nicht jeden unbefangenen Leser zugleich einige Rührung ergriffen, bei dem Gedanken, daß ein Mensch wie Humboldt solch' ungeheures Opfer zu bringen, sich in eine für ihn gänzlich fremde Welt mühsam hinein zu arbeiten im Stande gewesen, — blos um der alten, von ihm aufrichtig geachteten Frau eine Freude zu bereiten. Das zweite war von Spontini, der eben auch nach Paris gereist war, vielleicht (Gott verzeihe mir's, wenn ich ihm fälschlich dies Motiv unterschiebe!) in der Hoffnung: einem Fiasko beizuwohnen? So viel ist gewiß, daß er zum Erfolge ein süß-saures Gesicht schnitt. Sein Brief bewegte sich in angemessenen Formen, schien aber mehr mit Eis, wie mit Dinte geschrieben zu sein, und zwischen pomphaften Floskeln grinsete die Furcht heraus: „Diese Oper werd' ich vom Berliner Theater nicht fern halten können!"

Desto frischer, lebhafter, inniger zeigte sich das dritte Schreiben von Rossini. Da war keine Spur von Zurückhaltung, von selbstsüchtigen Nebenideen, von Neid zu entdecken. Herzliche Künstlerfreude, lustige Kameradschaft, fröhliches „Evviva!" tönte melodisch aus der Handschrift des fröhlichen Lebemannes, der sich sagt: Meine Kränze raubt er mir doch nicht, weshalb soll ich ihm die seinigen nicht gönnen? Und die Art, wie er der

Mutter zu solchem Sohne Glück wünschte, hatte etwas
so Natürliches, Liebevolles, daß man den Brief nicht
ohne Thränen im Auge zu Ende brachte.

Ich wollte aber hier von ganz anderen Dingen reden
und bin nur plaudernd und schwatzhaft vom eigentlichen
Kern dieses Erinnerungsblättchens abgekommen. Ich
wollte darauf hindeuten, was Amalie Beer, die zweifach-
reiche Erbin, die reiche Wittwe, die dreimal reiche Frau
für die Armen gethan, für die Leidenden und Kranken.
Deshalb auch bot ich diesen kleinen Beitrag der Redaktion
eines Kalenders an, welcher den Titel „Charitas"
führt; so steht auf dem Titelblatte, so heißt es im Leben
und Thun des edlen Freundes, der mit Herz und Geist
einem großen, frommen Werke sich opfert, des menschen-
freundlichen Gründers und Erhalters jenes musterhaften
Kinderhospitales in Prag; des unermüdlichen Arztes und
Helfers Prof. Dr. Löschner*). Charitas war auch das
Losungswort unserer unvergeßlichen Amalie, die bis
in's späteste Greisenalter eigentlich nur zwei Freuden,
zwei Lebensgenüsse kannte (denn in ihren persönlichen
Bedürfnissen blieb sie eben so mäßig wie anspruchs-
los), deren Dasein sich nur um zwei Ideen drehte:
Glück, Anerkennung, Ruhm ihrer Söhne — und
Wohlthätigkeit! Was sie gethan mit unerschöpflicher
Aufopferung, voll patriotischer Treue, in den Jahren
1813, 14, 15, das künden die Annalen jener Zeit des
gewaltigen Aufschwunges. Und wenn ihre Verdienste

*) Siehe den Aufsatz: „Das Kinderspital in Prag."

nicht bezeichnet wurden durch den sinnigsten aller
Orden, durch das nur für hochherzige Frauen gestif-
tete Louisenkreuz, so fiel diese (allerdings von ihr schwer
empfundene) Entbehrung ihr gewiß nicht so schwer,
als es unserem guten Könige gefallen ist, gerade ihr
diesen Beweis seiner Dankbarkeit zu versagen. Aber
Friedrich Wilhelm der Dritte hielt nun einmal die Ansicht fest, eine Jüdin dürfe mit dem Zeichen des Kreuzes
nicht belehrt werden*). Dafür jedoch gab ihr der gerechte Monarch einen schönen Beweis herzlicher Achtung
und Huld, den meines Erinnerns sonst Niemand mit ihr
theilte. Als auf seinen Befehl von Rauch's himmlischem
Marmorbilde aus dem Charlottenburger Mausoleum
einige wenige Abgüsse für die Kinder der schönsten, edelsten Königin genommen wurden, — da empfing Amalie
Beer in diesem Meisterwerke ihren Ersatz für das Louisenkreuz. Die Brust der Jüdin war mit dem Orden nicht
geschmückt worden; aber der treuen Preußin, der deutschen Frau warmschlagendes Herz ehrte der König mit
solcher Gabe des Herzens. Wer entsinnt sich nicht, der
jemals das gastfreie Haus am Thiergarten betreten, jener
Gruppe von düsteren Cypressen und andern ernst-grünen
Gewächsen, die sich zur Laube wölbten über der genialen
Schöpfung des unsterblichen Bildners; über dem in
Schlummer gehüllten Antlitze voll reinster Weiblichkeit,

*) Unseres Wissens hat Sein Nachfolger ihr späterhin diese An-
erkennung nachträglich gewährt.

voll sanftester Majestät. Auf dieses Geschenk war die Herrin des Hauses stolz, und sie durfte es sein.

Wir Alle, die wir in engen Verhältnissen vielleicht kümmerlich uns bewegen und durchschlagen, auch wir erfahren es täglich, wie viele Menschen es giebt, die, noch ärmer als wir, in ihrer Noth uns für reich genug halten, von uns Beihilfe zu fordern, zu erwarten.

Mögen wir gern geneigt sein zu geben, zu unter-stützen; oft wird es uns denn doch zu arg, und wir fer-tigen die Bittenden unfreundlich ab. Erwägen wir nun, welch' eine unübersehbare Masse von Ansprüchen noth-wendigerweise diejenigen bedroht, die, in einer großen Stadt lebend, mit Recht für reich gehalten werden; deren Freigebigkeit sprüchwörtlich geworden ist; wie die For-derungen, welche Elend, Mangel, Bedürfniß, nicht minder Faulheit, schlaue List, unwürdiger Betrug an sie stellen, mit dem Rufe ihres Reichthums steigen, — da lernen wir begreifen, daß auch die vollste Kasse zu Zeiten nicht mehr genügt, Alle zu befriedigen; daß sogar ein kolossales Vermögen schmelzen müßte vor den hitzigen Angriffen und Belagerungskünsten, welche dagegen ge-richtet werden. Von diesen Stößen täglich eingehen-der, mit Certifikaten jeder möglichen und unmöglichen Gattung ausgestopfter Bittschriften; von der theilweise darin dargelegten Unverschämtheit kann sich doch nur einen Begriff machen, wer oft Zeuge davon gewesen ist. Mich überfiel nicht selten ungeduldiger Zorn, wenn ich sah, wie die arme reiche Frau gequält wurde; wie man ihr buchstäblich kaum Zeit ließ, einen Löffel Suppe zu essen. Denn das ging seinen Weg unausgesetzt, und die Diener durften Nichts zurückweisen.

Ein Zug, der mir jetzt eben vor's Gedächtniß tritt, mag Mama Beer bezeichnen; besser als die breiteste Schilderung vermöchte.

Wir hatten uns zu Tische gesetzt. Es war keine größere Gesellschaft zugegen; nur wenige Hausfreunde. Ich befand mich Frau Amalien zur Seite, und sie erzählte mir gerade, daß es ihr heute doch ein wenig zu viel geworden mit Bettelbriefen. Bald muß ich selbst betteln gehen, sagte sie; ich habe mich völlig ausgesäckelt. So kann's nicht bleiben. Es wird ein Etat gemacht werden für diese Ausgaben, und den überschreite ich dann nicht mehr. —

Das scheint mir denn doch höchst unnütz, wendete ich ein; Sie können ja unmöglich „Nein" sagen, wenn Sie gebeten werden. Was soll der Etat? —

Sie werden sehen, daß ich es ja kann, erwiederte sie; ich habe mir's fest vorgenommen? —

In diesem Augenblicke reichte ihr ein Diener links eine Schüssel, und ein zweiter legte rechts ein dickes Schreiben vor ihr auf den Tisch, dem man viele Schritte weit den mit Attesten gespickten Bettelbrief ansehen konnte. — Was ist das? fuhr sie auf. Wie so unterstehen Sie sich, mir heute noch ein solches Ding zu bringen? Wollen Sie vielleicht das Hundert voll machen? Fort damit! ich will's nicht sehen! —

Der erschrockene Diener trug das Paket auf einen

andern Tisch. Wir fanden den Unwillen der sonst so guten Frau ganz erklärlich, und Jeder befleißigte sich tiefen Schweigens über den Gegenstand.

Die Teller waren noch nicht gewechselt, als Frau Amalie den Diener fragte (doch immer noch in verdrüß- lichem Tone): wer hat das abgegeben?

„Ein kränklicher Mann, Madame Beer; er sah so bekümmert aus. Sonst hätt' ich's nicht angenommen; heute schon gewiß nicht." —

Fräulein Antoinette von Montalban, die innig erge- bene Freundin und Gesellschafterin, lächelte mir über den Tisch zu, als wollte sie sagen: Warte nur, es wird noch besser kommen! Sie kannte ihre Gönnerin.

Es wurde ein andres Gericht präsentirt. Frau Amalie ließ es unberührt vorübergehen. Der Aerger, versicherte sie, habe ihr die Eßlust geraubt. Der betrof- fene Diener schlug im Bewußtsein, dies verschuldet zu haben, erröthend die Augen nieder. Geben Sie her! rief sie ihn plötzlich an. Er stürzte sich auf die Schüssel, hoffend, der Appetit, den er verscheucht, kehre zurück. Nicht doch, den Brief will ich haben; ich will sehen, was der Mann für eine Hand schreibt! — (Antoinettens Lächeln ging in Lachen über.) Kaum hielt sie das Paket, so riß sie auch das unförmliche Siegel auf, und machte große Löcher in mehrere festgeklebte Papiere. Die Zeug- nisse schob sie bei Seite. Den an sie gerichteten Brief gab sie mir, ich sollte ihn vorlesen. Der Mann war ein Handwerker; Kinder, Frau, er, waren krank gewesen; Arbeitszeug und Hausgeräth versetzt. Eine bestimmte

angegebene Summe konnte ihn retten, wenn er sie noch
im Laufe der nächsten Tage empfing. Das Schreiben
war verständig, bescheiden abgefaßt. Einige amtliche
Beilagen bestätigten, daß er ein vorwurfsfreier, ordent-
licher Bürger sei.

Steht die Adresse im Briefe? fragte unsere Wirthin.

„Gewiß, Madame Beer; schon die Gegend wo er
wohnt giebt Zeugniß von seiner Armuth." —

Es war am entgegengesetzten Ende der Stadt; schier
eine Meile weit. Sie stand auf und kam sehr bald mit
einer Handvoll Kassenanweisungen zurück, die sie mit
sämmtlichen Zeugnissen in den Umschlag hüllte. Dann
winkte sie den hartangelassenen Diener herbei: „Jetzt
gleich tragen Sie das hin, und lassen Sie sich bescheini-
gen, daß der Mann seine Papiere zurückerhalten hat
und sein Geld auch. Gehen Sie rasch, zur Strafe, daß
Sie mir mein Mittagessen verdorben!" —

Kaum war er hinaus, so rief sie den andern Diener:
Geben Sie mir 'was zu essen! jetzt hab' ich Hunger! —

Aber Ihr Etat, Madame Beer? fragte ich.

Lassen Sie mich ungeschoren mit meinem Etat, antwortete sie; werd ich mich lassen auch noch auslachen? —

Das fiel vor im Jahre 1832.

Als ich im Jahre 1850 durch Berlin reiste, waren
Heinrich und Michael längst begraben; Wilhelm kurz
vor meiner Ankunft gestorben. Ich fürchtete, die sehr
alte Frau durch mein Erscheinen zu erregen, und beschloß,
ihr keinen Besuch zu machen, was um so natürlicher
war, als ich nur wenige Tage in Berlin verweilte.

Sonnabends war ich eingetroffen. Sonntags speiste ich bei Alexander Dunker's Schwiegereltern, und wie ich nach meinem Hôtel heimkehrte, erblickte ich die Beer'sche Equipage vor dem Hausthor. Frau Amalie saß darin, meiner harrend. Ich mußte einsteigen und mit ihr hinausfahren. Lange saß sie schweigend neben mir. Dann hub sie an: „Cacadu" — (Dies war mein Spitz-name im Beer'schen Familienkreise) — „Cacadu, Sie sollen mir eine Grabschrift machen für meinen Sohn Wilhelm. Ich hätte nicht gedacht, daß ich den auch begraben würde. Alle todt! Alle todt! Und ich lebe noch, Cacadu."

Und Giacomo?

„Gott sei gelobt, ja, der lebt auch noch!" —

Ich habe sie nicht wieder gesehn. Im Jahre 1854 ist sie altersmüde sanft gestorben. Aber ihr Andenken lebt, und wird leben bei ihren Zeitgenossen. Wäre mir der Auftrag geworden, ihr Grabmal mit einer Inschrift zu versehen, ich hätte Nichts in den Denkstein graben lassen, als:

Charitas.

Ueber unser heutiges Theaterwesen.
(1858.)

Von den geehrten Lesern, denen nachstehender Aufsatz vor Augen kommt, mag mancher sich erinnern, wie einst-mals — es ist lange her — Ludwig Tieck aus seinem

wohlbekannten Lehnsessel häufig den Ausspruch that:
Erst muß das deutsche Theater ganz tief sinken, eh' es sich
wieder aufrichten und neu beleben kann. Ein Theil
seiner Vorhersagung ist nun eingetroffen. Viel tiefer,
sollte man meinen, als es jetzt herabgekommen ist, läßt
sich's kaum denken. Dennoch nehmen wir keine Auf-
richtung und Erhebung im Allgemeinen wahr. Was
hier und da im edleren Sinne geschieht, steht vereinzelt,
ohne organische Verbindung mit dem Ganzen, ohne
Einfluß auf das Ganze. Die vollständigste Anarchie
herrscht in der Bretterwelt. Der Anfang des Endes ist
gekommen.

Wer soll, wer kann helfen?

Wenn Jemand, indem er über den Mangel an Talenten für Plastik, Malerei, Composition, Poesie, Klage
führt, von der Regierung verlangen wollte, daß sie Rath
schaffte, so würde man ihn für verrückt halten; denn die
Talente verleiht der liebe Gott allein. Aber darin unterscheidet sich die dramatische Kunst (wenn wir sie so nennen
wollen) von den übrigen Künsten, daß sie neben jenen
producirenden im besten Falle eine reproducirende bleibt,
und daß, was hier noch wichtiger wird, keiner ihrer
Jünger berufen ist, allein und selbstständig zu wirken,
sondern daß sie vielmehr ja ihren Hauptzweck, ihre Bedeutung erst in gemeinschaftlicher Ausübung Mehrerer
und in deren sich unterordnendem entsagendem Ge-
horsam findet. Wer sich diesem obersten Gesetz theatralischer Darstellung nicht fügt, wird mehr schaden als
nützen, und je größer seine Begabung ist, desto schädlicher

wird sein Beispiel sein. Wer jedoch diese Ansicht festhält, alle Kräfte daran setzend in ihr aufgeht, der vermag auch mit geringen Mitteln, bei gutem Willen und angestreng- tem Fleiß, ein höchst schätzbares Mitglied der Bühne zu werden, welcher sein Streben gewidmet ist.

Aus diesem Gesichtspunkt allein betrachte ich die An- sichten, die ich hier anzudeuten versuchen will. Auf sie gestützt wage ich auszusprechen, daß unser heutiges Theater nur noch durch entschiedenes Einschreiten der Regierungen — das heißt wenn diese, soweit die Macht der deutschen Bundesstaaten*) reicht, gemeinsam und zugleich handeln! — von seinem gänzlichen Verfall zu retten ist. Ich will ohne Vorrede zur Sache übergehen, und ziehe vor, einzelne Bemerkungen und Erörterungen, welche als Einleitung dienen könnten, in den Verlauf dieses Aufsatzes einzuflechten.

Letzterer zerfällt in drei Abtheilungen, die sich von selbst machen, indem wir fragen: was zu theatralischen Aufführungen gehört? und uns die Antwort ertheilen: 1) Theaterdichter, 2) Darsteller, 3) Publikum.

Theaterdichter habe ich geschrieben; richtiger wär' es gewesen zu sagen: dramatische Schriftsteller, oder noch bezeichnender: Bühnen-Schriftsteller. Denn es kann Einer gar ein lieber, beliebter, bedeutender Dichter, und doch der Bühne von keinem Nutzen sein; und es braucht hinwiederum Einer nichts weiter zu sein als ein Schrift-

---

*) Das war 1858 in's Leere, Blaue geredet. Vielleicht gestalten sich von 1866 ab die Zustände auch für's Theater besser?

steller von Verstand und Geschick, und kann dem Theater die ersprießlichsten Dienste leisten, ohne doch Poesie im höchsten oder tiefsten Sinne des Wortes zu besitzen. Daß der größere Dichter, wenn er das Wesen des Theaters zu erfassen, sich dessen Ansprüchen zu schmiegen weiß, immer der bessere Bühnenschriftsteller sein wird, versteht sich ja von selbst. Daß aber der hochbegabte Poet, sogar hoch=begabt in drastisch=großartiger Auffassung und Bear=beitung seines Stoffes, für's Theater völlig unbedeu=tend und ohne Einfluß bleiben kann, das lehrt uns leider die Erfahrung. Es ist so, weil dramatisch und theatra=lisch zweierlei ist. Zwar was theatralisch dauern soll, muß dramatischen Kern haben. Nicht alles aber, was dramatisch=poetisch lebt, wird auf den Brettern lebendig. Ein dramatisches Gedicht als solches wird durch nichts begrenzt, als durch das Gesetz innerer Wahrheit. Auf dem Theater giebt es äußerliche Grenzen, durch Form, Raum, Zeit, ja sogar durch Brauch und Sitte, manch=mal durch Mißbräuche und Unsitten gezogen, die sich nicht ungestraft übertreten lassen. Daher der Irrthum so Vieler.

Auch ist's nicht möglich, eine Bühne mit sogenannten classischen Stücken zu erhalten. Diese sind unentbehrlich wie alles Große und Schöne auf Erden, soll der Mensch nicht im Irdischen untergehen. Nur machen sie das Mittelgut nicht entbehrlich — weder den Darstellern, noch den Zuhörern. Ein Repertoir ohne Mittelgut wäre eine ununterbrochene Reihe von aufregenden Feier= und Festtagen. Niemand vor und auf der Bühne hielte

dabei aus. Diejenigen, welche mit kritischen Trompeten-
stößen gegen Schriftsteller zweiten, dritten Ranges eifern,
würden die ersten sein, welche wegblieben, wenn man
ihnen vier Wochen hinter einander Calderon, Shakespeare, Molière, Schiller und Goethe vorspielte. Wie
viel rascher würden sie davonlaufen, wollte man ihnen
auch noch in ununterbrochener Reihe dasjenige darbieten,
was sie neben jenen, aus verschiedenen oft persönlichen
Gründen, jetzt anpreisen, um es zur Darstellung zu em-
pfehlen.

Schon Gutzkow hat es gesagt: „die Menge muß
es bringen!" Wir brauchen neue, mit Geist und Gewandtheit gemachte Theaterstücke. Wie sich die Schauspieler, unserer oben angedeuteten Meinung nach, von
andern Künstlern unterscheiden, unterscheiden sich auch
die Theater-Schriftsteller und resp. Dichter von allen
andern Schriftstellern und Dichtern. Deshalb verzeihen
wir nicht blos den großen Poeten, wenn sie schon
erfundene Stoffe, sogar schon dramatisirte Stoffe, für
ihre Bretter umschaffen; wir verzeihen auch denen, welche,
weit entfernt Shakespeare zu sein, der Gegenwart an-
passen, was längst veraltet war — wofern solche Versuche
nur gelingen. Daß beliebte Theaterstücke so schnell veralten können, ist eben ein Beweis für das immer vor-
handene Bedürfniß neuen oder erneuerten Vorrathes.
Nicht die ursprünglich schaffende Produktionskraft ori-
gineller Poeten ist zur Befriedigung dieses Bedürfnisses
erforderlich. Ginge es ohne diese nicht, wo bliebe das
Repertoir eines ganzen langen Jahres? Große Gedichte

zu schaffen, läßt sich nicht erlernen. Gute, annehmbare
Dramen zu schreiben, kann erlernt, soll erlernt werden;
mögen sie nun fesselnden Erzählungen nachgebildet,
mögen sie scharfsinnig erfunden, mögen sie zeitgemäße
Umänderungen schon aus der Mode gekommener älterer
Schauspiele sein. Ich gebrauche absichtlich den Ausdruck
„aus der Mode gekommen," weil ich damit bezeichnen
will, daß ein solchermaßen veraltetes Stück trotz des
besten Kerns nutzlos wird, sobald es der Gegenwart und
ihren conventionellen Formen nicht mehr zusagt. Was
mit tiefeingehender Wahrheit, Zeit und Sitten schildernd,
sich an einen historischen Hintergrund anlehnend, von
sicherer Meisterhand geformt wurde, das kann freilich
nicht so leicht veralten. „Minna von Barnhelm" wird
jung und frisch sein, so lange es Menschen im Parterre
giebt, die wissen, wen Tellheim meint, wenn er von
seinem König redet. Aber dazu gehört ein Lessing, der
zwar selbst von sich und seinen dramatischen Arbeiten
voll heiliger Bescheidenheit wie von den Versuchen eines
nicht zur Poesie Berufenen spricht, der darum nicht
weniger Lessing, das heißt einer der größten und edelsten
Geister der Welt ist. Die Lessinge sind selten, und Lustspiele wie Minna gleichfalls. Nun kann es Schau- und
Lustspiele geben, die so weit unter den seinigen stehen, als
z. B. weiland Rautenstrauch unter ihm, und können
deshalb doch recht niedliche, spielbare, wirksame Stücke —
gewesen sein. Ich nannte Rautenstrauch. Bleiben wir,
um ein Beispiel zu wählen, bei dessen „Jurist und
Bauer" stehen. Die anerkanntesten Schauspielerinnen

im naiven Fache haben als „Rofinen" geglänzt. Rofine
ift (wie Jfflands Margarethe in ihrer Gattung) in der
ihrigen die Urmutter aller Bauernfoubretten. Noch vor
vierzig, dreißig Jahren haben die Renner, Haizinger,
Lindner, Anschütz, Rogée, Bauer u. f. w. nirgends gespielt, wo fie nicht mit den treuherzig gesprochenen
Worten: „Mein Vater sagt, vor den Abvokaten wäre
man sogar des Hembes nicht sicher? Na, den wollt' ich
doch sehen, der mir das Hemb vom Leib abftritte!"
Beifallsftürme erregt. Im Jahre 1845 versuchte die
jeßt in St. Petersburg angeftellte Pollert es in Breslau,
für deffen Liebling fie mit Recht galt, mit dieser Rolle,
und nur die Rückficht für ihre Persönlichkeit verhinderte
den Ausbruch unwilliger Oppofition. Es war mir
lehrreich, beim Nachhausegehen die härteften Urtheile
über ein harmlofes Stück zu vernehmen, welches die
ältern dieser Beurtheiler doch so oft erfreut, in welchem
Ludwig Devrient, Schmelka und andere, die den Rechnen-
meister Grübler zu ihren luftigften Rollen zählten, doch
so gern mitgespielt hatten. Ich fragte mich: woran liegt
das? Sind die jungen Tonangeber fittlich und künft-
lerisch um so viel wähliger geworden? O Gott nein;
jauchzten fie doch geftern dem Vicomte von Létorières
zu, und werden morgen einer noch unzüchtigeren Ko-
mödie zujauchzen. Es ift nur, weil der ehrliche Rauten-
ftrauch in einem Rock vor ihnen erscheint, wie man ihn
jeßt nicht mehr trägt. Auf der Bühne thut das Kleid
sehr viel; der Zuschnitt des Kleides faft noch mehr, als
das Zeug, welches dazu verwendet wurde. Das ift nun

einmal so. Das Publikum läßt sich nicht ändern. Es läßt sich verblüffen, zum Besten haben, täuschen, betrügen, dies alles in seinen wichtigsten Rechten und Ansprüchen. Dagegen was gewisse, oft nichtige, formelle Dinge betrifft, verharrt es in eigensinnigem Trotz; da läßt es sich nicht ändern. Deshalb ändere man jene älteren Stücke, und schneide die neuen so zu, daß sie angenehm in's Auge fallen. Wer das trifft, erwirbt Gelegenheit, gar manchen tüchtigen Gedanken, gar manchen treffenden Tadel einschwärzen zu können, der kaum durchgehen würde, erschiene er nicht in ansprechender Hülle. Ich gebe es zu: es ist dabei etwas vom Handwerk der edlen Schneiderei. Und wie diese fleißig und mühsam erlernt werden will, ist auch dasjenige recht fleißig und mühsam zu erlernen, was an der Theaterschriftstellerei Handwerk ist. Wir haben nun einmal keine altenglische Bühne mehr. Unsere Zuschauer begnügen sich nun einmal nicht mehr mit einem Teppich und einer papiernen Inschrift, vermöge deren sich Julia's Balcon in die Bastion einer belagerten Festung, oder Portia's Brautschaugemach in eine Gasse Venedigs verwandelt. Unsere Scene begehrt wirkliche scenische Verwandlungen. Diese stören, zerreißen, hemmen. Deshalb genügt es nicht mehr, daß ein Stoff dramatisch en gros behandelt wird, er muß auch en détail theatralisch zugeschnitten sein. Und wenn der unsterbliche William heute für Wien oder Berlin schriebe, ja sogar für das heutige London, würde auch er anders „zuschneiden" müssen. Man liest so oft die verächtlichsten Bemerkungen über dieses handwerksmäßige Zuschneiden, als ob es

eine geringfügige Nebensache wäre. Nun, woher kommt
es denn, daß die Meisten, welche sich blos an die Haupt-
sache, an die Poesie halten, mit und an verfehlter Nebensache scheitern? Doch nicht etwa daher, weil sie dieselbe
ernstlich verachten? Gewiß nicht, denn sie wünschen ja
Nichts sehnlicher als Erfolg. Nur daher, weil sie sich
nicht die Mühe gaben, erst Handwerker von Profession
zu werden, ehe sie als Bühnendichter vor die Masse
traten.

Damit sich nun aber Leute von Verstand, Geschick,
Bildung, Fähigkeit entschließen, ihre Zeit und, was noch
mehr sagen will, ihre bürgerliche Stellung (die der für's
Theater arbeitende Schriftsteller, gegenüber dem Recen-
sententhum, wie es jetzt waltet, stets gefährdet) — jene
zu opfern, diese zu beunruhigen, muß ihnen geboten werden, was reichlich entschädigt, was die Mühe lohnt, was
mehr einbringt als einige magere Honorare und hie und
da einige Tantiemen, über deren Genuß, wenn er nicht
gänzlich verkümmert wird, noch tausenderlei Clauseln
und Bedingungen schweben. Wer daran gehen soll, seine
anderweitige schriftstellerische Thätigkeit zu vernachlässigen
und sich mit allem Eifer dem Theater zu widmen, der
will denn auch, neben allen Gefahren, die ihm drohen,
die Aussicht haben, für seine Zukunft nicht leeres Stroh
zu dreschen. Es werden sich schon geistreiche Schriftsteller finden, dem deutschen Theater sein tägliches Brot zu
liefern, so gut als sie sich in Frankreich fanden, wenn sie
nur so bezahlt werden wie dort; wenn ihnen ihre Autor-

Holtei, Charpie. I. 13

rechte so garantirt werden. Es giebt nichts Einfacheres als nachstehende Bestimmungen:

Von jeder öffentlichen Aufführung innerhalb der deutschen Staaten erhebt die locale Behörde eine Bruttoabgabe mit Zehn vom Hundert. Dafür ist die Direction des Theaters ein für alle Mal jeglicher andern Steuern überhoben und mit der Obrigkeit sowohl, als mit den Autoren völlig abgefunden. Die eine Hälfte dieser zehn Procente gehört der Regierung, der städtischen Administration, was weiß ich? Die andere fließt mit fünf Procent in die Vereinskasse deutscher Bühnenschriftsteller, welche in irgend einer Stadt mitten in Deutschland, nehmen wir Dresden an, unter Controle der obersten Behörde, so wie einiger Autoren, durch Regenten und Staaten sanctionirt, niedergesetzt ist. Die wenigen Beamten dieser Vereins-Kasse werden aus ihr selbst besoldet; dafür könnte allerhöchstens ein Procent von den fünfen darauf gehen. Folglich blieben den Autoren von jeder öffentlichen Darstellung ihrer Arbeiten, mögen es Originale, Uebersetzungen*), Umgestaltungen, Nachbildungen sein — (ästhetische Unterschiede sind hier nicht anwendbar, wofern nur ihr Autorname auf dem Zettel genannt ist!) — vier Procent der Bruttoeinnahme, bestehe dieselbe aus Tausend oder aus Zehn Thalern. Man

---

*) Gute, verständige, praktisch brauchbare Uebersetzungen sind zugleich Bearbeitungen, und oft recht schwierige; geben mehr zu thun als flüchtige Originale; sollen deshalb honorirt werden — wenn auch nicht mit Lorbeeren.

bedenke, was dies ausmacht! Wer nur drei Repertoir-
stücke, die den Abend füllen und sich halten, aufgebracht
hat, kann von dem Jahresertrag schon existiren, ohne daß
Theaterdirectionen zur Großmuth aufgerufen, oder an
ihre Schuldigkeit erinnert werden müssen. Wer fort-
dauernd thätig bleibt, so lange seine geistigen Kräfte es
gestatten, braucht eben nicht allzu fruchtbar zu sein, um
sich ein kleines Vermögen zu erwerben. Und den Witt-
wen und Waisen kommt die Einnahme noch zehn Jahre
nach seinem Tode zu gute.

Diejenigen Dichter, welche es verschmähen, sich den
Bedürfnissen und Ansprüchen des Coulissenzwanges
fügen zu lernen; deren Genius zu gewaltig ist (oder zu
sein glaubt), um sich durch scenische Verpflichtungen binden und darin gängeln zu lassen, diese werden freilich
wie bisher nur für die Lesewelt Dramen schreiben. Von
denen dürfte die reale Bühne so oder so nur in seltenen
Ausnahmsfällen Vortheil ziehen. Es wird aber auch
an solchen nicht mangeln, welche, von mißverstandener
Nachahmung Shakespeare's frei, zu dramatischer Concentration geneigt, die theatralische Nothwendigkeit mit
ihren hochpoetischen persönlichen Anforderungen möglichst in Verbindung bringen, und äußerliche Formen
betreffend bei jenen in die Schule gehen werden, auf die
sie vorher wie auf geringe Taglöhner herabsahen. Vorzüglich werden sie sich bemühen müssen zu erlernen, nicht
was sie hinschreiben, sondern was sie weglassen, was sie
von ihrem Reichthum unterschlagen sollen. Die meisten
Lectionen dieser Art sind negative.

13*

Solche Poeten können dann viel thun zur Veredlung der deutschen Bühne, zur Erhebung des Publikums, wenn sie nur erst die Güte haben wollen, sich so weit herabzulassen, daß sie selbst festen Fuß gewinnen, und auf dem Brettgerüste sicher stehen. Man muß die Leute haben, halten, bevor man sie mit sich empor zieht; und wer als Verkündiger des Erhabenen sich Hörer gewinnen will, muß sie erst vertraulich machen, muß ihre Bräuche annehmen, muß unter ihnen wandeln, muß ihre Sprache mit ihnen reden, sonst fliehen sie ihn, anstatt ihn zu bewundern.

Ich wiederhol' es: Damit Dichter sich entschließen, das Bühnenhandwerk zu erlernen; damit geistreiche Schriftsteller in gleicher Absicht sich entschließen, ihre Feuilletons, ihre Correspondenzenartikel, ihre politisirenden Memoiren und dergleichen theatralischen Versuchen nachzusetzen; damit überhaupt recht viele fähige Menschen Hand anlegen, unsere Repertoirs zu bereichern (nicht unsere Bücherschränke), ist es nothwendig, sie durch die Aussicht auf dauernde pecuniäre Erfolge anzulocken; das klingt entsetzlich prosaisch, bleibt jedoch bei den materialistischen Ansprüchen der Jetztzeit nicht minder wahr.

Wem ein Gedicht im vollen Busen keimt und knospt, der wartet nicht auf den Antrag reicher Honorare, um es erblühen zu lassen. Wer aber ein Handwerk erlernen soll, der will im voraus überschlagen, was er als Meister desselben erwerben kann und wird. Sichert den Theaterschriftstellern Deutschlands ihre Zukunft — und die Zukunft wird viele deutsche Theaterschriftsteller aufweisen.

Die wenigsten davon werden eine Generation ausdauern,
das gesteh' ich zu; doch „die Gegenwart von einem bra-
ven Knaben ist, dächt' ich, immer auch schon was!"

Welchen vortheilhaften Einfluß solch ein frisch er-
wachendes Bestreben, solch ein Sichzuwenden reger geistiger Kräfte auf die Theaterwelt haben, in welch günsti-
ges Verhältniß diese namentlich dadurch mit vielen ihrer
jetzigen literarischen Gegner treten dürfte, — das brauch'
ich einsichtigen Lesern wohl nicht auszumalen. Der hohe
Bundes-Tag*) kann diesen günstigen Zustand herbei-
führen, wenn alle seine Theilnehmer wollen, wenn keiner
an der Möglichkeit der Ausführung zweifeln will! Wie
lange ist es denn her, daß es noch kein Autorrecht gab den
Bühnen gegenüber? Bestohlene Autoren wurden vor
dreißig Jahren amtlich befragt, ob unberechtigte Manu-
scripthändler ihnen das Papier, worauf ein heimlich verkauftes Stück geschrieben stand, entwendet hätten?
Und wenn sie zugeben mußten, daß dies nicht geschehen,
sondern nur eine bei Nacht und Nebel gewonnene Copie
verkauft worden sei, so war Nichts zu machen, weil das
Recht geistigen Eigenthums noch nicht genügend anerkannt und festgestellt war. Gott sei Dank, das ist jetzt
geschehen, es ist begründet. Weshalb sollte nicht eben so
leicht geschehen können, was nur eine natürliche, folge-
rechte Consequenz davon ist?

Das deutsche Theater leidet daran, daß es nicht (wie
Frankreich) eine einzige tonangebende Hauptstadt besitzt.

*) Der Bundestag? Gute Nacht! Anm. d. Setzers. 1866.

Es kann gerade daraus große Vortheile ziehen, wenn die Vertreter deutscher Bundesstaaten sich die kleine Mühe geben wollen, Nachtheile in Vortheile zu verwandeln. Ein Stück, welches in Paris durchfiel, ist verloren für ganz Frankreich, vielleicht oftmals nur durch Cabalen, durch momentane Stimmungen. Der deutsche Autor kann in Wien oder Dresden Ersatz erleben für allzu harte Beurtheilung, die ihm in Berlin oder Hamburg zu Theil wurde, und umgekehrt. Das wog für ihn schon längst manche aus staatlicher Absonderung erwachsende Mängel auf, die aber augenblicklich ganz verschwinden, sobald man höheren Ortes dem vernachläßigten Bühnenwesen endlich einmal diejenige Aufmerksamkeit gönnen will, welche es doch verdient; mindestens deßhalb verdient, weil es vielleicht dadurch gehoben werden kann.

Geben wir uns denn einmal der sanguinischen Hoffnung hin, es gelinge, Zuwachs an neuen leiblichen Komödieen zu gewinnen — wie sieht es jetzt mit denen aus, welche dieselben darstellen sollen, mit den Schauspielern?

Die Eisenbahnen, deren Segen hoch gepriesen wird, haben der deutschen Bühne keinen Segen gebracht. Durch sie ist das Hinundherziehen so sehr erleichtert, die weitesten Entfernungen sind in kurze Tagereisen zusammengeschmolzen, berühmte Schauspieler sind zu Touristen, alle auf eigenen Erwerb angewiesenen Theaterunternehmungen zu Gasthäusern, ihre stabilen Mitglieder zu Kellnern und Kellnerinnen geworden, welche die stolzen Fremden bedienen und ihnen Kränze auf die Köpfe stülpen müssen. Daß dadurch das letzte Restchen von

Ensemble auseinandergerissen wird, sieht Jeder ein, der
Etwas von der Sache versteht. Und auch die leiseste
Spur des Anspruchs, den etwa das Publikum noch auf
Zusammenspiel hätte machen wollen, verschwindet vor
gedankenloser Bewunderung einseitigen Virtuosenthums,
über welches man mit vollem Recht Klage führt; wobei
aber zu erwägen, daß jene Klagen nicht die Virtuosen
(denn diese sind auch im vollen Recht, wie Alle, welche
Pfeifen schneiden, so lange sie im Rohr sitzen!), sondern
den Zustand des Theaters treffen. Die tyrannischen
Solospieler könnten unmöglich ein sonst sprödes Publikum anlocken, wenn im letzteren noch ausgebildeter Sinn
für die Seele dramatischer Kunst, für harmonisches In-
einanderwirken lebte. Nur die gänzliche Versunkenheit
der Bühne und des Parterres — von den Logen schweigt
man ohnedies am liebsten — giebt den flachen Boden
für isolirte Künste und Kunststücke. Beide, Bühne und
Publikum, sind miteinander, durcheinander gesunken,
sinken täglich tiefer, und ziehen in ihren Verfall nach und
nach sogar diejenigen Kunstanstalten mit hinab, die bisher als höchstes Muster und Beispiel hervorgeragt. Auch
ein geistvoller, energischer, unermüdlich fleißiger und,
was viel sagen will, praktisch-tüchtiger Director empfindet, sobald es darauf ankommt Lücken auszufüllen, welche
Alter und Tod machten, den allgemeinen Mangel an ge-
nügendem Zuwachs, und muß laviren, experimentiren,
tergiversiren. Von jeher haben sich die großen Bühnen
aus den mittlern, die mittlern aus den kleinern ergänzt.
Das Genie (oft nichts weiter als Talent mit seltenem

Glück vereinigt) gestattet eben so seltene Ausnahmen;
sonst soll das Talent sich emporarbeiten, von Stufe
zu Stufe steigen. So war es. So hätte es bleiben
müssen! „Das ist das ewige Gesetz der Welt." Wenn
nun aber die untern Stufen so niedrig angebracht sind,
daß sie tief im Schmutz stecken ..?

Ich will mich so kurz wie möglich darüber aussprechen. Wo Gewerbefreiheit herrscht, hört denn doch
die Verpflichtung verwaltender Behörden nicht auf, in
irgendeiner Art jene fürsorgende Obhut zu übernehmen,
welche sonst durch Zunftzwang ausgeübt wurde. Irgend
eine Beschränkung muß sich ermitteln lassen, sollen bei
allzu ausgedehnter Concurrenz die Kunden nicht ver-
nachlässigt werden, die Concurrenten nicht haufenweise
zu Grunde gehen. Bei Barbieren, Victualienhändlern,
Schneidern, Schustern u. s. w. mag solche Beschränkung
ihre großen Schwierigkeiten haben, erscheint aber auch
nicht besonders wichtig; denn am Ende hängt es doch
von einem Jeden ab, seine Kleider bei Pfuschern zu be-
stellen und sich das Kinn schinden zu lassen oder nicht.
Und wenn schlechte Arbeiter sich ruiniren wollen, so hat
höchstens die Armenverwaltung drein zu reden, der sie
später zur Last fallen. Anders jedoch steht es mit den
Concessionen für Theatertruppen; diese dürften in die
Gewerbefreiheit nicht mit eingeschlossen sein, wozu es
jetzt fast den Anschein hat.

Bei allzu großem Andrang von Studirenden sind
wohl zur Abschreckung die Examina (wie z. B. die juri-

stischen) bedeutend erschwert worden, um durch vermehrte Schwierigkeiten den Andrang zu verhindern.

Wer schreckt (was doch weit nöthiger wäre) die jungen Leute ab, die sich zum Theater drängen? Niemand! Im Gegentheil: man ermuntert sie zu diesem leichtsinnigen Schritte, indem man, noch leichtsinniger als sie, die Bewilligungen an reisende Truppen mit vollen Händen ausstreut. Gelegenheit macht Diebe. Reisende Banden machen auch Diebe, die unserm Herrgott die Zeit und unserm Theater die Würde stehlen. Jene Tausende, welche als erbärmliche Pfuscher Deutschlands Gauen unsicher machen, wären ohne dergleichen planlos ertheilte Concessionen etwas Anderes geworden; wären bei „ihrem Leisten" geblieben, hätten weder Anreiz noch Gelegenheit gefunden „drunter zu gehen!" Je mehrere solcher Truppen vorhanden, je größer die Zahl der unberufenen Gesellen, welche sich, ohne jemals Lehrlinge gewesen zu sein, von Zufälligkeiten begünstigt vor- und hier oder dort eindrängen — desto mächtiger die schädliche Rückwirkung auf größere Bühnen! desto unharmonischer, nachlässiger, roher das ganze Treiben! Ist es dann ein Wunder, wenn über solchem kunstlosen Jammer auch eine dürftige, durch schlechte Effekte bestechende Virtuosität als Meisterschaft glänzt und blendet? Wer auf einer geordneten, geistig geleiteten Bühne sich als Gast ehrenvoll behaupten will, der muß sich ihrem Gange fügen, anschließen, sonst steht er vereinzelt da, und man merkt es zu seinem Nachtheil. Wenn Iffland auf Provinz-

theatern gaſtirte, ſo nahm er auch bei Solopaſſagen ſeiner Hauptrolle gebührende Rückſicht auf das Orcheſter,
welches ihn in Nebenrollen ſecundirte; er hütete ſich
ſorgfältig, ſtörend einzugreifen, wo er gutes Enſemble
fand. Und er fand es überall. Denn die Provinzbühnen waren viel, viel beſſer als jetzt. Einfach deshalb
meiſt, weil das Material, woraus ſie ſich bildeten und
ergänzten, viel beſſer, viel bildſamer war. Damals wie
jetzt lieferten reiſende Truppen ihr Contingent an ſtehende
Provinzbühnen. Aber bei jenen reiſenden Truppen
hatten jüngere Mitglieder ſchon Etwas gelernt; hatten
ſchon eine, wenn auch mangelhafte, dennoch meiſt ſtrenge
Schule durchgemacht. Eine Wanderbühne war nicht,
wie heutzutage, lediglich auf kleine Neſter angewieſen.
Sie mußte Mittelſtädten, die jetzt ſtehende, ſogenannte
„Stadttheater“ beſitzen, an denen der prunkvolle Titel
das wichtigſte iſt, genügen können. Auch gab es ſehr
wenige ſolcher Truppen. Man war vorſichtig bei
Ertheilung von Erlaubniſſen. Ich kenne eine Provinz,
die damals drei conceſſionirte Geſellſchaften zählte,
und welcher jetzt an dreißigen nicht viel fehlen dürfte.
Da rennen denn ſaule Jungen und luſtige Mädel ihren
Herren und Verwandten fort und — ſind, werden
Schauſpieler! Und aus dieſem „confluxus canail-
lorum“ rekrutirt ſich in raſchen Uebergängen das deutſche
Theater. Was von dieſem Völkchen etwa ein Bischen
Talent hatte, iſt im verworrenen Gewühl ohne gutes
Beiſpiel, ohne ernſte Zucht, der unſeligen Richtung ver-
einzelter Spielerei zugewendet, keck geworden; kommt

eine paſſende Geſtalt dazu, ſo iſt der Künſtler fertig. Damit begnügen ſich Intendanzen und Zuſchauer. Sie müſſen wohl, weil ſie nichts Beſſeres zur Auswahl haben. Aber mit den geringeren Anſprüchen, mit den täglich mehr erſchlaffenden Forderungen erſchlafft auch natür- licher Weiſe das Pflichtgefühl. Es iſt ſo weit gediehen, daß ein alter Theaterfreund, verirrt er ſich in's Schau- ſpielhaus, mit bangem Erſtaunen lauſcht, ob denn nicht endlich einmal die um ihn her Stehenden unwillig aus- brechen und ihre Unzufriedenheit kundgeben werden? Doch er lauſcht vergebens. Die unordentlichſten, lüder- lichſten Aufführungen ſcheinen Allen in der Ordnung, und ihm bleibt nichts übrig, als kopfſchüttelnd ſeiner Wege zu gehen.

Ehe nicht die Quantität des Theater ge ſind els ſich um drei Viertheile vermindert, iſt auf keine Purification des vierten Viertheiles zu hoffen. Nur ein Gewalt- akt kann retten! Nur die Vernichtung eben ſo vieler Truppen im Verhältniß von vier zu eins! Nur die Aufhebung ſte h end er Bühnen in allen Städten, die weniger als 50,000 Einwohner haben. Nur die daraus hervorgehende Sicherſtellung und beſſere Exiſtenz der wenigen geduldeten, reiſenden Geſellſchaften.

Nur die daran ſich knüpfende Belebung wirklicher Freude am ſeltneren Genuſſe des Schauſpiels, die jetzt einer traurig verſumpfenden Ueberſättigung gewichen iſt! Man muß erſt wieder fragen hören: „Werden wir nicht bald einmal Theater hier haben?“ Statt daß man jetzt gähnen hört: „Ich gehe in's Theater; es iſt zwar ſchlecht,

doch will der Abend todtgeschlagen fein!" Diefes Todt-
ſchlagen iſt der Tod des Theaters.

Wenn ſich nun, woran ich nicht zweifle, Stimmen
erheben gegen dieſe meine Theorie von reiſenden Truppen, ſo antworte ich: Ihr bedenkt nicht, daß eure jetzigen
„ſtehenden Bühnen" auch nichts Anderes ſind. Denn
läuft nicht ihr Perſonal nach Beendigung der Saiſon
alljährlich auseinander? Muß es nicht alljährlich im
Herbſt erſt wieder zuſammengetrommelt werden? Kann
bei ſolcher, dem Zufall anheimgeſtellter Vereinigung auch
nur an Enſemble gedacht werden? Eure „ſtehenden
Bühnen," wie ihr ſie nennt, weiſen alle Uebelſtände rei-
ſender Truppen auf, ohne einen ihrer Vorzüge darzubie-
ten. Meine reiſenden aber, die euch im Sommer
verlaſſen, um kleinere Orte zu erfreuen, kehren im Herbſt
als ein ungetrenntes, geſchloſſenes Ganzes zu euch zurück;
können euch durch Darſtellung neuer Stücke ergötzen, die
ſie mittlerweile fleißig einübten. Wer das nicht einſieht,
muß vom Weſen des Theaters gar keinen Begriff haben.

Dadurch würden auch die Anſprüche gebildeter Hörer
wiederum Recht und Muth gewinnen ſich zu ſteigern.
Die verderbliche Nachſicht, die Indolenz, welche ſich jetzt
einer halb barfüßigen Bande erbarmt, würde begründe-
ten und berechtfertigten Anforderungen weichen: Men-
ſchendarſteller wenigſtens wie Menſchen reden zu hören.
Die kleinen Landſtädtchen würden dann zwar ſelten und
nur ausnahmsweiſe von reiſenden Geſellſchaften berührt,
das Theater vielleicht Jahrelang entbehren müſſen.
Das wäre, im Vergleich mit der Gegenwart, für ihre

künstlerischen Anschauungen kein Unglück, für die Kasse geprellter Wirthe ein Glück, für die Schul- und andere Jugend ein wahrer Segen.

Nicht von oben kann die Reform beginnen. Es kann von oben nur Sorge getragen werden, daß sie von unten anfange. Grund und Boden ist zu säubern bevor etwas Gutes erwachsen und gedeihen soll. Theaterschulen ohne Praxis haben sich stets unpraktisch, d. h. nutzlos erwiesen. Gute, ordentlich geführte Wanderbühnen sind die wahren, lebendigen Theaterschulen, weil sie zugleich Lebensschulen sind. Ihre Resultate reichen bei uns von Schröder und Eckhof über Ludwig Devrient bis Seydelmann, zwischen und neben denen ein langes Verzeichniß minder berühmter, nicht minder verdienstreicher Namen zu füllen wäre. Hoch hervorragende Künstler, große Meister braucht das deutsche Theater nicht unumgänglich nöthig zu seiner Wiedergeburt. Schön, wenn der Himmel sie sendet — leider thut er es selten ohne Gefahr für's Ganze. Was wir brauchen, was wir haben müssen, soll es nach Ablauf eines Vierteljahrhunderts überhaupt noch Etwas wie ein deutsches Theater geben, das sind geschulte, fleißig eingeübte, im Ganzen aufgehende, ihm redlich dienende Schauspieler, die ihr Handwerk im edleren Sinne des Wortes verstehen. Und diese gewinnen wir nur aus anständigen, geregelten Wandertruppen, aus den zünftigen Schulen für's Handwerk.

Auch diese Angelegenheit, mit jener der Autoren zugleich, kann nur geordnet werden, wenn die Staats-

verwaltung sie ihrer Aufmerksamkeit würdigt, und sie im
Großen, Allgemeinen pflegt. Ist sie dieser Pflege nicht
werth? —

Nun endlich das **Publikum!**

Wer ist das Publikum? Beaumarchais' beleidigende
Frage: Combien faut il de sots pour faire un publi-
que? hat viel Wahres. Hübscher und humaner drückte
einmal Grillparzer es aus, als er sagte: „Es ist doch
curios: wenn man mit den Einzelnen spricht, hört man
selten 'was Gescheidtes über's Theater, sowie aber Tausend beisammen sind, haben sie Verstand!" Man kann
das vox populi, man kann die Berechtigung der öffentlichen Meinung nicht naiver, nicht liebenswürdiger bezeichnen. Aber unser deutsches Theaterpublikum muß
erst wieder Gelegenheit finden streng zu sein. Es muß
erst wieder begreifen lernen, worin die nächstliegenden
Pflichten des Schauspielers bestehen, ehe es sich ent-
schließt, diejenigen von den Brettern zu jagen, die ihre
Schuldigkeit verabsäumen. Es muß erst wieder in den
Besitz jener Rechte gelangen, welche Schlendrian und
Gemeinheit ihm nach und nach entwunden haben, damit
es den faulen Schauspieler, den Helden der Kaffee- und
Bierhäuser, den eitlen Müssiggänger entweder durch un-
erbittliche Härte zu seiner Pflicht zurücktreibe, oder ihn
zwinge den Platz zu räumen. In der Macht des Zu-
hörers liegt es, sich sein Recht zu verschaffen. Er sei
dankbar für Fleiß und Eifer, nachsichtig gegen bescheide-
nes, schüchternes Streben, aufmerksam auf Nachlässigkei-
ten, schonungslos bei nichtswürdiger, frecher Anmaßung.

Dann wird er schon einen wichtigen Theil der Reform befördern und ausüben helfen! Denn mit den kleinsten, mäßigsten Talenten kann bei einsichtiger Leitung und fleißigem Willen Aller ein Zusammenspiel erreicht werden, welches auch dem eigensinnigsten Kenner angenehme Abende bereitet. Das zeigt uns jede französische Truppe, die, oft aus elenden Schauspielern zusammengewürfelt, in dieser Beziehung manches theuer bezahlte Personal großer deutscher Bühnen überbietet. Blos deshalb, weil diese Leute gewöhnt sind, vor ihrem Parterre zu zittern, weil sie wissen, sie werden erbarmungslos ausgepfiffen (wie ich in ähnlichem Fall den Liebling der Pariser, Potter, auspfeifen hörte), sobald sie sich nur einige Mal versprechen. Wie dann eine französische Truppe in Deutschland stabil wird, läßt sie nach. Das böse Beispiel corrumpirt sie. Die Berliner Gesellschaft des Herrn Delcour gerieth binnen wenigen Jahren auf deutsche Sprünge, und das Ensemble wurde schwächer.

Daß auch mit deutschen Schauspielern dritten und vierten Ranges derlei Gesammtwirkungen bei redlichem Wollen bald zu erreichen, daß die Zuhörer dadurch zu gewinnen, für ein feineres Urtheil zu erziehen sind, ist dem Verfasser dieses Aufsatzes aus Erfahrung bekannt. Fest gelernte, fleißig eingeübte, rund zusammengehende Darstellungen bilden ein sinniges, aufmerksames, gerechtes Publikum heran; dieses fördert wechselwirkend dramatisches Leben und haucht ihm Seele ein: — Das Zusammenspiel. Eines besteht nicht ohne das andere. Wer hielte es nicht unter seiner Würde, jene Strolche auszu-

pfeifen, die jetzt in deutschen Landen von Ort zu Ort
zigeunern? Lieber schenkt man ihnen ein Almosen. Erst
schafft uns anständige Truppen, dann wollen wir mit
ihnen rechten. Anständige Truppen aber können nur
bestehen, nachdem die unanständigen beseitigt sind. Sie
müssen freies Feld gewinnen, um Nahrung zu finden.

Daß zugleich mit den kleinen und vielen vegetirenden
größeren Banden alle — ich sage: alle Sommertheater,
Arenen, Tivolis, Elysiums und wie das Elend heiße,
unterdrückt werden müssen, soll Hilfe kommen, darüber,
denk' ich, sind sämmtliche Kenner der Sache einig. Wer
diese Ansicht etwa nicht theilen sollte, gegen den vermag
ich nicht zu streiten; dem ist das Theater ein unbekanntes
Land. Diese Anstalten demoralisiren das Theater eben
so sehr als die Darsteller durch sie demoralisirt werden.
Hätte die bisweilen laut gewordene Behauptung Grund,
daß nur durch solche Nachgiebigkeit gegen das Kneipen-
publikum manche Directionen sich zu halten vermögen
— nun, so sollen diese Directionen untergehen, und mit
ihnen meinetwegen das ganze deutsche Theater; dann ist
nichts mehr daran verloren. Wenn die Theilnahme
für dramatische Kunst nur noch durch Tabaksqualm und
Bier aufgefrischt werden kann, so hole der Teufel diese
Kunst und diese verächtliche Theilnahme, beide miteinander! Durch das bei Sonnenlicht Zurschautragen thea-
tralisch-modernen Flitterstaates und geschminkter Ange-
sichter; durch dieses abscheuliche Zerreißen des mystischen
Schleiers, der die Coulissenwelt früher von der Wirklichkeit trennte, ist der letzte unentbehrliche Zauber theatra-

lischer Täuschung, poetischer Phantasie geschwunden; die
nackte Dürftigkeit steht in voller Blöße da, ist der Ge-
ringschätzung des Pöbels preisgegeben, — wohlverstanden auch des Pöbels, der Glacéhandschuhe und lakirte
Stiefeln trägt.

Der Schauspieler muß erst wieder in der öffentlichen
Achtung steigen, die er bei Klügeren und Besseren ver-
scherzt hat, seitdem er einstmalige Vorurtheile wider
seine Stellung beseitigt wähnt. Seine Rehabilitirung
in der Gesellschaft hat der guten Sache der Kunst schlechte
Früchte getragen, und was Einzelne für sich eroberten,
ging der Allgemeinheit als solcher verloren. Es wird
sich wiederfinden, sobald nicht fürder einem Jeden, einer
Jeden gestattet ist sich Schauspieler zu nennen; sobald
die Anzahl mittlerer und kleiner Bühnen beschränkt ist,
und ihre Unternehmer bessere Auswahl treffen können;
sobald man weiß, es gehört Etwas dazu, auf- und angenommen zu werden; Etwas mehr wie jetzt, wo die meisten Prinzipale nicht gewissenhafter zu Werke gehen, als
John Falstaff bei Musterung seiner Rekruten, und auch
nicht so witzig wie jener.

Es ist nicht wahr, daß es an tüchtigen Männern
mangelt, die sich der Führung mit Lust annehmen, und
in wohlregierten Truppen brave Mitglieder aufziehen
würden. Arbeiten sich doch durch die gegenwärtige Wild-
niß Einzelne, allen Hemmnissen zum Trotz, mit männ-
licher Kraft. Der talentvolle Dichter Hermann von
Bequignolles, ein Günstling Leopold Schefer's, hat seiner Vaterstadt Liegnitz, wie dem größeren Görlitz bewiesen,

daß es noch aufopferungsfähige Direktoren giebt. Man
ebne ihnen die Bahn. Man vertilge die Banden;
man öffne den anständigen reisenden Gesellschaften die
fälschlich also genannten ste henden Bühnen der Mittelstädte, indem man diese aufhebt.

Daß die durch Regenten unterstützten (auch kleineren)
Hoftheater von dieser „Aufhebung‟ ausgenommen sind,
braucht wohl nicht erst erwähnt zu werden. Diesen ist
ja schon gesichert, was wir den übrigen erst erringen
wollen — die Möglichkeit der Existenz. Und was gut
geleitete Theater auch in minder großen Residenzen für
wohlthätige Wirkungen weithin durchs Land verbreiten
können, indem sie das deutsche Theater ehren,
davon haben wir ein erfreulich aufmunterndes Beispiel
erlebt, als die Universität Jena von ihren Jubelfest-
Doctordiplomen eines an Eduard Devrient zu verleihen sich angeregt fühlte. Diese Nachricht lächelte wie
ein Lichtblick durch die Finsterniß, in welche der deutsche
Theaterfreund sich gehüllt weiß. Aber außer diesen durch
fürstliche Zuschüsse gedeckten Theatern — in Mittelstädten
keine stehende Bühne mehr! Wie lange ist's denn, daß
wenige Truppen zwischen Breslau, Königsberg, gar
Berlin wechselten? Man lese die Verzeichnisse ihrer
Mitglieder durch; man wird staunen. In Lessing's
Briefwechsel lassen sich lehrreiche Beziehungen nach-
weisen, die hier nicht erörtert werden können. Wir
wollen Städte wie Königsberg und Breslau ihrer
stehenden Bühnen nicht berauben; doch könnt' es beiden

nicht schaden, wenn an kleineren Orten etwas bessere Vorbereitungsanstalten für sie da wären.

Fruchtbare Schriftsteller, bühnengerecht arbeitende — weil sie gut bezahlt,

Fleißige, geübte Schauspieler — weil sie gut ge-
schult sind;

Empfängliches, strenges Publikum — weil es sich
der Bühne aufmerksamer zuwenden lernte.

Es ist wahrlich keine Hexerei. Es braucht nur aus
dem Gewölk des Idealen, aus der Phraseologie kunst-
kritischer, doctrinärer Abhandlungen auf den Erdboden
der Realität herabgestiegen und ein energisch durchgrei-
fender Beschluß gefaßt zu werden!

Wie ein auf solchem Wege sich allmählich regeneri-
rendes deutsches Theater neben und mit der mobischen
Oper bestehen könne, das ist denn eine sehr bedenkliche
Frage, deren Lösung wir nur ahnen, insoferne große
Städte (nach Wiens lehrreichem Beispiel) recitirendes
Drama und Oper entschieden zu trennen, mittlere und
kleine jedoch der großen Oper gänzlich zu entsagen den
Muth fassen. Jene anspruchlosen Zeiten, wo ein Fleck
den Vater in Gotters und Georg Benda's Oper:
„Romeo und Julia" gab; wo eine Bethmann auf
derselben Bühne als Susanne in Mozart's Figaro, als
Stuart und als Fanchon; wo eine Eigensatz als
Marie im Gretry'schen Blaubart und als Sena in
Salomo's Urtheil bewundert wurden; wo ein Reben-
stein Mehül's Josef und Gluck's Orest neben Schiller's

14*

Max und Carlos; wo ein Anschütz den Don Juan
neben Wallenstein und Posa stellte; wo unser Dr. Eb.
Devrient, während er Rossini's Barbier sang, sich auf
den Egmont vorbereitete; wo Mosevius heute Cheru-
bini's Wasserträger, morgen Heinrich v. Kleist's herrlicher Kottwitz (und beides vortrefflich) war; wo Ludwig
Löwe als Paul in der Schweizerfamilie Jubel erregte;
wo La Roche die Belagerung von Korinth siegreich
mitmachte; wo Amalie Haizinger der Prinzessin in
Aubers Schnee dieselbe Gerechtigkeit erwies, wie der
Prinzessin Eboli . . . ach, sie sind längst verklungen, sie
kehren nicht wieder. Nun schreien singen, nun brüllen
siegen heißt; nun Rigoletto, Nebukadnezar, Hernani,
mit Rienzi und Johann von Leyden um die Wette rasen
— nun reicht eine Lunge für zweierlei Fächer nicht mehr
aus. Wir wagen nicht zu behaupten, jene Künstler
wären bedeutende Sänger gewesen, mit dem Maßstab
höchster Technik zu messen. Wenigstens nicht alle.
Aber lieber waren sie uns immer, als viele unsinnig bezahlte Stimmen-Phänomene, die jetzt spectakuliren.
Mehr Sinn, Verstand, Gefühl athmete in ihrem Vortrage. Und den besonnenen Ansprüchen des Publikums
gemäß vermochten auch damals Mittelstädte eine beliebte
Oper neben einem gediegenen Schauspiel zu ernähren,
was jetzt nicht mehr zu erschwingen ist. Jetzt muß eins
dem andern weichen. Und weil wilde Gurgeleien mehr
sinnlichen Eindruck machen, weil Herren und Damen
„auf hohem Balcone" dadurch zu denken nicht belästigt

werden, ift es natürlich das arme recitirende Drama,
welches überall den Kürzeren zieht.

Um gerecht zu fein, werde noch zugeftanden, wie die
Oper einen nicht abzuleugnenden Vorfprung hat dadurch,
daß fie wenigftens einige Vorbildung verlangt; daß ein
Sänger doch Etwas gelernt, daß er feine Partie inne
haben, daß das Ganze „zufammengehen" muß — während beim recitirenden Drama von all' diefen Requifiten
faft keines mehr gefordert, folglich auch nicht mitgebracht
wird. Theilweife liegt es alfo an den Direktionen, durch
Eifer und Fleiß dem Drama diefelbe Rundung zu geben,
welche jede Oper braucht. Verwenden fie nur halb fo
viel Zeit und Mühe darauf; trachten fie mit ausdauern-
dem Ernft danach, daß ein harmonifches Enfemble auch
durch Redner fich bilde (nicht blos durch Sänger), fo
werden fie diejenigen Theaterfreunde wieder an fich
ziehen, fich gewinnen, die dem Befuch ihrer Vorftellungen
jetzt entfagen. Und endlich wird auch die Maffe wieder
fpüren, daß ein Unterfchied waltet zwifchen rohem herge-
laufenem Volk, welches, auf die Apathie der Hörer
trotzend, dem Vorfchreier nachzufchreien verfucht, was es
vorher kaum überlas; und zwifchen fleißigen Mitgliedern,
die gewöhnt find, ihre Rollen zu wiffen, die dadurch für
manche Mängel entfchädigen. Ein feftgelernter, in einander klappender Dialog, fei er auch von Anfängern
gefprochen, verfehlt nie feine günftige Wirkung. Darum,
liebes deutfches Publikum im Süden wie im Norden,
groß oder klein, erwache aus Deiner Lethargie; beginne

Du die Reform der Bühne, indem Du jeden von den Brettern pfeifst, der die Achtung für Dich und die Kunst so frech mit Füßen tritt, daß er, seiner Rolle nicht sicher, vor Dir zu erscheinen wagt. Du wirst anfänglich viel zu pfeifen haben! Werde nicht müde — und laß Dich um Gottes Willen nicht vom falschen Mitleid beschleichen. Denn daß die Schauspieler manchmal ni ch t Zeit hätten ihre Rollen ordentlich zu lernen, ist — experto crede! — eine unverschämte Lüge. Wer ernstlich will, lernt die stärkste Rolle über Nacht, wenn es ausnahms-weise sein müßte. Wer es aber nicht ernstlich will, lernt sie auch in vier Wochen nicht. Und ein solcher mag hingehen und Steine an der Landstraße klopfen oder sonst eine seinen Nebenmenschen einigermaßen nütz-liche Beschäftigung treiben!

Verschiedene Ansichten.

Der Knabe.

Er trägt seine Groschen fest'in die Hand geklemmt, zitternd vor Sehnsucht, Ungeduld und Erwartung dem Schauspielhause zu. Zwei Stunden, ehe die Kasse er-öffnet wird, steht er vor der Thüre im dicksten Gewühl. Was sie um ihn her sprechen von alltäglichen Dingen, von gewöhnlichen Ereignissen, klingt ihm wie Ent-weihung. Er begreift nicht, daß diese Menschen für etwas Anderes Sinn haben, von etwas Anderem reden können, als von dem Schauspiele, welchem beizuwohnen

sie sich einfanden. Jeder Scherz dünkt ihm profane
Lästerung. Seine Stimmung ist eine begeisterte und
fromme. Mit gespannter Aufmerksamkeit lauscht er den
Aeußerungen, die seine Nachbarn laut werden lassen über
einzelne Mitglieder des Theaters. Doch entsetzt wendet
er sich ab, wenn etwa tadelnde, oder gar frivole Bemerkungen vernehmbar werden. Für ihn ist jeder Schauspieler, jede Schauspielerin Gegenstand bewundernder
Achtung. Wer berufen ward, die erhabenen Gestalten
der Poesie auf der Bühne zu verkörpern, hat ja — das
ist des Knaben fester Glaube — Ansprüche auf unbe-
dingte Verehrung zu machen. Dennoch reden diese Zuschauer von Künstlern, als ob Künstler eben auch nur
Menschen wären, wie Andere? Ja, von Manchen reden
sie Uebles. O, das ist empörend! Ihr verdient gar
nicht, denkt er, daß Euch Einlaß gewährt sei durch jene
schmale Pforte, die sich — ach noch immer nicht öffnen will!

Das Geräusch nimmt zu, das Gewühl wächst, die
Schläge der Thurmuhr bringen nicht mehr durch. Naht
sich denn nicht endlich die ersehnte Stunde?

Siehe, da drängt sich ein Mensch durch die Masse,
von unscheinbarem Aeußeren, den meisten Anwesenden
gleichgiltig oder unbekannt, dem Knaben von jeher Gegenstand höchster Aufmerksamkeit; denn es ist der Zettel-
träger; es ist der gewaltige Zauberer, der alltäglich mit
den ersten Morgenstunden die Gassen durcheilt und an
gewisse bevorzugte Ecken jene verhängnißvollen Blätter
klebt, auf denen die Titel der zu spielenden Stücke, auf
denen die Namen der Darstellenden prangen. Es ist

ein wichtiger, ein großer Mann, der kleine schiefgewach-
sene Herold Melpomenens und Thalias, mit seinem
linken Arme voll Proclamationen, mit seinem Kleister-
töpfchen in der Rechten. Heute zwängt er sich zur un-
gewöhnlichen Zeit zwischen die wogende Menge, und ehe
die Harrenden sich's versehen, pappt an der noch immer
nicht geöffneten Eingangsthür ein bedrucktes Blatt,
worauf zu lesen steht: — (denn als der Knabe ein Knabe
war, galt es für unziemlich, das Publikum erst im aller-
letzten Augenblicke zu enttäuschen!) — worauf zu lesen
steht: „Wegen Krankheit der Madame X. kann die für heute
angekündigte erste Aufführung der neuen Tragödie nicht
stattfinden. Es werden drei kleine Stücke gegeben."

Murrend, schimpfend, lästernd verlaufen sich die
Lesenden. Bittre Anklagen wider Madame X. werden
laut; vernichtende Beschuldigungen erklingen höhnend
aus den sich zerstreuenden Gruppen. Der Knabe wüthet
über solchen Frevel, doch er muß die Wuth in sich verschließen. Von der Thüre wankt und weicht er nicht;
sein Legegeld bleibt in der krampfhaft geballten Faust.
Bald steht er allein. Außer ihm ist kein Schaulustiger
mehr vorhanden, die Eröffnung der Kasse abzuwarten.
Dennoch stürzt er, wie sie nun erfolgt, eiligst hinein, als
ob er Etwas zu versäumen hätte! Eine gute halbe
Stunde hindurch ist er der Einzige im großen, kühlen,
dunklen Parterre. Er ist so selig! Es riecht so himm-
lisch nach schlechtem Lampenöl; es dämmert so geheim-
nißvoll im leeren Hause! So still ist's. Man hört jeden
Tritt hinter dem Vorhang auf der Bühne. O welches

Glück: das sind die Stimmen einiger Schauspieler, die laut miteinander scherzen. Man versteht, was sie reden. Nicht gerade Perlen der Weisheit fallen aus ihrem Munde, doch den Knaben durchschauert jede Silbe mit Wonne. Nur ein Gram stört noch sein Entzücken, ein Gram, entsprungen aus der furchtbaren Besorgniß, daß sich außer ihm kein Zuschauer weiter einstellen dürfte? daß man für ihn allein schwerlich spielen wollen, daß man ihn zwingen werde, sein Legegeld an der Kasse zurück zu nehmen! Gräßlicher Gedanke!

Doch nein, so schlimm geht es nicht aus. Nach und nach finden sich etliche wirkliche lebendige Personen ein, die mit schnöden Witzen aus der Helle des heißen Sommertages in die „dumpfe Höhle" kriechen. Endlich kommt auch der Lampenputzer zum Vorschein und verbreitet spärliche Beleuchtung. Gähnende Musiker betreten den Orchesterraum und schwatzen laut, ohne Rücksicht auf die Anwesenden, die sie spöttisch zählen, und deren Gesammtheit sie Alles in Allem auf siebzehn Seelen bringen. Nun wird das Zeichen gegeben zum Beginn der Symphonie, die bald herabgekratzt ist — und der Vorhang hebt sich.

Der Knabe sieht und hört — die Besten, die damals zu sehen waren, die unübertroffen blieben. Sie zeigen weder Unmuth noch Gleichgiltigkeit; sie entfalten ihre reichen Gaben so warm, so eifrig, wie wenn es vor dem größten Zuhörerkreise geschähe; sie erwärmen das mittlerweile zu einem halben Hundert angewachsene Publikum. Lauter, begeisterter Jubel dringt zur Bühne empor; und

der Knabe kehrt nach beendigter Vorstellung heim, voll
der Freude dessen, was er empfangen, und glücklich in
dem Bewußtsein, daß ein Schauspieler ihn bemerkt, von
den Brettern herab sein rasendes Applaudiren belächelt
habe! — Freilich hieß der Lächelnde Ludwig Devrient.

Der Jüngling.

Er hat es durchgesetzt. Er ist Schauspieler geworden.
Auf der Bühne darf er umherstolzieren, auf der seit
Jahren die ersten deutschen Meister glänzten. Viele
sind abgestorben, weggezogen seither. Aber noch lebt der
alte Maximilian Scholz, Fleck's berühmter Nebenbuhler, und flößt immer noch Ehrfurcht ein, trotz des
Verfalls seiner körperlichen und geistigen Kräfte. Auch
wirkt der edle Anschütz dort, und ehrt durch sein wür-
diges Streben sich und den Raum in dem er waltet. Es
theilen sich Schmelka und Stavinsky in die Gunst
der heiteren Muse. Das Ganze aber schwankt schon auf
schwachem Grunde; es ist nicht mehr die sonstige Weihe,
die das dürftige kleine Haus zu einem Schauplatz ersten
Ranges machte. Man spricht viel von dem Bedürfnisse
eines Neubau's, — größerem Umfang, — prachtvoller
Ausstattung. Die Fortschritte der Zeit haben in ihrer
Hast auch das Theaterleben ergriffen, reißen es mit sich.
Was zünftig daran war, was Lehrlinge, Meister, Gesellen sonderte, was die „Komödianten" von der Welt
abtrennte, und sie auf sich, auf traulich-artistisches Zu-
sammensein hinwies, — all' dies ist weggefallen, ist abge-
streift worden wie unwürdiger Zwang. „Komödiant"

gilt für ein Schimpfwort. „Menschendarsteller, Mime"
soll es nun heißen. Innerliche Begeisterung hat äußer-
lichen Eitelkeiten weichen müssen. Der Jüngling findet
nicht, was er hinter den Coulissen suchte; und leider,
bald sucht er gar nicht mehr, was er noch Gutes finden
könnte.

Er begann zu zweifeln an den Künstlern, er lernte
zweifeln an der Kunst; bald verzweifelte er an sich. Und
der Leichtsinn mischt sich in's Spiel, frühe Reue giebt
wilder Thorheit Raum, der fromme Glaube flieht.

Auch die Bühne kann zum Tempel werden, auch der
Schauspieler kann ein Priester sein; doch nur so lange,
als er das wahrhaft Göttliche will; nur so lange er kindlich glaubt. Mit dem Unglauben stellt sich der Götzen-
dienst ein, aus der Heuchelei entsteht die Lüge, und die
Lüge ist der Fluch.

Dieser Fluch belastet die Erde, er bedrückt auch die
Kunst, er trifft am schwersten die Theaterwelt. Er ent-
zieht gute Anlagen und nützliches Geschick dem Ganzen,
daß sie sich nicht mehr unterordnen und fügen; er treibt
vereinzelte Selbstsucht aus Unrath hervor; fördert neidisch-
eitlen Egoismus, dem es nicht anders ergeht, wie den
in künstlicher Hitze aus Mist getriebenen Gewächsen: sie
bringen ein Mal nothreife unvollkommene Früchte ohne
würzigen Saft, — und blühen dann nicht wieder.
Solche Bäume erleben keinen gesunden Frühling mehr.

Der Jüngling wähnte in ewig grüne Haine zu
treten. Er irrt durch dürre Hecken, durch dornichtes
Gestrüpp. Wo aus dunklen Büschen feurige Augen

locken, wo weiche, weiße Arme ihm zuwinken, da zischen auch Schlangen, da drohen Skorpione, da fletschen Eifersucht, Bosheit, Gemeinheit ihre Zähne. Er weiß sich weder Hilfe noch Rath, und er taumelt rathlos, hilflos — leichtsinnig fort.

Der Mann.

Der Mann empfindet schwer was der Jüngling verschuldet, muß dafür büßen. Alle Kränze sind entlaubt, alle grüne Hoffnungen sind verwelkt und abgefallen. Nur die kahle, leere Wirklichkeit umgiebt ihn. Keine Täuschung mehr! Auch nicht die letzte, momentaner Aufregung. Keine Freude mehr am Erfolge! Keine Achtung, wehe! keine Spur von Achtung mehr vor dem Durcheinander vielsinniger Köpfe, die man Publikum nennt, wenn ihrer tausend beisammen sind; die einzeln, Kopf um Kopf betrachtet, wenig Beruf zeigen, richtende Stimmen zu führen. Wen soll der Mann verehren, der arme Mann, dem Kummer und Sorge schon das Haar bleichen im Getriebe der Bühnenwelt?

Soll er die Vorstände hochachten, die ihn als Mittel für ihren Zweck, als Taglöhner für ihre Kasse betrachten? Die ihn laufen, die gleichgiltig ihn verhungern lassen, wenn er ihnen nicht mehr zusagt? Die vielleicht weder lesen noch schreiben können, aber triumphirend ihm zuschreien: „Versteh' ich dafür doch, was Du nicht verstehst; kann ich doch rechnen?"

Soll er seine Collegen verehren und lieben, die nichts Wichtigeres zu thun haben, als ihn zu verfolgen, zu beneiden, zu verleumden, wenn es ihm irgend einmal glückt und erträglich geht? Ihn auszulachen, ihm den Rücken zu kehren, barfüßige Handlanger der sogenannten Literatur hinter ihm her zu hetzen, wenn es ihm miß- lingt? Die ihn hassen, desto giftiger hassen, je zärtlicher sie sich gegen ihn betragen, je mehr Dank sie ihm zu ent- richten hätten für manche Gefälligkeit?

Soll er die Kritik schätzen und anerkennen, die ihm in schlecht oder gut (gleichviel!) geschriebenen Abhand- lungen Zeile für Zeile darthut, daß sie selten von der Sache Etwas versteht; daß sie bei den sublimsten Redens- arten oft nicht weiß, um was es sich eigentlich handelt?

Soll er das Publikum . . . . hu hu, „da unten aber ist's fürchterlich!“ Armer Mann, Du hast Dir wohl eingebildet, Du wärest ihnen lieb und werth geworden? Du hast alle Kräfte aufgeboten, ihnen zu genügen. Sie schienen Dein Bemühen anzuerkennen; sie jauchzten Dir zu. Gestern ihr Liebling, heute von einem erbärmlichen Farceur und Gaukler überboten, morgen vergessen . . . . zieh' hin, und suche Dir anderswo Dein mageres Futter! Sie wissen längst nicht mehr, daß Du ihnen kürzlich Thränen der Rührung entlocktest. Weine selbst, armer Mann, statt Andere weinen, — lächle selbst, statt Andere lächeln zu machen; aber lächle weinend über Dich!

Jeder Mensch ist zu beklagen, der ohne Lust und Freude den Pflichten obliegt, die ihm und seinen Ange- hörigen den magern Bissen Brodt erwerben sollen. Zwiefach beklagenswerth ist der Unglückliche, der ohne Lust und Freude daran das Geschäft hat: Anderen Lust und Freude zu bereiten; der, auf die Galeere des Theaters geschmiedet, rudert und rudert im flachen, öden, unermeßlichen, trüben Gewässer grauer, trübseliger Nothwendigkeit.

Der Mann bei Jahren!

Haſt Du auf dem Marktplatze jenen Herumtreiber geſehen, der poſſierlich angekleidete Hunde nach einer verſtimmten Drehorgel tanzen ließ? Die Muſik belebte ſeine vierbeinigen Tänzer nur zum Schein; die lange Peitſche blieb die Hauptſache. Einige jüngere Hündchen machten das Ding luſtig genug, hielten fröhlich aus; ja, ihre bunten Jacken ſchienen vielleicht ihnen zu gefallen. Doch ein bejahrtes Thier war dabei, ein weißer, vielerjahrener, alternder Hund. Wie traurig ſah der darein! Wie gern hätte der die Narrenhülle abgeworfen! Wie gern ſich unter die freien Hunde gemiſcht! Er ſchämte ſich, daß er noch mittanzen mußte. Ach, wäre die Peitſche nicht geweſen . . . . !

Der Greis.

Er hat ſich losgeriſſen, der alte Mann. So raſch die Füße, die wunden, ihn tragen wollten, iſt er entflohen und weit — weit von den Idealen ſeiner Knabenjahre hat er ein Aſyl; ſpät, ſehr ſpät hat er ein Ziel für das Reſtchen geiſtiger Wirkſamkeit gefunden. Zuerſt, als Blut und Schweiß unfruchtbarer Leiden und Mühen noch nicht abgewiſcht waren, ſchauderte er, wenn er reden hörte von dem Tummelplatze verworrener Nichtigkeiten, den sie Theater heißen; der ihm dereinst die Welt schien; den er jetzt für ein Tollhaus halten wollte.

Allgemach hat er sich beruhiget. Die rothen Flecken von Marter und Qual sind verblichen; freudige Bilder nehmen wieder Farbe an, treten wieder als Gestalten hervor. Auch der Greis feiert noch Stunden der Jugend. Wenn er müde von der Gegenwart sich Ruhe gönnt, in vergangene Tage sich zurück träumt; wenn er sich in liebe, alte, reine Entzückungen versenkt .... dann bevölkert sich die Einsamkeit um ihn her, und er lebt wieder mit Denen die ihm Leben brachten; lebt wieder in und mit unsterblichen Erinnerungen.

Iffland, der oft verkannte, der unerreichte große Meister, der tüchtige Deutsche, der deutsch und treu Gebliebene, da französischer Zwang uns knechtete ... er tritt hervor und schilt den Greis: „Man dürfe nicht das Kind mit dem Bade verschütten; und die Kunst bleibe doch Kunst, wenn gleich ...."

Wir sind auch noch da! ruft Ludwig Devrient, dem drei Jünglinge folgen: Eduard, Karl, Emil. Wir gehen mit dem Onkel, sagen sie zu ihren Eltern; wir folgen dem Onkel Ludwig!

Wer ist jener bekränzte Mann im hohen Bildersaale? Wer giebt ihm das Recht zu Correggio's Ausspruch: anch' io? Ah, es ist auch ein Ludwig: es ist Ludwig Löwe.

Und Pius Alexander Wolff entsteigt seinem Grabe in Weimar, winkt Iphigenien — Iphigenie aber ist

Amalie Malcolmi, seine Gattin, und er ist Orest, und sie reden von Schiller und Goethe, mit denen sie lebten, von denen sie geliebt wurden.

Mit seinem Lächeln das kluge Haupt wiegend, nähert sich La Roche: „Stamme auch noch aus dem Urwald; sah die letzten Kronen im Abendschein; bin der letzte Mohikaner!"

Zwei Sophieen zeigen sich. Bei ihrem Anblick, beim Klange dieses Namens ertönt ringsum der Sprache Wohllaut, die Macht der Rede, die Wundergewalt beseelten Wortes. Sophie Schröder — Sophie Müller! —

Und jetzt erscheinen dem Greise: Wilhelmine Schröder, Fanny Elßler, Henriette Sontag. Henriette, die Du deutscher Gesangskunst Zauber in Frankreichs, Englands Hauptstädten zur Geltung gebracht; unnachahmliches Lieblingskind heiterer und ernster Musen; entsteige, mit allen Reizen geschmückt dem Sarge, dem sie Dich in Mexikos Wildnissen anvertrauten! — Wilhelmine, nicht umsonst zogen die Namen „Schröder-Devrient" vor Dir her; nicht umsonst warst Du Deiner Mutter Tochter. Als Sängerin warst Du eine große Schauspielerin. O nur noch ein Mal lasse mich vernehmen, Leonore-Fidelio, den Sphärenklang: „Du armer, Du armer Mann!"

Und Du Fanny! Aus der Frivolität nichtiger Umgebungen erhobst Du Dich siegreich, ein unvergeßliches Vorbild zu werden für Wahrheit und Natur im Gewande vollendeter Künstlerschaft. Der Name Fanny

Elßler bleibt im Gedächtniß des Greises neben den
Namen, deren Trägern er die herrlichsten Stunden ver=
dankt. Erwecke sie alle! Nur noch einmal, Esmeralda,
bilde mit sicherer Hand Dein „Phöbus," daß er strahle,
Phöbus=Apollo, daß von seinem Lichte verklärt, der
Greis wieder deutlich schaue, was jetzt wie im Nebel vor
den matten Augen vorüber zieht; daß er sich daran erlabe,
erfrische; daß er wieder ein Knabe werde voll seliger Be=
geisterung, ehe des Todes Hand ihm die Augen schließt!
Daß er sterbend flüstere, und versöhnt: „Ach, es war doch
schön!"

Und Ihr Wenigen, die Ihr heute noch festhaltet am
Theater in unserem Sinne; denen die Bühne noch
etwas Anderes bedeutet, als nur ein Brettgerüst, aufge=
schlagen zur Ausfüllung müssiger Abendstunden, zur
Befriedigung gähnender Langweile! — Dauert aus!
Bleibt getreu! Haltet fest — bis an's Ende!

————

Karl Maria von Weber.
(1854.)

Im „kleinen Rauchhause" war kein Platz mehr; auch
nicht das kleinste Stübchen leer. Die Wirthin, die mich
in gutem Andenken behalten, weil ich vor zwei Jahren
einen bei ihr angebundenen Bären von Breslau her mit
vierundzwanzig Thalern richtig und ehrlich gelöset, be=
dauerte gar sehr, mich von ihrer Thüre weisen zu müssen,
wollte mich so viel wie möglich in ihrer Nähe behalten,

und deshalb schickte sie mich „zum goldenen Hirsch" ihr
gerade gegenüber. Dort wimmelte es zwar auch von
Studenten, — denn im Jahre zweiundzwanzig gehörte
eine Lustreise nach Dresden zu den Herbstferien des deutschen Burschen. Wer nur einige wenige „Spieße" auf-
treiben konnte, pilgerte nach Elb-Florenz; und wer gar
nichts hatte, machte sich um desto gewisser auf den Weg,
weil er sicher war, dort Bekannte zu finden, bei denen
gepumpt werden konnte. Und fand Einer keinen Bekannten, oder fand er die Bekannten ohne Mittel, so
pumpten sie vereiniget einen Unbekannten an. Diese
Ehre widerfuhr auch mir von den Mitbewohnern des
goldnen Hirsches. Ich war ein Mann, dem es auf eine
Hand voll Geld nicht ankam. Theatersecretair und
Theaterdichter bei'm Königl. priv. Nationaltheater in
Breslau mit Dreihundert Thaler firem Gehalt; Neben-
einnahmen und literarischen Erwerb gar nicht einmal zu
rechnen! Wurde ich nicht von meiner hochlöblichen Direction in Engagements-Aufträgen entsendet und stand in
Diäten? Machte ich nicht außerdem auf eigene Rechnung
Geschäfte für eine neue belletristische Zeitschrift, welche
unter dem Titel: „Deutsche Blätter ꝛc. ꝛc." vom 1. Ja-
nuar 1823 erscheinen wollte? Ich war ein bedeutender
Mensch. Und erstaunlich herablassend kam ich mir vor,
daß ich mich mit einem Gasthause dritten Ranges begnügte, wo mir doch ganz andere Hotels offen standen!
Die Studenten machten anfänglich verzweifelt wenig aus
mir; meine Titel schienen sie kalt zu lassen. Doch nachdem wir miteinander gekneipt, und sie mich für ein fideles

Haus anerkannt hatten, wurden sie wärmer. Wir zogen Arm in Arm nach dem Theater, in dessen Parterre wir uns mühsam eindrängten. Man gab den Freischützen. Der Componist sollte, von einer Urlaubsreise heimgekehrt, zum ersten Male wieder dirigiren. Aller Augen warteten auf ihn. Auch ich war sehr gespannt, den Meister lebendig zu erblicken, dessen kräftige Kriegslieder ich als freiwilliger Jäger so oft mit den Kameraden auf dem Marsche gesungen. Einige Studenten aus dem kleinen Rauchhause hatten ihn schon gesehen und schilderten ihn als lahm. Einer kannte gar mehrere Weber'sche Vettern und versicherte, jeder von diesen sei lahm und zugleich Musik-Director; Beides gehöre zur Familien-Aehnlichkeit. Während wir nun ungeduldig nach vorn starrten und harrten, wurde es hinter uns lebhaft, und ehe wir's uns versahen, rückte ein großer, prachtvoller Lorbeerbaum heran, in stattlichem Gefäße, mit Blumenkränzen umwunden. Von unzählbaren, aus dem Gedränge auftauchenden Händen getragen, bewegte sich die bedeutungsvolle Gabe dem Orchester zu. Und so thätig und geschickt zeigten sich Alle, die auf dem Wege dahin standen oder saßen, daß der Baum den Platz des Kapellmeisters in demselben Augenblicke erreichte, wo Karl Maria von Weber erschien.

Man wird alt, matt, gleichgültig. Ich bin es auch geworden. Aber noch heute weht mich die Erinnerung dieser Abendstunde mit frischem, jugendlichem Hauche an, und indem ich diese Zeilen niederschreibe, dringen die ersten Töne der Ouverture mir in's Herz, wie durch den

15*

Jubel der Zuhörer, und ein Wonneschauer süßer Wehmuth durchrieselt mich. O, mein Himmel! haben wir
geschrieen, ich, und meine Studenten aus dem goldenen
Hirsch, und die anderen aus dem kleinen Rauchhause,
und alle Uebrigen, alle, alle: „Weber, Weber, hoch!"

Manchem jungen, eleganten Leser, wenn ein Solcher
mein Buch in die Hand nimmt, werd' ich sehr abge-
schmackt und albern erscheinen, — aber darauf bin ich
stolz! — weil ich hier bekenne, mein Wunsch, Weber in
der Nähe zu sehen, ihn reden zu hören, wurde zurückge-
drängt durch ein Gefühl ehrerbietiger Schüchternheit,
welches mich mein Lebenlang abhielt, berühmten, von
mir verehrten Leuten ohne Weiteres entgegen zu treten.
Gar, wo ich Begeisterung empfand, stand ihr bescheidene
Hochachtung zur Seite, und ich hätte um keinen Preis
zu ihm hinlaufen mögen, — obgleich ein Secretair des
Breslauer Theaters und Redacteur in spe allerlei Vor-
wände erfinden konnte, an die Thüre eines Dresdener
Hofkapellmeisters zu klopfen. Zu Tieck, bei dem ich gern
gesehen war, kam Weber zu jener Zeit gar nicht, oder
doch sehr selten. So begnügte ich mich denn, unter seinen Fenstern auf und ab zu wandeln und nach dem Erker
hinaufzuschauen, der die Ecke seiner Wohnung bildete;
war auch darauf gefaßt, Dresden wieder zu verlassen,
ohne eine Silbe aus seinem Munde vernommen zu
haben.

Gott hatte es besser mit mir im Sinne.

In sanftem Herbstsonnenschein begegnete ich auf der

Terrasse einer beliebten Sängerin sammt ihrem Gatten, die ich einige Monate zuvor in Schlesien kennen gelernt, und die nun auf dem Rückwege von einer großen Kunstreise in Dresden Halt machten. Augenblicklich wurde für den nämlichen Abend ein Zusammentreffen in Chiapone's Keller verabredet: nach dem Schauspiel wollten wir uns finden, um Maccaroni zu speisen und Austern. Sobald diese wichtige Sache geordnet war, spazierten wir plaudernd weiter. Ich erzählte vom neulichen Theaterjubel, von Weber's Empfange, von meinem Entzücken. Die schöne Frau ließ sich's gesagt sein, doch erwiederte sie Nichts. Als ich aber des Abends in jenen traulichen Räumen wartete, die sich über so vielen heitern Künstlerkreisen schon gewölbt, daß sie einen classischen Ruf genossen; als ich mit Freund Chiapone, die Anordnung des kleinen Festmahls besprechend, meine Gäste zu empfangen bereit stand; — da öffnete sich die Thüre, und am Arme der Holdseligen hinkte herein der Meister, dessen Agathe sie so gern und so glorreich in's Leben gerufen. „Ich lade mich selbst ein,“ sagte er; „ich gehöre ja auch so zu sagen zur Bande.“

. Das war ein Abend! Einundbreißig Jahre sind seitdem vergangen. Könnte man ihn noch einmal durchleben, man lebte sich, glaub' ich, wieder jung. Wir waren unserer Sechs oder Sieben. Ludwig Robert mit seiner junonischen Gattin befand sich auch in Dresden. Schändlich lügen würde ich, wollt' ich versichern, das Gespräch habe sich lange auf dem Punkte gehalten, den gelehrte, verständige, sittsame, weise Personen als den

Mittelpunkt vornehm-geselliger Würde bezeichnen. Das war Weber's Art nicht. Er konnte sehr ernsthaft sein, wo es galt. Aber wo es darauf ankam, sich gehen zu lassen, zwanglos, lustig zu scherzen, da gab er sich auch ohne Rückhalt hin, da wurde er kindisch, und sein anmuthiges Beispiel wirkte bezaubernd auf jeden Genossen, der eben nicht völlig eingestaubt und eingetrocknet neben ihm saß. Von dem humoristischen Unsinn, den er sprechen, den er die Nachbarn sprechen machen konnte, haben achselzuckende Schönredner und Phrasendrechsler und Süßholzraspler keinen Begriff; sollen, dürfen ihn auch nicht haben. Denn wär' es nicht gar zu traurig um die Künstlerwelt und was darum und daran hängt in dieser Welt bestellt, wenn sie nicht wenigstens ein Recht besäße oder sich nehmen dürfte, in ihren Kreisen des Horatius Worte vom „dulce est desipere in loco“ zum Wahlspruch, oder sich bis zu diesem Wahlspruch zu erheben? Lassen Sie sich dieser lateinischen Worte Sinn, schöne Leserin, von Ihrem Vater verdeutschen. Dieser wird vielleicht noch unbefangene Heiterkeit aus seinen Burschenjahren bewahrt haben, um das „desipere“ mit Wieland's „holdem Wahnsinn“ zu übersetzen. Ihren jungen Herrn Bruder befragen Sie nicht; er ist, fürcht' ich, allzu sehr eingenommen von dem Ernst weltbürgerlicher, politischer Betrachtungen, und würde auf unsere kleine Gesellschaft im italienischen Keller mit Verachtung von seiner deutschen Höhe herab die Nase rümpfen. Unsere Jugend versteht keinen Spaß mehr. Weber verstand ihn. Verstand auch, wie schon erwähnt, guten-schlechten Spaß

zu componiren, vorzutragen, bei Andern zu fördern und
zu dirigiren. Ebenso gut und mit ebenso feinem Takte,
wie er sein Orchester zu dirigiren verstand. Und wie er
dieses ohne Verrenkungen, ohne herausfordernde Actionen,
ohne Ziererei — (von welcher sogar ein Spohr, den Stab
in der Rechten, sich nicht ganz frei hielt) — mit sicherem,
gefälligem Wesen, mit geistiger Gewalt zu leiten wußte,
so hielt er auch in der Geselligkeit das schönste Maß
zwischen Bewegung und Ruhe. Wer bei ihm, durch ihn
nicht behaglich verkehren lernte, der war wohl überhaupt
nicht geboren, mit anderen Menschen umzugehen, als
nur mit solchen, deren Haupt-Lebenszweck es scheint, bête
zu machen und à tout auszuspielen.

Weber gehörte zu jenen nicht häufigen Musikern, bei
denen wissenschaftliche Ausbildung, vielseitiges Streben,
überwiegender Verstand der ursprünglich-schöpferischen
Melodicenfülle keinen Abbruch gethan, dem natürlichen
Talente keinen gelehrten Zwang angelegt haben. Er
gehörte aber auch zu jenen seltenen Menschen, welche im
freundschaftlichen Umgange, im gegenseitigen Austausch
der Meinungen und Ansichten eben ihr geistiges Uebergewicht auf keine Weise zur Schau tragen; vielmehr in
liebenswürdiger Heiterkeit und Milde dafür sorgen, daß
neben ihnen ein Jeder sein kleines Lichtchen leuchten
lassen dürfe. Anregend, auffordernd, aufmerksam, bele-
bend wies er in streitigen Fällen und Gesprächen dem
Gegner die Stelle an, wo ein bedrohliches Disputatorium
leicht und schicklich in's Gebiet des Scherzes und durch
diesen zur friedlichen Vereinbarung zurückgeführt werden

konnte. Nur ein Gegenstand machte davon eine Ausnahme. Nur in einer Sache zeigte sich der große
Mann kleinlich; nur eines Menschen Name mochte
ihn aus der edlen Haltung bringen, die er sonst immer
behauptete. Das war die Sache der italienischen Oper;
das war der Name Rossini. Da zeigte sich der scharf-
sichtige und aus klaren Augen blickende Weber blind; da
wollte er blind bleiben. Da wollte er sich absichtlich verschließen gegen Schönheiten, die endlich ihm doch nicht
hätten entgehen können, hätte er nicht verstockt und trotzig
blos auf Mängel gelauscht, — die sich freilich auch im
Uebermaße darboten. Es war aber sehr menschlich, sehr
begreiflich. Seine Stellung als Kapellmeister einer
deutschen Oper im damaligen Dresden macht Alles klar.
Die italienische Oper, mit ihrem Führer Morlachi, war
das Schooßkind des Hofes. Um ihretwillen mußte Weber
manche Zurücksetzung geschehen lassen und erdulden, die
er desto schmerzlicher empfand, in je schärferem Gegen-
satze sie erschien zu der Verehrung, die seines Namens
Klang in der ganzen Welt zu erregen anfing, seitdem der
„Freischütz" und „Preciosa" des Meisters Ruhm von
allen Bühnen verkündeten. Auch zeigte sich die gedan-
kenlose Rossini-Manie, ohne Urtheilskraft häufig nur
leerem Geklingel nachhängend, mitunter so auffällig, daß
sogar ein Laie wie ich trotz aller Lust an Rossini sich
darüber ärgerte. Man brauchte gerade nicht gleich Karl
Maria mit Gottfried Weber und Meyerbeer zusammen bei Abt Vogler in Darmstadt Contrapunkt studirt
zu haben, um in Verzweiflung zu gerathen über die

unaufhörlich beklatschten Trommelwirbel der gazza ladra
im Gartenconcerte des Linke'schen Bades, oder auch über
die verwünschten Triolen und anderen Tanzfiguren, in
denen der sonst vorzügliche Benincasa und Saffaroli
(der Baßist) Verzweiflung darlegten, wenn wegen
eines gestohlenen Silberbesteckes die edelmüthigste aller
Köchinnen hingerichtet werden sollte, statt jener spitzbübi-
schen Elster. Ich rede vom Jahre zweiundzwanzig.
Heute steht es allerdings anders, und in einem dreißigjährigen Kriege der Kritik gegen den Geschmack haben
wir einsehen gelernt, daß Rossini auch in seinen schlimm-
sten Verirrungen immer noch für einen Gluck gelten
kann, die dramatische Wahrheit mancher gefeierten Nachfolger neben ihn gehalten. Weber wollte nun einmal
nichts von ihm wissen. Des deutschen Meisters Wider-
wille gegen moderne italienische Musik zwang ihm sogar
die kritische Feder manchmal in die Finger; ja, er vergaß
sich so weit, eine bittere Parodie der Schiller'schen Kapu-
ziner-Predigt drucken zu lassen, wo er den Schwan von
Pesaro ziemlich unverhohlen eine schnatternde Gans
schimpfte. Und das war Seiner unwürdig; ich betrachtete dies wie einen Flecken auf des geliebten Todten
unsterblichem Nachruhm. Doch gerade weil diese Zeilen
seinem mir heiligen Andenken gewidmet sind; weil sie,
obgleich mit schwachen Farben, eine bewunderungswür-
dige Persönlichkeit schildern wollen; gerade deßhalb darf
nicht verschwiegen bleiben, was am Menschen menschlich
gewesen, unvollkommen. Denn nur unvollkommene
Menschen können wir wahrhaft lieben. Für solche, die

kein Tadel trifft, hab' ich auch keine Liebe; denen kann ich nur furchtsames Erstaunen widmen und gehe ihnen verzagt aus dem Wege.

Weber wurde bei diesem unserem ersten Zusammen-treffen mehrfach in die Enge getrieben von seinem rasch auflobernden Zorne wider Rossini, und von seiner Galanterie für die schöne Sängerin, die dem „Barbier von Sevilla, dem Tancred, dem Othello" ebenso viel Applaus verdankte, als dem „Freischützen;" die folglich gar nicht geneigt schien, unbedingt einzustimmen in seine halb launigen, halb wüthenden Verdammungsurtheile. Um aber durchaus bei der Wahrheit zu bleiben, darf ich nicht ver-schweigen: es ist mir, als hätte der „Barbier" auf dem Weber'schen index librorum prohibitorum unter den Ausnahmen gestanden und Gnade vor ihm gefunden, quand même!

Ehe wir Chiapone's Keller verließen, um noch einen Gang in die laue Sternennacht zu unternehmen, war schon wieder Versöhnung geschlossen, und Weber drückte dem Friedenstraktate das Siegel auf, indem er uns sämmtlich für den nächsten Mittag an seinen Tisch lud.

———

Da war es denn erreicht: ich trat in sein Haus! Ich stand ihm gegenüber und seiner Gattin, die mir, theater-toll und närrisch, wie ich noch geblieben war, zwiefach merkwürdig erschien. Zuerst als Frau von Weber; nicht minder sodann als ehemaliger Liebling des Publikums in Prag, wo sie als „Demoiselle Brand" Jung und Alt, Logen wie Parterre, durch Talent, Geist, Anmuth —

und Uebermuth entzückt, ja sogar ihrer Blicke Brand
in's Orchester geschleudert und dessen Kapellmeister in
Feuer und Flammen gesetzt hatte, welche erst vor dem
Traualtare einigermaßen gelöscht wurden. Ohne sie
auf der Bühne gesehen zu haben, war mir doch durch
lebhafte Schilderungen aus mancher Kenner Berichten
ihr ganzes Repertoir, ihre kecke, geniale Darstellungs-
gabe — (die sich sogar bis an den „Lorenz im Hausge-
sinde" gewagt) — bekannt und vertraut. Und ich lieferte,
meinen bis in späte Lebenszeit fortdauernden Flegeljah-
ren entsprechend, gleich bei der ersten Anrede eine recht
hübsche, brauchbare Dummheit, indem ich beklagte, daß
eine so gerngesehene Schauspielerin den Brettern entsagen müssen, was doch gewiß auch ihr unendlich schwer
geworden sei. — Sehr schmeichelhaft für mich, sagte Er.
— Und Schnuff lachte mich aus.

„Schnuff" hieß ein Affe; ein kleiner, Herrn und
Herrin liebender, schmeichelnder Schlingel, der allen
andern ehrlichen Menschen tückisch die Zähne entgegen-
fletschte. Beide, Weber und dessen Frau, trieben tausend
Tollheiten mit ihm. Sie versicherten höchst wichtig, daß
Herr Schnuff damit umgehe, ein Werk zu verfassen,
worin die Verdienste italienischer Componisten um dramatische Musik gebührend an's Licht gestellt werden dürften; und mehr dergleichen.

Welch' Geheimniß ist es doch um den Zauber, wie
bei solch' eines Künstlers Mahle an kleiner Tafel waltet!?
Warum perlt der Wein in diesen fröhlichen Kreisen
frischer und heller? Warum leiht er den Gesprächen

höheren Schwung, dem Scherze raschere Flügel, den Flügeln duftigeren Blüthenstaub? Da saßen wir „vereint zur guten Stunde," und die Herbstblumen, welche den Tisch zierten, wurden zu Rosen; die Reden wurden zu frühlingsgrünen Zweigen; und sie schlangen sich lächelnd, mit harmlosen Albernheiten durchwebt, um Weber's Haupt. Wir trieben Possen, daß Schnuff allein seine Würde bewahrte. Und mitten in diese kindischen Spiele mischte sich ein hoher Sinn, wenn das Auge der beglückten Gäste sich nach jener halboffenen Thüre wendete, wo neben seinem Klaviere der Schreibtisch stand, an welchem irgend eine armselige Feder in kleinen krausen Schriftzeichen die Weise festgebannt, die durch ferne Welttheile das rührende Gebet verbreitete: „Für mich auch wird der Vater sorgen."

O Karl Maria von Weber! Kranker, leidender, oft betrübter Sänger! Reiner, herrlicher Geist! Ahntest Du, konntest Du im Voraus wissen, welch' andächtige Wonne tausend und aber tausend Herzen erheben werde bei Agathen's himmlischer Melodie, die den Weg empor zeigt, dahin, wo „ein Auge, ewig rein und klar, all' seiner Kinder liebend wahrnimmt?" Warst Du doch glücklich und sorgenfrei; fühltest Du Dich über körperliche und Seelen-Leiden erhoben und getröstet, als Du den frommen Gesang anstimmtest, in den bald einstimmen sollte auf Gottes weiter Erde, wem der Himmel eine Stimme verliehen? Und beben jetzt diese Töne, bei denen wir Deiner stets dankbar gedenken, von Welle zu Welle im klaren Aether bis hin zu Dir, wo Du weilest?

Mischen sie sich mit den Harmonieen, in denen ewige
Sänger loben und preisen? — Ja, ja! Du lebst! Du
bist! Du wirkst fort! Dort, wie hier.

———

Er entließ mich bei meiner Abreise von Dresden gütig
und liebevoll. Er bewahrte mir seine Neigung und that
dies durch freundliche Briefe dar, die ich in Breslau und
später an anderen Orten von ihm empfing. Einer derselben schloß mit den Worten: „Unser Theater hat elf
Sängerinnen; Max hat einen Zahn; Schnuff ist noch
immer beschäftiget, ein Affe zu sein.‟

Leider marterte ich ihn einige Male durch Zusendung
lyrischer Gedichte, die er componiren sollte. Er erwiederte darauf: „Wenn ich ein Lied beim ersten Ueberlesen
nicht in mir wiederklingen höre, so ist's nicht für mich.
Ihre Gedichte haben mir ganz gut gefallen, doch in Musik
setz' ich sie nicht.‟ Dabei lobte er, daß ich nicht beleidiget
sei durch seine Offenherzigkeit, und wünschte manchem
Dichter ein Wenig von dieser sich still-bescheidenden Entsagung. „Denn (schrieb er) Andere haben die Gichter,
ich habe die Dichter; was ich mit Zusendungen gepei-
niget werde, seitdem ich unter die berühmten Leute gegangen bin, das ist erbärmlich. Es sollte mich gar nicht ver-
wundern, wenn sie mir nächstens das Intelligenzblatt
oder den Reichsanzeiger zur Composition einschickten.‟

Ich glaub's wohl, daß sich meine Collegen, die Herren Versmacher, nach Weber'schen Noten sehnten! Einen
besseren Vorschub, in aller Menschen Mund zu gelangen, konnte es nicht geben. Was sind seine Lieder so

göttlich schön, so volksthümlich schlicht und originell! Und wie Schade, daß viele davon aus der Mode gekommen sind! Schier vergessen! Deshalb scheint es mir recht bedauernswerth, daß ein Liederspiel, welches der verstorbene Karl Blum aus lauter Weber'schen Melodieen, geschickt instrumentirt, künstlerisch zusammenstellte, durch den wenig fesselnden, fast matten Scenenbau ohne besondere Wirkung vorüberging. Es wurde unter dem Titel: „Die Rückkehr in's Dörfchen" in Berlin gegeben und keinesweges mit der Begeisterung aufgenommen, die Webers Manen gebührt hätte. Wenn sich doch jetzt ein bühnenkundiger, zugleich musikalisch-gebildeter Schriftsteller, der die Ansprüche der Gegenwart mit der Achtung für Vergangenheit zu vereinen verstände, darüber machen wollte! Es könnte ein Schatz für Direktionen werden. Auch vermuthe ich, daß die Blum'sche Partitur sich noch in der Bibliothek des ehemaligen Königstädter Theaters, so wie jener des Wiener Hof-Operntheaters vorfindet.

Auf, meine jungen Herren von Geschick! hier ist ein lohnender Stoff, Ihre Fähigkeiten zu üben; und gewiß ehrenvoller, als eine Uebersetzung aus dem Französischen.

Im Jahre dreiundzwanzig ging Weber nach Wien, um daselbst seine „Euryanthe" zum ersten Male aufführen zu lassen. Meine Frau und ich wohnten schon längst im „Wilden Manne," wo wir uns heimisch gemacht, bevor er anlangte. Und wir durften es als ein rechtes Glück betrachten, daß P. A. Wolff, mit dem wir die ersten Wochen unseres Wiener Aufenthaltes durchlebt, nun durch seinen Freund ersetzt wurde. Wolff und

Weber, obgleich zwei innerlich verschiedene Naturen, hatten doch wieder merkwürdige Aehnlichkeiten, die sich hauptsächlich in geistreichem, ruhigem Humor, in geselliger Grazie und in dem, bei Beiden vorwaltenden Bedürfnisse aussprachen, bisweilen kindisch zu sein, Dummheiten zu treiben, scheinbaren Unsinn zu sprechen und zu befördern. Sie waren vertraute Freunde geworden durch — „Preciosa," für welche Weber eine so wunderbar-schöne, charakteristische Musik geliefert, daß sie Wolff's Poesie hoch an Werthe übersteigt, obschon sie auf dieser fußt und von ihr getragen wird. Durch die gemeinschaftliche Arbeit waren sich die beiden W's näher gerückt. Wenn zwei Menschen solcher Gattung sich einmal kennen und liebhaben gelernt, lassen sie nicht mehr von einander. Und diese zwei fesselte noch ein anderes, ein trauriges Geheimniß ihres Daseins zusammen. Weber sah bedenklich, welch' früher Tod ihn erwarte; und er sah in dem großen Schauspieler einen Leidensgefährten; er erkannte wohl Wolff's Krankheit früher noch, als dieser selbst. Leider, daß er richtig sah, für sich und für Jenen.

Seit dem Tage, wo ich, durch ein glückliches Zusammentreffen begünstiget, den theuren Wolff (im Herbst 1820) bei Ludwig Tieck in Dresden eingeführt, arbeitete Letzterer mit allen Kräften dahin, daß Wolff dem Königl. Sächsischen Hoftheater gewonnen werde. Er schreibt ihm*) vom 1. August 1822 nach Berlin: „Mein geliebter

---

*) Der gütige Leser wird bemerken, daß er es mit einem Handschriftensammler zu thun hat. Allerdings liegen auch die citirten Briefe in Originalen vor mir, und ich prahle gern mit solchem Besitz.

Freund! Mit der größten Sorge, von tiefem Kummer
bin ich befallen, seit ich erfahren habe, daß Sie wieder
so schmerzlich krank sind. Ich habe Sie, seit ich Sie hier
kennen lernte, unter die Zahl meiner theuersten Freunde
aufgenommen. Bei jedem poetischen Werke denke ich
an Sie und träume mir oft, was wir noch miteinander
besprechen und verhandeln können. Erhalten Sie sich
ja der Kunst! Dichten Sie noch viel in Zukunft! Ueben
Sie noch auf die völlig sinkende Schauspielkunst einen
glücklichen Einfluß aus! Denn Sie sind ja doch
der Einzige, an den sich eine wahre deutsche Schule
lehnen kann. Wären Sie nur hier! Ich bilde mir ein,
Sie würden hier gesünder sein! Abgesehen, daß das
hiesige Schauspiel unter Ihrer Leitung ein ganz anderes
werden würde. Der kleinere Saal (1822) müßte Ihnen
schon auf alle Art mehr zusagen. Mit Ihnen könnte ich
auch erst gemeinschaftlich Etwas arbeiten. Meinen Em-
pfehl an die tragische Muse, Ihre theure Gattin. Wann
werden wir sie wieder sehen? Wann werde ich denn die
Melodie und den Wohllaut dieser Sprache wieder
hören? 2c."

So weit Ludwig Tieck, dessen Brief an Wolff ich

thum. Mag man eine Sammlerwuth, welche lediglich auf leere
Namenszüge, auf Curiositäten, Raritäten und andere -täten ausgeht,
tadelnd verspotten; — die Freude an Briefen bedeutender Männer,
die in Wissenschaft, Poesie und Kunst lebten, wird kein Spötter mir
wegspotten. Und ich denke, wenn ich noch einige Jahre das Leben
behalte, gelegentlich durch eine Blumenlese aus meiner Sammlung zu
bekräftigen, was ich hier gesagt. H.

im obigen Auszuge nur deshalb mittheilte, um einen
Brief unseres Weber vollständig daran zu knüpfen, der
gewissermaßen ergänzend fortsetzt, was jener erst beginnend vorbereitet: die mit dem trefflichen Berliner Freunde
anzuknüpfenden Dresdner Unterhandlungen. Nachdem
Weber von Tieck in's Vertrauen gezogen war, arbeitete
auch er eifrig daran. Er hätte nicht eifriger sein können,
wäre Wolff ein ersehnter Zuwachs für die unter seiner
Leitung stehende deutsche Oper gewesen. Daß sich der
Kapellmeister dieser Oper mit lebhaftester Theilnahme
die Veredelung des recitirenden Drama's angelegen sein
ließ, giebt auch wieder einen Beleg für seinen geistigen
Werth und beweiset, wie Karl Maria neben der eigenen
Kunst auch der Kunst im Allgemeinen, Großen huldigte.
Das hier mitzutheilende Schreiben läuft dem Gange
meines vorhergehenden Geplauders um ein Jahr
voran, denn es lautet aus Dresden vom 27. September
1824: „Mein theurer Freund! In der Verwirrung des
Hereinziehens vom Lande schreib' ich Ihnen diese gewiß
konfusen Zeilen, um nur ja keinen Posttag in der höchst
wichtigen Angelegenheit zu versäumen. Was Ihnen
Tieck gemeldet, ist fast buchstäblich zu nehmen: jetzt ist
der Zeitpunkt, wo wir uns Sie gewinnen können, oder
nie. Und ich bezweifle kaum das Gelingen, wenn Sie
nur ernstlich wollen. Ich habe Könneritz von Ihrem
Briefe mitgetheilt, was mir nöthig schien. Er nimmt
sich der Sache mit Feuer an. Heute Mittag esse mit
Könneritz und Lüttichau ganz allein zusammen. Es
wird also wahrscheinlich in wenig Tagen ein Antrag an

Sie kommen; denn was geschehen soll, muß bald geschehen. Um nun die Zwischendinge so bald als möglich
zu beseitigen, so schreiben Sie mir umgehend, was Sie
in Berlin haben. Offenbar verbessern Sie sich, wenn
Sie hier dieselben Vortheile erhalten. Ich bin zwar
auch Partei in dieser Sache, denn die Freude, mit Ihnen
wirken zu können, wäre zu groß! Aber ich bin auch
wieder zu ehrlich, und habe Sie zu lieb, um Etwas an-
zurathen, was Ihnen nachtheilig werden könnte. Lassen
Sie aber ja das Ganze noch das tiefste Geheimniß unter
uns bleiben.

Das Singspiel in einem Akte erwarte ich mit Vergnügen. Die größere Oper sollte eben für London sein,
wohin ich einen Ruf habe. Auf jeden Fall aber nur für
vier-fünf Monate. Noch dauern die Unterhandlungen.
Sobald etwas Entscheidendes ausgesprochen ist, erfahren
Sie es sogleich. Alles Herzliche von meiner Frau und
mir an Ihre verehrte Gattin. In treuer Freundschaft
Ihr   Weber.

Wer mit dem Theatertreiben nur einigermaßen vertraut, die eifersüchtigen Reibungen kennt, die überall
zwischen Schauspiel und Oper Statt finden; — (denn
neben dem Wiener Hofburgtheater war nur das kleine
Oldenburg so glücklich, eine dem recitirenden Drama
ausschließlich gewidmete Bühne zu besitzen!) — wer es
weiß, wie mit neidischen Blicken fast überall die Führer
musikalischer Leistungen ein zeitweiliges Uebergewicht des
gewöhnlich vernachlässigten Stiefkindes und Aschen-
bröbels „deutsche Poesie" genannt, betrachten; — der

wird Webers Verfahren zu würdigen verstehen und auch
hier den hochgebildeten Mann verehren, welcher sich über
seines Gleichen erhob.

Wir kehren nach Wien zurück, in den Spätsommer
drei undzwanzig.

Wolff, wie schon gesagt, reisete ab; Weber reisete zu,
und wir waren dessen froh. Zwar lag Euryanthe und
deren Schicksal wie eine Last auf seiner schmalen Brust,
und er athmete manchmal ängstlich auf. Mochten immer
die gesangsfertige Grünbaum, der erprobte Forti, der
in voller Kraft stehende Haizinger, endlich die in erster
Blüthe prangende Sontag glückverheißende Träger seines
Werkes scheinen; — verschweigen durften sich's die
Freunde nicht; und wenn sie es verschwiegen hätten, er
mußte es nur allzugut auch ohne sie, wie es im Jahre
drei und zwanzig unter Barbaja um die Zukunft einer
neuen deutschen Oper stand. Vergebens schwang
Castelli ihr Banner; vergebens rief er nach Hilfs-
truppen; bei der Mehrzahl des tonangebenden Publikums war ja Rossini's Gegner gerichtet, ehe noch der
erste Strich seiner Musik erklang. Ja gewiß, er sah
voraus, daß Euryanthe im besten Falle nur einen succès
d'estime erringen konnte. Ich glaube mich nicht zu
täuschen, wenn ich erzähle, daß er seinem Werke den bos-
haften Spott- und Beinamen „die Ennuyante" schon
prophezeihte, ehe seine Gegner noch daran dachten, etwas
der Art zu erfinden. Und das Schlimmste bei der Sache
blieb die unwiderstehliche Gewalt der zu jener Zeit vortrefflichen italienischen Truppe, mit deren sich täglich

16*

erneuernden Erfolgen er in die Schranken treten und
kämpfen sollte. Wo David, Lablache, Donzelli, Ambrogi,
Fedor=Mainville sangen, — man pflegte dazumal
Gesang: Gesang, und Geschrei: Geschrei zu nennen, —
da ließ sich schwer dagegen aufkommen; sogar wenn diese,
jeder in seiner Art einzigen Künstler Opern von Signor
Verdi, oder so Etwas, vorgetragen hätten; es brauchte
gar nicht Rossini zu sein. Nun war es aber — glück-
licher- oder unglücklicherweise — Rossini. Und unser
armer Weber mochte sich noch so zornig dagegen anstellen,
bisweilen wuchs ihm der geringgeschätzte „Dudler" doch
über die Kritik und lief ihm mit dem Kopfe davon.
Dann aber wurde Weber erst recht wüthend. Es gab
dabei manchen ergötzlichen Schwank. Er hatte eine Loge
zu seiner Disposition und liebte, wenn wir ihn darin be-
suchten. Dies geschah denn auch einmal während der
Aufführung der „Cenerentola." Signora Comelli-
Rubini in der Titelrolle hätte, mit aller Achtung vor
ihrer schönen Altstimme und guten Schule sei es gesagt,
ein Bischen jünger, dünner, zierlicher aussehen dürfen.
Alles Uebrige dagegen mußte man vollkommen nennen
und Lablache wie Ambrogi von einer Vollendung in
Gesang, Parlando, Spiel, Komik, daß ich immer noch
vor Freude zappeln möchte, wenn ich nur daran denke.
In Webers Loge aber durften wir ans Zappeln nicht
denken, weder meine Frau, noch ich; denn wir wollten
den reizbaren Freund nicht wissentlich kränken. Wir
schluckten also unser Entzücken, so gut es gehen wollte,
hinunter und zappelten inwendig; was uns auch wäh-

rend des ersten Aktes leidlich gelang. Im zweiten jedoch,
beim Duett zwischen „Dandini und Magnifico,‟ welches,
mag es immerhin eine Nachahmung Cimarosa's heißen,
nichts desto weniger ein Meisterwerk genannt werden
muß, trieben Ambrogi und Lablache ihre Buffonaden so
in's Erhabene, daß wir Webers Nachbarschaft vergaßen
und in das Jauchzen des überfüllten Hauses einstimmten.
Als wir wieder zur Besinnung kamen, war Er verschwunden. Am nächsten Morgen — wir sahen uns
öfters beim Frühmahl — befragte ihn meine Frau,
warum er gestern so plötzlich aufgebrochen, und ob er
unwohl gewesen sei? Nein, erwiederte er, ich wollte nicht
länger bleiben. Denn wenn es diese verfluchten Kerls
schon so weit bringen, daß solches nichtswürdiges Zeug
mir zu gefallen anfängt, da mag der Teufel dabei aus-
halten! Wir schrieen laut auf, dies sei die größte Lobes-
erhebung, die der italienischen Oper noch zu Theil geworden. Zuletzt mußte er selbst lachen über seinen
Ingrimm.

Wir lachten überhaupt viel, wenn wir mit ihm zusammen waren. Dafür sorgte er redlich. Er verstand,
Andere lachen zu machen; er ließ sich ebenso willig zum
Lachen bringen; er war ein dankbares Publikum und
nahm sogar meine schlechten Witze hin.

Wie mächtig das alte Leopoldstädter Theater mit
Schuster, Korntheuer, Raimund, Sartori's, der Ennöckl,
Huber, Krones u. A. ihn anzog, ist leicht zu denken.
Und wie sich, die mit ihm waren, an seiner Freude
erfreuten! Welche unvergeßlichen Abende in „Faust's

Zaubermantel, — Bürger in Wien, — Aline, — Fiaker
als Marquis, — Leopoldstag" — und wie sie alle heißen,
jene prächtigen Farcen, dergleichen heute nicht mehr
gedeihen will, weil . . . ja, weil die Unbefangenheit fehlt,
oben wie unten; auf der Bühne, wie im Parterre!
Reizte uns das Theater nicht, so fuhren wir auf's Land,
kehrten in irgend einem Dorfwirthshäuschen ein, immer
sicher: Wein zu finden, gebackene Hähnbel und —
schwarzen Rettig. Ohne diesen that es Karl Maria
nicht. Er lebte übrigens höchst mäßig, theils durch seine
körperliche Schwäche, theils durch Vorwalten geistigen
Lebens in ihm auf Enthaltsamkeit angewiesen. Nur
Zweierlei war ihm so lieb, daß er zum lüsternen Näscher
daran wurde: Gefrorenes — und schwarzer Rettig. Er
klassifizirte in folgender Art: erst kommt der liebe Gott;
dann müßte bei mir von Rechtswegen gleich die Musik
kommen; aber ich kann mir nicht helfen, erst kommt der
Rettig, der geht vor; dann erst kommt die Musik; hernach Gefrorenes; und hernach alles Uebrige. Aber der
Ruhm? fragte meine Frau; Weber, der Ruhm? —
Nichts gegen schwarzen Rettig! entgegnete er mit einem
Ernst, daß man wohl wähnen durfte, es sei ihm auch
mit dieser Versicherung Ernst. Darin vor Allem bestand
die Gewalt, die jeder seiner Späße über den Hörer übte,
daß sie nicht allein ohne Lächeln gesagt wurden, sondern
daß sie auch das Gepräge überzeugender Wahrheit an
sich trugen. Und worin läge denn auch sonst, was wir
Humor nennen, als in dieser Doppelmischung von bit-
terer Thorheit mit scherzhafter Wehmuth? War es nicht

eben dieſer Humor, der den Aermſten dann kurz vor
ſeiner Londoner Reiſe ſagen hieß: ich möchte in die Luft
fahren, wenn Einer ſich noch ſo freundſchaftlich erkun-
digt, wie es mit meinem Befinden ſtehe? Als ob er
das nicht ſchon längſt wiſſen müßte, wofern er wirklich
Antheil an mir nähme, der Narr? Einem ſolchen antworte ich auch regelmäßig: „wie mir's geht? ſehr gut;
nur daß ich die Halsſchwindſucht habe; aber das macht
weiter Nichts, mein theuerſter Gönner!"

Das war, wie geſagt, erſt ſpäter. Zur Wiener
Epoche ſtand es noch nicht ſo ſchlimm, daß nicht auch bei
ihm, wie bei den meiſten Leidenden dieſer Gattung,
Niedergeſchlagenheit mit momentaner Hoffnung abge-
wechſelt hatte. Gerade ſo, wie bei'm Hinblick auf den
zu erwartenden Erfolg der Euryanthe. Ueber dieſen
war er Mittags, wo er aus den Singproben kam, wohl
ſo ziemlich getröſtet, und meinte: es wird ſich ſchon
machen. Des Abends jedoch, gar wenn er wieder Gelegenheit gefunden, die vorherrſchende Geſchmacksrichtung
zu bewundern, ſchüttelte er den Kopf und murmelte:
„hat mich der T— geritten, daß ich mich in dies Weſpen-
neſt ſetzen mußte?"

Zuverſichtlicher als er, weniger Hypochonder, zeigte
ſich die Dichterin des Buches, Frau Helmina von Chezy,
die gekommen war, der Einübung der Euryanthe beizuwohnen, und die ebenfalls im Wilden Mann abgeſtiegen
war. Sie, gleich uns; und wir, wie Weber; und Weber, wie Wolff; und Wolff, wie Eduard Devrient: wir
ſämmtlich hatten viel gelitten und litten noch; nicht ſo-

wohl durch theilnehmende Besorgniß um Karl Maria's
und Helmina's poetisch-musikalische Tochter, als vielmehr,
daß ich es höchst prosaisch eingestehe, durch eine Masse
unzählbarer Feinde, die weder Schlaf, noch Ruhe gönn-
ten, die sich vorzugsweise unsere ausländischen Häute
zum Tummelplatze ihrer „Rösel's Insekten-Belustigun-
gen" auszusuchen schienen und uns, als ob auch wir,
Jeder und Jede ein wilder Mann und eine wilde Män-
nin wären, förmlich tättowirten. Ich selbst habe doch
siebzehn Jahre später in demselben Hôtel unangefochten
von ähnlichen Friedensstörern geschlafen. Gott weiß,
welch' ein feindseliger Zauberer im Sommer und Herbst
dreiundzwanzig derlei Landplagen über uns verhängte!
Weber machte sich anheischig, vollständige Partituren von
uns herunterzulesen, die besagte Schnellschreiber in punk-
tirter Manier auf uns gestochen. Wolff, etwas empfind-
licher Natur, hatte unbedenklich am meisten auszustehn
gehabt. In seiner Ungeduld hatte er sich aus seiner, mit
Wachs getränkter Leinewand einen lebensgroßen Sack
nähen lassen, und in solchen mußte ihn sein Diener al-
abendlich bei'm Schlafengehen schieben und einbinden bis
an den Hals, so daß nur der Kopf ungeschützt blieb. Auf
diesem hielten dann die durstigen Blutsauger ihren reh-
ten Hexensabbath; und weil der Patient beide Hände im
Sack stecken hatte, konnte er das Antlitz nur unvollkommen vertheidigen. Er brachte grimmige Nächte zu, mit
Sack, wie ohne Sack; und diese waren Grund, daß er
seinen Wiener Aufenthalt abkürzte. Weber begehrte den
berühmten Sack als Vermächtniß, damit er sich säeen

und zur Donau schleppen lasse, wenn Euryanthe durch-
falle. Die verschiedenartigen Ausbrüche verschiedener
Verzweiflungen gaben uns freilich viel zu lachen, wo wir
am Tage zusammen kamen; das hinderte doch nicht, daß
unser nächtliches Lager bisweilen zur Folterbank wurde.
Was blieb am Ende übrig, als eben dieses Lager so spät
wie möglich zu besteigen? Und dazu war denn die „Lub-
lamshöhle" das sicherste Mittel. Aus dieser gab es so
leicht kein Entkommen. In meinen Memoiren (Bd. III.
pag. 193 II. Aufl.) hab' ich flüchtig angedeutet, wie Weber
sich anfänglich gegen die nicht immer zarten Lublamsspäße
gesträubt. Ja, ich glaube fast, hätte nicht die Rücksicht
für sein Debüt als Operncompositeur warnend im Hin-
tergrunde gestanden, er wäre zum zweiten Male nicht
wieder eingetreten. Etwas dem Aehnliches vertraute er
mir, als wir am ersten Abende nach seiner Aufnahme mit
einander heimgingen. Doch nach und nach lernte er sich
fügen, und zuletzt lebte er sich so tief und fest in diese
Höhle, die ihres Gleichen auf Erden nicht mehr hat, daß
„Agathus der Zieltreffer, Edler von Samiel" — (so hieß
er als Lublamit) — der feurigste Verkünder ihrer Herrlichkeiten wurde und blieb.

Meiner Frau und mir war es nicht beschieden, die
erste Aufführung der Euryanthe in Wien abwarten zu
dürfen.

Wir mußten scheiden. Und da wir Lebewohl sagten;
da wir innig gerührt unsern aufrichtigen Wünschen für
das Gelingen seines großen Unternehmens Worte und
Ausdruck zu geben versuchten: — da deutete er feierlich-

ernst auf ein Blatt im Stammbuch meiner Frau, worauf
er so eben erst sein Motto als Denkspruch eingeschrieben:
„Wie Gott will!"

———

Einige Jahre sind vergangen, bis Weber den bestimmten Ruf erhielt, sich nach Berlin zu begeben und auch
dort die erste Aufführung der Euryanthe zu leiten. Unser
hochseliger König liebte ihn nicht. Die Ursachen dieser
Abneigung auseinanderzusetzen, würde hier zu weit führen. Doch dürfen wir als sicher annehmen, daß dieselbe
nicht allein in der Vorliebe für Spontini wurzelte.
Spontini freilich war — schwach genug, Alles anzuwen-
den, was seine Protectionen ihm gestatten wollten, um
der jüngeren Schwester des „Freischützen" und ihrem
Vater die Pforten des Opernhauses so lange wie möglich
zu verschließen. Gerade das Nämliche that auf der anderen Seite und im entgegengesetzten Sinne der General-
Intendant Graf Brühl, — bei dem es nicht des wohlbe-
gründeten Hasses gegen seinen Erbfeind Spontini be-
durfte, damit er Alles aufbot, für Weber zu handeln.
Vermittler bei den Einleitungen dieser Begebenheit —
denn das war es für Berlin! — ist der gelehrte Reisende, der geist- und gemüthvolle Naturforscher Lichtenstein gewesen; Weber's vertrautester Freund. Theilnehmer waren alle Berliner mit Ausnahme der In-
differenten oder Stockspontinianer.

Der König, zwischen Brühl und Spontini, und zu
gerecht, um einen willkürlichen Machtspruch zu thun,
übergab die Entscheidung dem Minister Seines Hauses,

dem Fürsten Wittgenstein, der zugleich in Theatersachen oberste Autorität übte. Dieser, dem ganzen Publikum gegenüber in nicht geringer Verlegenheit, erbat sich vom preußischen Gesandten in Wien, vom Fürsten Haßfeldt, zuvörderst einen ästhetisch-ministeriellen Rapport über die Aufnahme, welche Euryanthe vor etlichen Jahren in Wien gefunden. Fürst Haßfeldt, ein gewiegter Diplomat, ein Mann von vornehmem Zuschnitt, von fester Haltung, der sogar Bonaparte'n in die Zähne hinein seinem Könige Treue bewahrt, das Leben auf's Spiel gesetzt und endlich, nachdem der Fürstin kühner Muth ihn gerettet, die Achtung und das Vertrauen des französischen Kaisers in solchem Grade davon getragen, daß man im Jahre 1810 keinen besseren Ambassadeur für Paris gewußt, als ihn; — dieser Fürst Haßfeldt war nebenbei auch Dilettant, machte sait von hübscher Stimme, schmückte zu seiner Zeit die musikalischen matinées in Malmaison mit seinem zierlichen Gesange; italienische Schule galt ihm einzig und allein; er war durch und durch Cavalier, auch im musikalischen Geschmack; — wir können uns leicht denken, wie sein Bericht über Euryanthe mag ausgefallen sein!

Schon triumphirte Ritter Spontini. Aber dennoch zu früh. Graf Brühl war auch ein Ritter und ritterlicher als Jener. Er streckte die Waffen nicht. Er zeigte sich unermüdlich für seinen Freund Weber, und es gelang ihm: der König befahl — Karl Maria wurde berufen.

Ganz Berlin rüstete sich, ihm und seiner Euryanthe

einen Empfang zu bereiten, wie es der Stadt gebührte, in deren Gassen seine Melodien früh und spät erklangen; einer Stadt, wo alle Stände ihn liebten; wo die Dienst= mädchen zu sagen gewöhnt waren: „über Weber'n jetzt Nichts; mit seinem Jungfernkranz legt man sich nieder und mit dem Jägerkorps steht man auf!" Bekanntlich hatte der Freischütz das neuerbaute Berliner Schauspiel= haus eingeweiht. Auch ein Sieg, den Brühl über des Königs Abneigung, oder richtiger gesagt, den Friedrich Wilhelm der Gerechte über sich selbst davon getragen. Die Berliner betrachteten Weber und dessen Compo= sitionen fast wie ihr Eigenthum. Und als den Ihrigen begrüßten sie ihn auch, mochte er immer sächsischer Hof= kapellmeister heißen.

Bevor ich zum Schlusse komme, sei dem alten Schwätzer gestattet, noch einmal von sich zu reden; von einem Lichtpunkt in seinem Schattenleben. Es wurde gerade auf der Königstädter Bühne eines meiner Stücke: „der alte Feldherr" gespielt. Weber, kürzlich erst ange= langt, hatte sich aus Wohlwollen für mich dahin verlau= fen. Nachdem der Vorhang gefallen, kam er auf die Bretter. Zuerst das Handwerk begrüßend, sagte er dem Kapellmeister Henning einige Artigkeiten über die vor= zügliche Instrumentation der von mir gewählten Volks= weisen. Dann faßte er mich mit beiden Händen an und sprach: Ich bin in Euer Theater gekommen mit der Er= wartung, hier zu lachen. Nun haben Sie mich weinen gemacht; auch gut. Ich danke Ihnen, und Sie müssen mir ein Singspiel schreiben. Dergleichen hört man auf

langer Lebensbahn bisweilen; aber wie Er es sagte,
sagt es kein Anderer. —

Euryanthe wurde denn aufgeführt und wurde, obgleich die Ausführung Mancherlei zu wünschen ließ, aufgenommen mit der Begeisterung, die in allen Seelen
vorwaltete für den Herrscher im Reich der Töne. Man
darf annehmen, daß zugegen war, wer in der großen,
gebildeten Stadt Ansprüche auf Kunstsinn, auf höheres
Verständniß, auf Theilnahme am Besseren machen
konnte; daß an diesem Abende die Besten den Ton an-
gaben; galt es doch, ihn zu feiern! Wie immer bei
ähnlichen Gelegenheiten, zeichnete sich auch bei dieser
Meyerbeer's einflußreiche Familie aus. Sie hätte nicht
regsamer, nicht antheilsvoller sein können, wenn der
Abend und des Abends Ehren ihrem „Giacomo" gegol-
ten. Daß er nur ja recht ordentlich empfangen wird,
unser lieber Weber! rief Amalie Beer, die edle Mutter, die drei ihrer Söhne betrauerte, und welcher Gott
zum Besten der Armuth ein so hohes Alter verlieh, jedem
Hausfreunde, der sich in jenen Tagen zeigte, ängstlich
entgegen. Worauf wir im Chore erwiederten: wir werden schon unsere Schuldigkeit thun! Und wir haben sie
gethan. Leider nicht ohne schelmische Seitenblicke nach
Spontini's Loge. Denn die Bosheit verlangt manchmal auch ihre Rechte, was man la part du diable nennt.
— Wenn auch nicht Dieser, doch ein finsterer Geist war
es, der in alle Triumphe des Meisters die düstre Larve
grinsend steckte; der ihm in's Ohr raunte: memento
mori! „Mit mir ist's aus; ich fühl's, es geht zu Ende,"

das waren seine letzten Worte, als ich am Tage vor seiner Rückreise nach Dresden aus dem Thiergarten von Beer's mit ihm zur Stadt fuhr.

Bevor er die Reise nach London antrat, war mir vergönnt, ihm noch einmal in's Angesicht zu blicken, noch einmal in seinem Hause weilen, an seinem Tische sitzen, ja sogar mit ihm lachen zu dürfen. Eine winterliche Geschäftsreise in Aufträgen der Königstädter Theater-Direction führte mich nach Dresden, und ich flog, durchfroren wie ich ankam, zu ihm. Und er legte Beschlag auf mich, nach seinem Ausdruck, damit wir uns anstellen möchten, als ob wir noch lustig sein könnten. Aber es war bei all' dem eine traurige Lustigkeit. Nach dem Essen führte er mich in sein musikalisches Heiligthum: Ueberall Notenblätter — englische Studien — wohin man blickte: Oberon! Das Feuer brannte ihm schon auf die Nägel. Ich muß die Ohren steif halten, daß ich fertig werde, meinte er. — Und Sie wollen wirklich die Fahrt nach London machen? — Was hilft's! ich denke, die Seeluft soll meinem Halse gut thun! — Aber die furchtbaren Anstrengungen, die Ihnen unvermeidlich bevorstehen? — „Wie Gott will!" — Damit haben wir Abschied genommen. Und es war auf immer.

Inhalt.